経済学入門

現実の経済を理解するために

井原哲夫 Tetsuo Ihara
牧　厚志 Atsushi Maki
桜本　光 Hikaru Sakuramoto
辻村和佑 Kazusuke Tsujimura

［著］

第2版

日本評論社

はしがき

　本書は初めて経済学を学ぶ人を対象にした教科書である。同じ目的をもった教科書は既に多数あり、それぞれが特色をもっている。本書は複数の著者によって書かれたものだが、まとまりのあるものにするために、まず「どのような方針で執筆するか」という共通認識をもつことから始まった。この方針が本書の特色になっており、それは以下のようなものである。

　第一の特色は、現実の経済を常に念頭においたことである。経済はますます複雑になり、変化のスピードを増している。そして、実社会で働く人にとってこのような経済の動きを理解する必要性が高まっている。現実の複雑な経済を理解するには、経済学を学ぶ必要がある。経済学は経済理論によって構成されているのだが、理論を学ぶだけでは現実を理解するのはむずかしい。どうしても、理論と現実を対応させながら勉強しないと、経済理論について本当の理解ができないし、現実経済の理解力が身につかない。本書は、この「現実経済の理解」に目的をおいて書かれたものである。そして、この1冊を勉強すれば、新聞の経済記事を読んでその意味と背景を理解することができるようになるはずである。また、本書の内容を応用しながら、日本経済や国際経済の現状や将来の動向に関して、ある程度自分の意見を述べることができるようになるはずである。

　第二の特色は、初めて経済学を学ぶ人にとって、経済現象を理解する上でどうしても必要だと思われる経済理論にしぼったことである。現実の経済はたいへん複雑に見えるが、整理してみると意外に単純だということもできる。本書は「意外に単純だ」と思えるようになるという基準で必要な経済理論を盛り込んだものである。いい方を変えれば、これだけを学べば、経済学の基

礎を身につけたといえるし、これから会計学や経営学などを専門に勉強する人にとっても、もとめられる経済学の基礎知識として必要なレベルにたっしている内容になっている。

　もちろん、経済現象は複雑な要素が関連しあっているのだから、同じ現象を説明する多様な理論が並存している。また、現実を詳細に見れば、本書であつかった理論を超えた現象がおきている。経済学に興味をもち、さらに深めたい人は、これら理論や現象を理解できるようになりたいと思っていることだろう。それには、より詳細な理論から構成される経済学を学ばねばならないが、本書を勉強すれば、中級以上の教科書を自力で読みこなすことが十分にできるようになるはずである。

　第三の特色は、読者と同じ目線で、本書を書いたという点にある。教科書を理解するには、用語に関する知識と論理展開のし方の理解が必要である。したがって、説明に用いられる用語は、読者が高等学校までに学んだ知識の範囲内のものとし、新規の用語を使う場合には、その場で解説を行うことにした。そして、読者のなじみ深い論理の立て方で説明をすすめる方針をとった。これなら、結果として学んだことがない概念や理論が登場しても理解ができるはずである。また、数式を使ったほうが理解を助けると考える場合をのぞき、数式はできるだけ避け、図表でわかりやすく表現するように工夫した。

　以上のような三つの特色をもったものにしようとの合意をえて出発し、でき上がったのが本書である。それぞれの章は、その課題について豊富な知識をもった著者がそれぞれの責任のもとで書き上げた。しかし、著者の個性を尊重するという意味で、文体の統一を図るということはあえてしなかった。それでも、共通認識をきちんともって執筆にあたったために、大きな不釣合いはおきず、著者の個性がでているなかで、まとまりのある教科書ができたと思っている。なお執筆の分担については、最終ページの著者紹介のところに記述されている。

　最後に、本書が完成にむかって書き進む過程で、最初の読者としていろいろとコメントをいただいた日本評論社編集部の斎藤博氏にお礼を申し上げ

い。

2003年4月

著　者

第 2 版へのはしがき

　本書の第 1 版が 2003 年 4 月に刊行されて以来、慶応義塾大学商学部ばかりでなく、いくつかの大学で、経済学入門のための教科書として使っていただいたことは、著者たちにとって望外の喜びであった。しかし、この 5 年間は日本経済を取り巻く環境の変化が著しく、「少子化」、「民営化」、「格差社会」、「地球温暖化」などという言葉が日常茶飯事として新聞紙上をにぎわした。

　第 1 版においても、これらのうちいくつかのトピックについては記述をした。しかし、編集者と著者たちの間で、入門書としての性格を維持しながら経済学を通じて世の中の変化を十分に説明できるようにするためにはこの際思い切って、第 2 版として再出発することも考えられる、という共通の結論に達した。

　さらにまた、著者たちが実際に第 1 版を授業で使っている中で、説明不十分な箇所があることにも気がついた。授業の中でそのいくつかは補ってきたが、第 2 版を出版する際にはこれらの点のいくつかは教科書に含めようという意図も同時にある。

　この第 2 版は、全面的に本文を書き改めるという改訂ではなく、むしろ第 1 版の内容を保った上で、新しい事柄について追加的に補足するという認識で、必要な事柄を加えたものである。第 1 版から第 2 版にあたって、今回、書き加えた部分は、(1) 原則的に、本文と図表の数字をできるだけ直近のものにしたこと、(2) 第 4 章「生産者行動」の理論で補論 (p.69) を追加したこと、(3) 第 8 章「貯蓄の理論と金融の役割」に 8.2.4 節「公的年金のしくみ」(p.136) を補強したこと、(4) 第 15 章「成長と環境」に京都議定書の説

明を付加したこと（p.256）、(5) 第16章「世界の現状と日本の課題」を全面的に書き換えたこと、などである。

　最後になるが、第2版も学生にとってわかりやすい経済学の入門書として広く利用されることを望みたい。

著者一同

目　次

　　はしがき　iii

　　第2版へのはしがき　vii

第Ⅰ部　経済学のフレームワーク

第1章　経済学とはなにか　3

　1.1　経済学の目的はなにか　3
　1.2　なんのために経済学を学ぶのか　6
　1.3　個人や企業の行動をどのように想定するか　8
　1.4　市場は主体の行動を調整する場である　10
　　　練習問題　12

第2章　経済発展の過程でなにがおこるのか　13

　2.1　経済発展とはなにか　13
　2.2　消費（需要）構造が変わる　15
　2.3　技術特性と生産の効率化　18
　2.4　就業構造の変化　20
　2.5　雇用者化の進行　22
　2.6　都市化　24
　2.7　国によって違う経済発展　26
　2.8　経済発展と人口圧力　28
　2.9　環境問題の発生　29
　　　練習問題　30

第II部　家計・企業の行動と市場

第3章　消費者行動理論 ──── 33

- 3.1　はじめに　33
- 3.2　消費者行動理論　35
- 3.3　所得-消費線、価格-消費線　41
- 3.4　スルツキーの代替効果と所得効果　46
- 3.5　市場需要曲線　47
- 3.6　需要の弾力性　48
- 3.7　消費者余剰　51
  - 練習問題　51

第4章　生産者行動 ──── 53

- 4.1　はじめに　53
- 4.2　現実に見られる生産者の行動　54
- 4.3　生産関数　55
- 4.4　費用　57
- 4.5　利潤　60
- 4.6　供給曲線　62
- 4.7　市場供給曲線　65
- 4.8　長期費用曲線と規模の経済性　66
- 補論　費用最小と限界生産力均等　69
  - 練習問題　71

第5章　市場と市場均衡 ──── 73

- 5.1　はじめに　73
- 5.2　市場均衡　74
- 5.3　クモの巣理論　76
- 5.4　完全競争市場の条件　79
- 5.5　独占市場　82

5.6 寡占　85
　　練習問題　88

第6章　労働と失業 ——————————————— 89

6.1　労働の特殊性と諸々の現象　89
6.2　労働供給行動　92
6.3　賃金の変化と労働供給　95
6.4　就業の決定　98
6.5　労働の需要曲線　100
6.6　労働市場と失業　102
6.7　少子高齢化問題　105
　　練習問題　107

第III部　マクロ経済と政策

第7章　経済をマクロにとらえる ——————————————— 111

7.1　生産とはなにか　111
7.2　産業連関表としての表現　113
7.3　国内ベースと国民ベース　115
7.4　日本の姿をデータで見ると　117
7.5　経済成長と景気　120
7.6　産業連関分析（その1）　122
7.7　産業連関分析（その2）　125
　　練習問題　127

第8章　貯蓄の理論と金融の役割 ——————————————— 129

8.1　なぜ貯蓄をするのか　129
8.2　貯蓄の理論　131
　　8.2.1　現在財と将来財　131
　　8.2.2　ライフサイクル仮説　133
　　8.2.3　家計の金融資産・負債残高　134

8.2.4　公的年金のしくみ　136
　8.3　企業の資金調達　138
　8.4　銀行の役割と金融市場　141
　　　8.4.1　銀行の業務　141
　　　8.4.2　債券市場と株式市場　143
　8.5　金融資産負債差額にみる各主体の特徴　145
　　　練習問題　150

第9章　物価と金融政策 ——151

　9.1　物価の変動　151
　9.2　物価指数の作り方　153
　9.3　日本銀行の役割　156
　　　9.3.1　中央銀行の3つの役割　157
　　　9.3.2　日本銀行の金融政策　159
　　　練習問題　163

第10章　財政のしくみと経済政策 ——165

　10.1　国の予算　165
　　　10.1.1　国庫制度と予算　166
　　　10.1.2　歳入と税　168
　　　10.1.3　歳出　173
　　　10.1.4　財政赤字の問題　175
　10.2　財政支出とマクロ経済学　177
　　　10.2.1　古典派とケインズ　177
　　　10.2.2　財市場の均衡と IS 曲線　178
　　　10.2.3　資産市場の均衡と LM 曲線　181
　　　10.2.4　クラウディングアウトと流動性のわな　183
　　　練習問題　186

第11章　政府の役割 ——187

　11.1　はじめに　187
　11.2　所得再分配　188
　11.3　経済の安定化　192

11.4 市場の失敗　194
　(1) 公共財　194
　(2) 規模の経済性が顕著な産業　195
　(3) 外部効果　195
11.5 政府によるルール作り　197
11.6 大きい政府と小さい政府　199
　練習問題　200

第12章　国際間取引 ─── 203

12.1 日本の輸出入　203
12.2 貿易とその決済　207
12.3 国際収支表　210
12.4 外国為替市場と外国為替相場　214
12.5 外国為替相場の決定理論　215
　購買力平価説　215　マンデル・フレミング・モデル　216　財政政策　217　金融政策　218
　練習問題　219

第Ⅳ部　経済の今日的課題

第13章　サービス経済 ─── 223

13.1 サービスは「もの」とどうちがうのか　223
13.2 サービスの特殊性と市場　226
13.3 サービスは思うように需要できない　229
13.4 サービス供給者の対応　231
13.5 サービス経済化の背景　234
　練習問題　237

第14章　消費者の自立 ─── 239

14.1 はじめに　239
14.2 いま、なぜ消費者主権なのか　239

14.3　市場のミスマッチを解決するには　242
14.4　消費者を巡る新しいルール作りとサポート体制　243
14.5　おわりに　246

第15章　成長と環境 ── 247

15.1　公害から地球環境問題へ　247
15.2　日本産業公害と石油危機　249
15.3　都市型公害の多発とリサイクルの取組み　251
15.4　地球環境問題と京都議定書　254
15.5　限りある資源と持続的発展　258

第16章　世界の現状と日本の課題 ── 261

16.1　移り行く世界　261
16.2　世界の中の日本　274

練習問題・略解　283

索　引　287

第Ⅰ部

経済学のフレームワーク

第 1 章

経済学とはなにか

1.1 経済学の目的はなにか

　テレビニュースを見ていると、日に何度も報道される**経済指標**がある。それは円とドルの交換比率である為替レートと株価である。これほど頻繁に流されるのは、多くの人が関心をもっているからにほかならない。日本の株価だけではなく、米国の株価もまた毎日報道される。米国の株式をもっている人はそう多くないと思われるのだが、それでも関心をもつ人が多いのは、米国の株価が日本の株価に影響をおよぼすからである。いまや、経済のグローバル化がすすみ、日本だけを見ていては、日本経済を理解できなくなっているのがうかがえよう。

　毎日とはいかないが、ときどき報道される経済指標や経済の現況にかんするニュースが人々の注目をひく。なかでも関心を集めるのが、景気に関するニュースである。内閣府は月に一回、景気にたいするコメントをだす。「景気の改善に、足踏みがみられる」とか、「景気は、堅調に回復している」とか、「景気は、生産の一部に弱さが見られるものの、回復している」などである。経済活動にたずさわっている人にとっては、景気は自分の仕事や収入、また株式投資の判断などとかかわってくるだけに、目が離せないのである。

　景気の判断には、諸々の統計データを必要とする。それを政府の統計部局

をはじめ、いろんな機関が収集し、定期的に発表する。国全体の生産や所得の動向、労働の需給動向、失業率、物価や地価の上昇率、消費動向、百貨店売上高、企業の収益動向、貿易収支、住宅建設や設備投資動向、金利水準、通貨供給量など、私たちが知ることができる統計データは無数といっていいほどたくさん存在する。新聞やテレビで見たことがある人は多かろう。

　このような、為替レート、株価、金利、所得、消費、生産、物価、地価、賃金、失業率、利益などを**経済変数**とよんでいる。そして、経済現象を把握するためにはこれらの経済変数の動きを見たり分析したりする必要がある。また、米国の株価が日本の株価に影響をあたえるように、経済変数はそれぞれ関連して動くものである。

　経済理論を知らなくても、直感的に経済変数間の関連を想像できるものはたくさんある。たとえば、国民が多くの所得を手にすれば、消費を増やすだろう。これは、商品が売れるようになることを意味する。そして、少々価格を上げても売れるから、物価が上がる。企業は儲かるようになるから、さらに生産を増やして儲けをふくらまそうとする。生産には労働が必要だから、雇用が増えて、失業率が低下する。このような状況を、「景気がよくなっている」と表現する。そして、株価が上がることになるのだ。

　現実の経済はたいへん複雑に見えるし、事実複雑である。たいへん多くの変数がそれぞれに影響しあいながら動いている。しかし、整理して理解すると、全体の姿が浮かび上がってくるものなのだ。経済学の第1の目的は、複雑な経済現象を、**経済変数**の変動という形でとらえ、変数間の関係を明らかにしながら、経済全体を理解しやすいように体系化することにある。だから、経済学を学べば、世の中の経済の動きを理解し、先を読むことができるようになるのだ。

　それにはまず、複雑な経済現象をとらえる変数を概念として明確にする必要がある。個々の商品の価格については、日常的に、接しているのだからすぐ理解できよう。しかし、「いま物価が安くなっている」、とか「高くなっている」とかいう場合、無数にある個々の商品の価格を並べるのでは判断がむずかしい。どうしても個々の価格を総合したような指標をつくる必要がある。

これを「物価指数」というのだが、論理的に納得できる形できちんと定式化しておく必要がある。

　よく、新聞やテレビで報道される「失業率」だって、そう簡単ではない。「失業者」とは、「職がない人」ではない。これに「職を求めており、すぐ仕事に就ける」という条件をつけくわえなければならない。大学3年の終わりごろから就職活動をはじめるのだが、すぐ職に就けるわけではないから、彼等は失業者ではないのである。また、失業率とは「失業者数」を「労働力人口」というもので除したものであるが、分母になる「労働力人口」の概念をきちんときめなければならない。

　つぎに、経済変数間の関係を明らかにする必要がある。経験的に同じ動きをすることがわかったとしても、それでは不充分である。1950年に植えた桐の木の高さとこれ以降の日本の総生産量をグラフに書けば同じような推移をたどるであろう。これは見かけ上の関係にすぎない。変数間の関係を論理的に説明できなければ納得がえられないのである。これには**経済理論**が必要である。

　経済現象を明らかにしようとして、経済理論が発展するのだが、その過程で新しい経済変数が導入されてくる。その変数の概念は理論であつかえるようにきちんと定義したものでなければならない。いうまでもなく、経済変数、あるいはその概念と経済理論は密接な関係にあるのだ。

　経済理論は現実の世界を描写するために作られたものだから、経済変数には現実の世界に対応物があるはずである。そして、現実に、経済変数は数値データとしてとらえられている。しかし、統計調査をして、数値データとしてとらえるためには、そのとらえ方についての約束が必要になってくる。それがばらばらでは、過去との比較や地域間の比較ができなくなってしまう。たとえば、失業者には「職を探している」という条件が必要なのだが、「職の探し方」もいろいろある。日本の統計では「調査期間中に、仕事を探す活動や事業を始める準備をしていた（過去の求職活動の結果を待っている場合を含む）」と定められている。

　読者のなかには、経済変数の概念をきちんとして、変数間の関係を明らか

にした経済理論があれば、それで十分なのでは、と考える人がいるかもしれない。そうではなく、変数間の量的な関係をとらえることは重要な意味をもってくるのだ。まず、経済理論が現実の世界の現象を説明できるものでなければ意味がないので、まずこの点について数値データを使って検証する必要がある。2つ目に、ある変数が変化したときに、それがべつの変数にどの程度の影響を与えるものかを測定できなければ、量的な見とおしがたたないし、経済政策等にもつかえない。理論では変数間の関係が密接であることがわかっていても、マイナスの影響をもつケース、プラスの影響をもつケース双方が想定できることがある。あとの章で、そういう例が登場するだろう。どちらが支配的であるかは、現実のデータで確かめなければならないことである。

　ここまでくれば、経済学は、**政策手段**としてつかえるようになる。たとえば、景気が悪くなって、失業率が高まったとする。このとき、国全体の生産量をふやすことができれば、労働需要が増えて、失業率は低下することがわかっている。このとき、経済変数間の量的関係が測定されていれば、政策として動かせる変数のなかで、どれをどの程度動かせば、適切な水準まで失業率を下げられるかについて知ることができることになる。

　また、現実をふまえた経済理論をつかうことで、人々にとって不都合をまねく事態の**予測**が可能になってくる。同時に、このような事態がおきる条件を理論的に導きだせるから、それを防ぐための手段をしめすことができる。

1.2　なんのために経済学を学ぶのか

　諸君のなかには、「経済学は一部の専門家が身につければいいことであって、実社会で仕事をするものには関係ないのではないか」と思う人がいるかもしれない。たしかに、日々の天候は私たちの生活に密接に関係してくるが、気象学の知識をもっていなくても、不便を感じることはない。専門家が気象を観測し、気象学を用いて頻繁に予報をだしてくれる。それで、十分である。

　実は、実社会で仕事をしていく上で、経済学を身につけておかざるをえないはっきりした理由があるので、説明したい。

(1) 自分で意思決定しなければならない場面が急増している

　昔は、広範囲にわたって規制の網がかぶせられており、経済の動きがゆるやかだった。為替レートは1ドル360円に固定されていた。金利さえも規制されていた。このとき、なんらかの変化がおこっても、すぐに動きだす経済変数がそうあったわけではなかった。このとき、新聞や雑誌で報道される専門家の判断によって行動しても十分に間にあった。

　ところが、今日、規制が緩和され、経済が大きく動く時代がやってきた。しかも、瞬間的に動きだす経済変数の数は大きく増えた。為替レート、株価、金利はこの例である。しかも、グローバル化がすすみ、海外における出来事が身近な変数にすぐ影響をおよぼすようになった。米国の物価指数、失業率、生産水準についての発表がおこなわれれば、為替レートや日本の株価がすぐに動き始める。円高になれば、輸出型製造業は輸出価格を再検討するか、輸出量が減ることを見こんで、生産量の調整をしなければならない。金融機関は資金運用の内容を早急に検討しなければならない。それが、日本の景気に影響するものならば、国内の多くの産業も戦略を変えなければならない。専門家の判断をまっていては間に合わないケースが多くなっているのだ。

　もちろん、専門家の判断を参考にせざるをえないときが多々ある。しかし、経済が複雑化しているために、専門家の判断が分かれるのが普通になっているのだ。このとき、どの専門家の見方が正しいのかについての判断力をもつ必要があり、これには経済学の素養が欠かせないのだ。

(2) 経済学は社会人の共通言語である

　規制緩和が進み、今日のような競争社会が出現すると、きわめて多くの経済変数が大きくかつ頻繁に動く。社会にでれば、必然的にそのなかに身を置くことになる。そして、うまく仕事を進めるために、企業などの組織のなかで、あるいは組織間の交渉や協力関係を築くために、話合いがしょっちゅうおこなわれる。当然、経済環境にかんする共通理解をもつ必要があるし、将来にたいする見方の調整をしなければ話が先にすすまない。

　たとえば、2つの企業が出資して製造会社を設立しようとするとき、どの

程度の需要が見込めるかによって、工場規模がちがってくる。それには、中期的な景気動向にかんする見方の一致が必要になる。ここをまちがえると、大損害をだすことになるのだから、経済用語や経済理論が飛び交う激しい議論が戦わされる。もちろん、基礎まで説明しながら話し合いがすすむわけではなく、相手は、経済学がわかっていることを前提に議論がおこなわれる。まさに、この場では経済学が共通言語の機能をはたすのである。だから、経済学を知らないと、議論の仲間入りさえむずかしくなってしまう。

(3) 社会のルール作りや政策には経済学が欠かせない

　国の政府機関や地方自治体で仕事をする場合は、どうしたら国民や住民にとっての満足が高まるような条件をつくりだせるか、という基準で制度を定めたり、お金の支出配分をきめなければならない。その筋道を理路整然と説明できなければ、主張が通らない世界である。それは、役所という組織のなかだけではなく、議会にたいしても、国民や住民にたいする説明の場合でもそうである。これには経済学の論理をうまく使うことが有効である。

　このような立場に立つのは、官僚や政治家だけではない。新聞やテレビを見ていればわかるように、経済政策にたいしてそれぞれの立場での主張がおこなわれる。このとき、説得力のあるコメントがもとめられ、それには経済学の理解がたいへん重要である。

　もちろん、個々の国民が、政策にたいして見識をもつのが理想だが、この複雑な社会の理解をすべての人に期待できるわけではない。本書を学ぶ学生だったら、社会にでてそれぞれの分野でオピニオンリーダーという立場にたち、意見をもとめられるようになるだろう。それが世論を形成し、政策に大きな影響をあたえることになる。そのためにもいま経済学をしっかりと学んでおく必要があるのだ。

1.3 　個人や企業の行動をどのように想定するか

経済的行為をするのは個人や企業という**主体**である。個人は所得を稼ぎ、

それを使って消費をおこなう。余ったお金は銀行に預けたり、株を買ったりする。企業は、工場や店舗などの設備を整え、人を雇って生産活動をおこなう。その生産物に価格をつけ、需要者に販売する。

経済学はこのような主体の行動を組み立てることで成り立っている。このとき、個人や企業の行動基準を設定することが重要になってくる。できるならば、単純な基準がいい。しかし、現実とかけ離れていては意味がない。そこで、経済学では**合理性**という基準を設定する。これは、つぎのようなものである。

人々は生活をすることからできるだけ高い満足をえたいと思っている。それには、多くの消費と自由になる時間が必要である。多くの消費をするには、多くのお金が要る。それを手に入れるには働かなければならない。しかし、長時間働けば、それだけ多く稼げるだろうが、自由になる時間がなくなってしまう。だから、時間当たりの稼ぎを多くすることで、自由になる時間を減らすことなしに多くのお金を稼ごうとする。稼いだお金で消費財を買おうと思っても、それが高ければ、高い満足はえられない。必然的に、できるだけ安く買いたいと思うことになる。余ったお金は、できるだけ金利の高い手段で運用することが、高い満足につながってくるのはいうまでもない。

企業は、できるだけ儲けようと思っている。株式会社は、出資者が資金を出し合い、儲けることを目的に設立されるものである。このとき、出資者は出資金からの収益をできるだけ高めようと思うからこそ、「企業はできるだけ儲けたい」という行動基準が現実性をもってくるのである。このとき、企業は、生産した商品をできるだけ高く売ろうとする。競争があったのでは、そうはいかないから、競争を避けようとさえする。

もう一つ、儲けるためにこころがけるのは、コストをできるだけ安くすることである。それには、できるだけ安い賃金で人を雇う必要がある。企業は売り手になるだけではなく、設備や原材料を必要とするから、このときはできるだけ安く買おうとする。出資金だけでは足りず、銀行から資金を借りたりするが、その金利はできるだけ安くしたいと思う。

このような意味で「合理性」を基準として行動する主体を**合理的経済人**と

よぶ。

1.4 市場は主体の行動を調整する場である

さて、以上のように見てくると、各主体の行動は互いに矛盾していることに気がつくだろう。商品の売り手はできるだけ高く売りたいのにたいし、商品の買い手はできるだけ安く買いたい。働き手はできるだけ高い賃金で働きたいのにたいし、雇い手はできるだけ安い賃金で雇いたい。資金の出し手はできるだけ高い金利で運用したいのにたいし、資金の借り手はできるだけ安い金利で資金を調達したいのである。

ここで、商品の売り手、働き手、資金の出し手を**供給者**という。また、商品の買い手、雇い手、資金の調達者を**需要者**という。この、供給者と需要者の矛盾した意向を調整する場がなければ、うまく取引ができない。これが**市場**なのだ。そして、商品の売り手と買い手の間に成立する市場を商品市場、働き手と雇い主の間に成立する市場を雇用市場あるいは労働市場、資金の出し手と借り手の間に成立する市場を資金市場と呼んでいる。このほかにも外国為替市場や株式市場が存在し、その機能は供給者と需要者の調整にある点では同じである。

ここでは、商品市場を例にとり、供給者と需要者の調整の場面について説明しよう。図1-1は、ある商品についての供給者と需要者の行動を同じ図の上に表したものである。供給者の行動は**供給曲線**として、需要者の行動は**需要曲線**として表現されてある。この2つの曲線については、あとで、「合理性の基準」で導かれることを説明する機会があるから、ここでは、イメージ的に理解しておくだけで十分である。ただ、このときの供給者、需要者はそれぞれ多数から成り立っているものとしよう。

図1-1での供給曲線は、P_2の価格では、供給者はP_2s_2だけしか供給したいと思わないが、P_1まで価格が上がると、P_1s_1まで供給したい供給量が増えることを表わしている。価格があがると供給量を増やすことで儲かると思う供給者が増えるのである。一方、需要曲線であるが、需要者はP_1の価格

図1-1　市場の調整

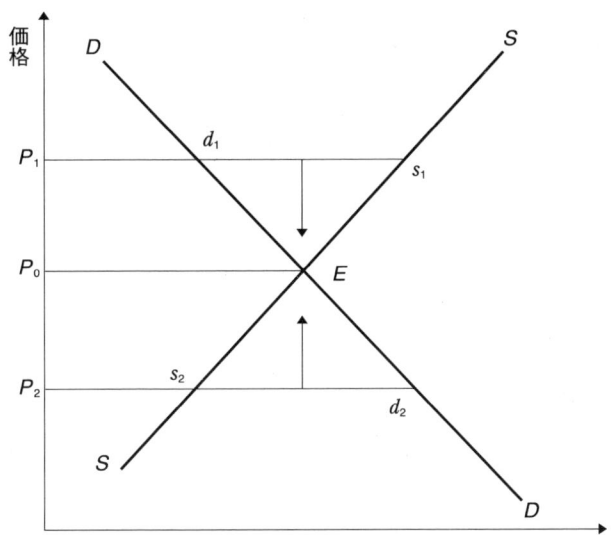

では P_1d_1 しか需要したいと思わないが、価格が P_2 まで下がると需要したい量が P_2d_2 まで増えることを意味する。価格が安いほど需要量が多い関係にあるのが需要曲線であり、この背景にはできるだけ安く買いたいという需要者の意向がある。

　いま、価格が P_1 にあったとしよう。高く売りたい供給者は喜んで P_1s_1 の量を売りたいと思う。しかし、できるだけ安く買いたい需要者は P_1d_1 しか買いたいと思わない。このとき、d_1s_1 分だけ供給過剰になってしまう。このとき、売り手間の競争がはたらいて、価格が下がるように作用する。また、価格が P_2 にあったとしよう。このときは供給者は P_2s_2 だけしか売りたいと思わないが、需要者は P_2d_2 だけ買いたいと思う。そして、s_2d_2 だけ、需要超過になってしまう。当然、買い手が殺到するから、儲けたい売り手は価格を引き上げようとする。結局、価格は P_0 に落ち着くことになる。これが、**市場の調整**である。そして、市場の調整がうまくいくことが、人々の満足度を高める上でたいへん重要だということを5章で説明することになる。

以上が、経済学の基本をなすものである。すなわち、売り手、買い手の行動を「合理性の基準」で規定し、互いに矛盾する意向を市場が調整するという形で組み立てていくのである。しかし、現実には、そのままでは、市場がうまく機能しなかったり、市場で取引がされにくい財が存在する。たとえば、売り手が共謀して互いの競争を止めようとすれば、市場の調整はうまくいかないし、買い手が損をしてしまう。この場合にはルールをつくって、競争を阻害することを禁止する必要がある。これが**独占禁止法**である。また、借りたお金は返さなければ、お金の貸し借りの市場は成り立たないのだから、個々の取引にもルールを定めないと市場はうまく機能しないのである。

　さらに、市場競争になじまない財も存在する。たとえば、人々は安全な環境で生活したいと思っている。市民の安全を守るのは警察であるが、警察が供給するサービス財を**市場取引**の上にのせるのはたいへんむずかしいわけだ。この種の財は、公共的に供給される必要があるのだが、11章で詳しく説明することになる。

　以上は、個々の主体の行動と市場調整の話だが、これだけでは、経済全体の姿や動きがわからない。そこで、生産、消費、投資などを経済全体としてとらえ、これらの経済変数間の関係を分析する必要がある。これも経済学の重要な対象であり、主に7章以降であつかう。

練習問題

1. 東京証券取引所の株価指数の動きを一週間とり、なにが変動の要因になっているか検討してみよ。
2. 市場をうまく機能させるルールには具体的にどのようなものがあるか調べてみよ。

第2章

経済発展の過程でなにがおこるのか

2.1 経済発展とはなにか

　経済発展は、**人口1人当たり実質国内総生産**を指標として表すのが普通である。そして、「豊かさ」の指標としても使われる。

　ここで、**国内総生産**（GDPともいう）とは、年間における国内の生産額（付加価値）を集計したものである。その詳しい概念については、7章で学ぶがとりあえずは常識的に考えておいてほしい。

　国内総生産の前に「実質」という文字がついているが、これは物価上昇分を調整した結果だということを意味している。生産額が2倍になっても、その間物価が2倍になっていれば、実質的には生産が増えなかったことと同じである。したがって、物価上昇分を調整しないと経済発展の指標としては不適切になってしまう。ここでの物価は、多様な動きをする多数の財の価格（個別の財の値段を価格という）を総合したものである。この物価の概念については、9章で説明することになる。

　また、実質国内総生産が2倍になっても、その間人口が2倍になっていれば、人口1人が利用可能な生産物は変わらないのだから、まったく豊かにはなっていないことになる。これが、人口1人当たりにする理由である。

　今日、ほとんどの国は経済発展を指向している。人口1人当たりの生産量

が増えれば、それだけ消費可能な消費財が増える。結果として、国民の「満足度」が高まると考えられるからである。北米、ヨーロッパ、日本のような豊かな国々でさえもまだまだそういう考え方が一般的である。

働いている人の1人当たり生産量が変わらなくても、働いている人の割合が高まれば、人口1人当たりの生産量は増える。しかし、そう簡単にこの割合を高められるわけではないし、これには限界がある。やはり、経済発展を達成するには生産の効率を上げなければならない。

生産を担当するのは、農家などの個人業主をふくめた企業である。1章で説明したように、企業はより多くの利益をあげようとしている。そのための方法の一つは、生産コストを安くすることである。販売価格は市場で決まっている状況では、生産コストを安くすることで、より大きな利幅をとることができるからである。

生産には、**労働**と**資本**（生産設備など）が要る。**生産効率**を上げるには、まず質の高い人材を採用する必要がある。労働の質を高める具体的方法として教育レベルを上げることがある。経済発展を指向した国は、教育に力をいれたのである。

日本の教育は江戸時代からかなり発達しており、幕府の最高学府である昌平黌、藩校、郷学、私塾、寺小屋、などがあった。そして、江戸時代末期における識字率は当時のイギリスを上回っていたというから、教育の普及はかなりのものであった。これが明治以降の日本の経済発展にかなりの貢献をしたはずである。また、明治政府は「富国強兵」をかかげたのだから、当然教育に力をいれた。早くも明治5年（1872年）には日本の近代公教育制度を「学制」によって発足させた。以来、国は政策として教育をたいへん重視してきた。そして、2004年度における学校教育費は約25兆円（GDPは約500兆円）にもなっている。

高い教育を受けた人は、より多くの付加価値を生み出すならば、企業はそのような人を雇おうとする。結果として賃金が上がる。こうなれば、個人にとっても高い教育をうける動機が生まれることになる。すぐあとで説明するが、経済発展は**雇用者**（雇われる人）の割合を高めた。そして、現実に雇用

者比率と歩調をあわせるかのように、進学率が高まってきたのである。

　生産効率を高めるもう一つの方法は、より効率的な生産設備を導入することである。生産者は生産工程の改良に努める。機械メーカーは効率的な機械を開発すれば高く売れるから、機械の質を高めようとしてきた。結果として、より効率的な機械が企業に導入されることになる。

　これだけでは不充分で、企業が生産効率を高めるには、生産物や原材料をスムーズに運ぶための道路、港湾などの整備が必要になる。ここを主に担当するのが政府である。

　企業が事業を拡大する上で、資金が必要になる。その手段としては、株式や社債を発行することや銀行からの借り入れがある。一方で、余剰資金が生まれ、これをうまく運用したいと思っている人々がいる。このとき、資金の供給者と需要者をスムーズに結びつける仕組みをつくることが経済発展にとってたいへん重要になる。具体的には、株式市場や銀行制度など**金融制度**を整えることである。この点については8章で学ぶことになる。

　このようにして、人口一人当たりの生産量が拡大し、経済発展が実現する。まさに、「多くの利益をあげよう」、「満足度を高めよう」という人々の動機が、国の政策と一緒になって、経済発展を可能にしたのである。

　テレビ等で昔の社会の姿を見る機会が多いのだから、今日の社会が昔とは大きくちがってしまっていることはだれもが知っている。実は、社会の変化は経済発展とともにおこったことなのだ。逆にいえば、江戸時代のように、経済発展がゆるやかなときには社会はあまり変わらないのである。身分制度を維持できたのは、経済発展がほとんどなかったからだともいえる。それはなぜなのか、また経済発展にともなってどのようなことがおこるのか、について、現実を見ながら説明するのがこの章の目的である。これで、世の中の変化には理由があることを学ぶとともに、現実感覚を身につけてほしい。

2.2 消費（需要）構造が変わる

　50年前、一般家庭で見られた機械が組み込んである耐久財といえば、自転

車、時計、ラジオぐらいのものであった。みんなが楽しめる娯楽産業としては映画館以外に目立つものはなかった。

それに比べれば、今日の生活は様変わりである。家庭電化が進み、家事がたいへん楽になった。パソコンや携帯電話といった情報機器を手にした人々は手軽に遠方との情報交換をやっている。自動車が普及したことが人々の生活を大きく変えた。海外旅行もふくめて気軽に旅行にでかけるようになり、また多くの人がスポーツを楽しむようになっている。経済発展にともなって人々の所得が増え（日本の一人当たりGDPは50年前と比べ、10倍程度になっている）、豊かな生活ができるようになったのである。

もちろん、昔はなかった耐久財やサービスが開発されたことで、人々の消費生活が変わった面がかなりある。しかし、需要がなければ新商品を開発しても売れないのだから、経済発展にともなう所得上昇が、需要面から、新商品開発をうながしたことになる。いわば、需要供給両面から人々の生活を変えたのである。

そして、先進国で開発された商品は発展途上国でそのまま利用できた。だから、発展途上国の人々にとっては、ほしいものが目の前に具体化されているのであり、それだけより多い所得がほしいとの動機を高めたことだろう。日本の場合も、アメリカ映画を通して、ほしくなるような具体的な商品を知るところとなり、これが第2次大戦後の日本の経済発展をうながす要素としてはたらいたことが想像できる。

日本人の生活の変化は、消費の変化という形でデータによって見ることができる。表2-1は、代表的な消費項目を選んで、1963年から2006年までの43年間に、全国の世帯平均でそれぞれの実質消費（量と考えていい）が何倍になり、その間それに対応する価格は何倍になったかを示したものである。ここですぐに気がつくことは、それぞれの消費が変化しているのだが、その変化のし方は消費項目によって著しく違うということである。これがデータで見た「消費生活の変化」である。

たとえば、穀類は減っているのだが、肉類は増えている。食生活が変化しているわけだ。

表2-1 実質消費支出と物価の変化率(1963年から2006年にかけて)

	実質消費増加倍率	物価上昇倍率
穀類	0.4	4.2
肉類	1.4	3.6
家庭用耐久財	4.4	0.8
被服および履物	0.7	4.6
自動車等関係費	26.6	2.5
通信	34	1.6
教養娯楽	2.6	4.2

資料) 家計調査年報、消費者物価指数年報。

　自動車等関係費と通信は25倍をこえるというたいへんな増え方を示している。この間にモータリゼーションが進み、家庭（あるいは個人）の情報化が進んだことがここに現れている。

　つぎに、消費項目ごとの**価格上昇率**を見よう。やはり、消費項目によって価格の上がり方がかなり違う。価格が上がった商品を買い控えるのは日常的におこなっていることから想像できるように、この違いが消費に影響するはずである。とすると、価格上昇率が高い消費項目ほど、消費の増加率は低くなるような気がする。

　現実にそうはなっていない。たしかに、家庭用耐久財、自動車関係費、通信の価格上昇率は低く、消費の増え方は大きい。しかし、穀類と肉類の価格上昇率はそれほど変わらないのに、穀類は減少し、肉類は増加している。被服および履物と教養娯楽の価格上昇率は同じ程度なのに、これも消費の増減はまったく逆である。

　実はもう1つ、人々の「好み」という要素が関係してくるのだ。穀類よりも肉類のほうが高価である。だから、所得水準が低いときには、食べたいと思う肉類を節約して、穀類で食欲を満たそうとしていた。それが所得が増えてくるにつれて肉類を食べるゆとりがでてくる。結果として食生活が変わったのである。所得と価格の変化が人々の「好み」を媒介にして消費にどう影響するのかについては、3章で論理的に説明することになる。

2.3 技術特性と生産の効率化

　ではなぜ、消費項目ごとに価格の上がり方が違うのだろうか。結論を先にいうと、それは、商品によって生産の効率化の程度が違うからである。

　生産者である企業は、利益をあげるために効率的な生産方式を採用しようとの動機をもっている。そして、生産の効率化が実現すると、市場価格が変わらないかぎり儲かるようになるが、それでは終わらない。同業者も同じ動機で効率化を指向するから、効率化の程度が同等になってしまう。そして、利益があがるようになれば、どの企業も設備を拡張して生産量を増やそうとする。儲かる産業というので、新たに参入する企業もあらわれる。こうして、供給が増えれば、供給が過剰になり、価格が下がってしまう。すなわち、効率化が進めば、**市場競争**を通して価格に反映されることになる。

　民間企業なら、どの企業も、利益を上げようとの動機をもっているのだから、もっとも効率的な生産方法を採用しようとする。しかし、商品ごとに価格の変化の程度は著しく違うのは見たとおりである。とすると、効率化がしやすい商品もあれば、しにくい商品もあるということが想像できる。

　ここのところを、第一次産業を構成する農林漁業、第二次産業の代表として製造業、第三次産業の代表としてサービス業をとってその価格の推移を図2-1でみよう。これは1955年の価格（デフレータとよんでいる）を1としたときの、それぞれの産業生産物の価格の推移を表したものである。

　これによると、3つの産業で価格の動きが著しく違うことがわかる。製造業生産物の価格の上昇の程度は小さいが、サービス業生産物の価格の上昇の程度はずっと大きい。そして、農林漁業生産物の価格上昇率は製造業とサービス業のほぼ中間にあり、効率化の程度は全産業の中で平均的なものであったと推測できる。いわば、製造業、農林漁業、サービス業の順で効率化が進んだことになり、これは第一次産業、第二次産業、第三次産業の効率化のしやすさを表しているとしてもよい。

　製造業の工場では、無人化が進んでいるなど、たいへん効率化の程度は速

図2-1　3つの産業の価格（デフレーター）の推移（1955年を1として計算）

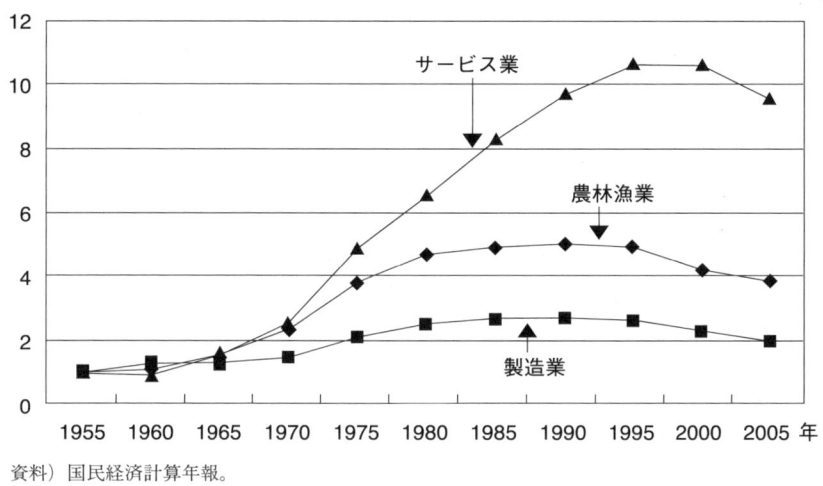

資料）国民経済計算年報。

い。一方、サービス業では、美容院や飲食店に見るようになお**労働集約的**（労働をたくさんつかう）な方法で生産活動がおこなわれている。なぜ、このような違いがでてくるのであろうか。

　工業製品は在庫と輸送が効くために、需要者のニーズと時間的、空間的に分離して生産ができるから、最適な生産方法の採用がしやすい。ところが、そのような性質をもたないサービスの多くは、需要があったときに、その場でそのときに供給をしなければならないとの性質があるから、これが、機械化をやりにくくしているのである（この点については13章で詳説する）。

　それでは、農業の場合はどうだろう。まず、農業は自然の影響を受けるから、それぞれの機械は田植えや刈り取りのときだけ利用されるという意味で稼動率が低くなってしまう。これは機械導入の採算性を悪くする要因になる。また、製造業のように設備を固定して流れ作業方式をとるわけにはいかず、コンバインのように農地の上を動かさなければならないから、その分効率化には不利である。

　このように、各産業が生産する商品特性や、それに適した生産方式の違い

図2-2 産業別就業者数構成比

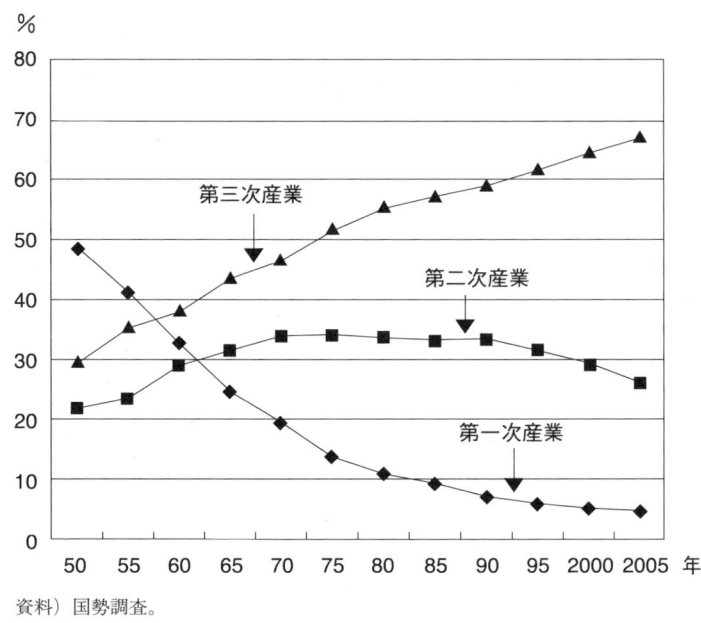

資料）国勢調査。

が効率化の程度を変えてしまい、それが価格上昇率に反映されているのだ。

2.4 就業構造の変化

　職に就いている人を就業者というが、図2-2は、第一次産業、第二次産業、第三次産業の就業者数構成比の変化（就業構造の変化）を1950年から2005年までの長期にわたって図示したものである。いうまでもなく、経済が発展していくにつれて、産業ごとの就業状態がどう変わるかについて見るためである。これによると、**就業構造**は大きく変化しているのがわかる。すなわち、第一次産業の就業者数構成比は大きく低下をつづけているのにたいし、第三次産業の就業者数構成比はずっと上昇の傾向を維持している。そして、第二次産業の就業者数構成比は1970年まで上昇するのだが、その後は、低下の局面にはいる。

経済発展にしたがって、就業構造が変わる点については、古くからW・ペティ（英国、1623-87）が指摘していたが、20世紀になって、C・クラーク（オーストラリア、1905-89）が、各国のデータにもとづいて、第一次産業から、第二次、第三次産業へ、ウェイトを移すことを示した。また、クラークはこれを「ペティの法則」とよんだことで、以来**ペティ・クラークの法則**とよばれるようになった。

日本は、ずっと経済発展の道をたどってきたのだから、図2-2の横軸は大まかに経済発展の指標としてもよいのであるが、第二次大戦によって生産力が破壊され、生産水準が低下したことを注意する必要がある。この影響をうけている1950年には、第一次産業の就業者数構成比が上昇し、第二次産業の就業者数構成比が低下するという逆転現象がおきている。

ではなぜ図2-2のような傾向が見られるかについては、すでに見当がつくようになっているはずである。そう、産業ごとに、需要の増え方や効率化の程度が違うことにより、各産業が必要とする労働量に相違がでてきた結果である。需要が大きく増えれば、それだけ多くの労働を必要とするし、効率化が進めば、労働を節約できることになる。

3つの産業の効率化の程度は、価格の動きという指標で見たが、需要の動向についてはまだ見ていない。図2-3は1955年以降について実質生産額構成比という形でこれを示したものである。生産されたものはほぼ需要されるのだから、これを実質需要の構成比と見てもいいわけだ。

第一次産業の需要構成比は低下の一途をたどっている。図2-2に見るように、第一次産業の効率化の程度は全産業平均に近いのだから、需要の動向が就業者数構成比をきめていることになる。

第三次産業の需要の構成比は長期的にそれほど動いているわけではないのだから、効率化の程度が低かったことが就業者数構成比を上昇させていったことになる。

第二次産業の需要の構成比は、1970年ごろまでは上昇の方向にあるが、その後はほぼ横ばいになっている（95年から2000年にかけて低下しているのは、生産現場の海外シフトが影響したと考えられ、この間第三次産業が上昇して

図2-3 産業別実質生産額構成比

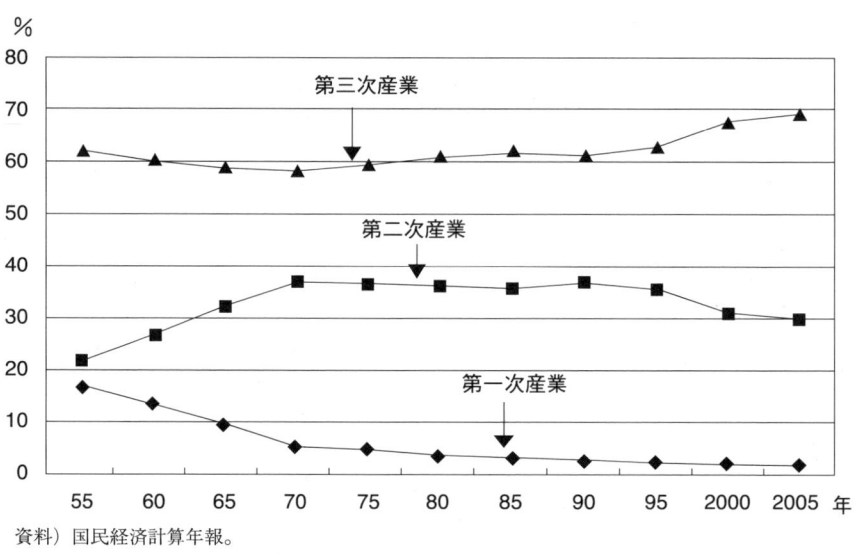

資料）国民経済計算年報。

いる）。1970年までは、需要構成比の上昇が速く、効率化というマイナス要因を相殺して就業者数構成比の上昇を可能にしていた。それが、需要構成比が上昇しなくなると、効率化の程度が相対的に速いことが就業者数構成比を低下させるようにはたらくことになる。

以上の説明では、需要構成比の変化を先取りしたが、需要は価格の変化次第で動きうるのだから、需要構成比の変化は産業ごとの価格の動向を反映しているはずである。たとえば、第三次産業の価格上昇率が高かったために、それが需要の増加をおさえ、需要構成比は上昇しなかったと考えられる。サービス供給の効率化を可能にするような技術革新が進むようになれば、第三次産業の需要構成比は上昇することが考えられる。そうなっても、第三次産業の就業者数構成比は上昇をつづけることになるのは理解できよう。

2.5 雇用者化の進行

産業の大部分が第一次産業によって占められていた時代には、生産者の経

図2-4 従業上の地位別構成比

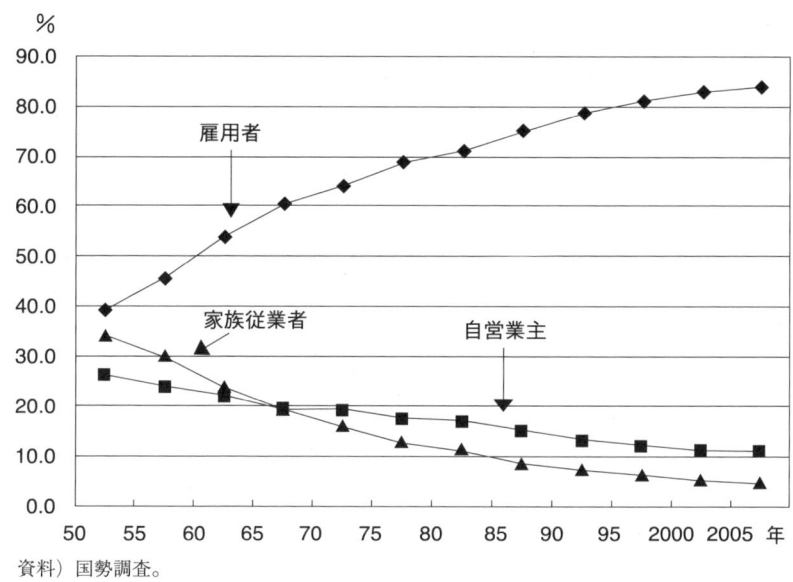

資料）国勢調査。

営規模は零細であり、今日の呼び方でいえば、自営業主によって担われていた。江戸時代がまさにそうである。江戸のような都市には商業や工業は存在したが、その規模は小さく、やはり、多くは自営業主による経営であった。奉公人はいたが、その総就業者に占める比率はわずかなものであった。今日のサラリーマンに近いイメージの人々がいたとすれば、幕府あるいは藩で官僚としての仕事をしていた武士階級であった。

それが、経済発展が進むにつれて、**雇用者**（雇われる人）の割合が急増するのである。この様子は図2-4に示してあるが、1955年と60年の間に50％を超え、今日では80％を上回るようになっている。今後もこの傾向はつづくことだろう。では、なぜこのようになるのだろう。

明治以降、日本は工業化をともなった経済発展の道を進むことになる。工業化の過程で、より効率的な生産技術の導入がおこなわれていく。その技術は、生産規模（工場の規模）を拡大すれば生産コストが低下するという性質をもっていた。自動紡績機や紡織機が大きな工場に設置されていった。自動

車や電気製品に見るように、流れ作業方式が組み立て型産業に導入されていった。鉄、セメント、化学のプラントは大規模化していった。これらを「**規模の経済性**がはたらく生産技術」というが、詳しくは4章で説明することになる。まさに、経済発展の過程で「規模の経済性がはたらく生産技術」が開発されていったのである。これらの工場を保有した企業は規模を大きくしていったのは当然である。

電力、都市ガス、鉄道、通信などの分野では、良質なサービスを安いコストで供給可能とする大規模な設備が導入されていった。また広域にわたるネットワークを必要としたため、それが企業規模の拡大に拍車をかけた。信用が重要であり、信用にとって規模が重要な意味をもつ分野も大企業に名前を連ねた。銀行がこの典型的産業である。

生産規模あるいは企業規模が拡大すれば、より多くの労働力を必要とすることになる。そのためにはより多くの人を雇わなければならない。必然的に雇用者が増えていくことになる。一方で、効率の悪い家内工業的な生産は、より大きな工場に生産の場を移さざるをえなかったのだから、自営業主や家族従業者（自営業者の家族で仕事に従事する人）は減っていくことになる。大型店が増えていることからわかるように、商業でも同じことがおこっている。企業だけではなく、役所で働く人も増え、彼等もまた雇用者であった。

もちろん、雇用者の増加には、以上のような技術面の変化だけではなく、すでに説明した就業構造の変化が関係していた。今日でも、第一次産業は自営業主によって営まれている。これは、技術特性や生産方式が関係して、企業化をおこなうメリットが少ないからである。もし、第一次産業のウェイトが低下しないのであれば、それだけ雇用者化の進行は遅かったことだろう。現実には、図2-2で見たように、第一次産業のウェイトは大幅に下がったのだから、これが雇用者化を進めた大きな原因になったのである。

2.6 都市化

都市化（人口の都市集中）もまた経済発展にともなって生じた現象である。

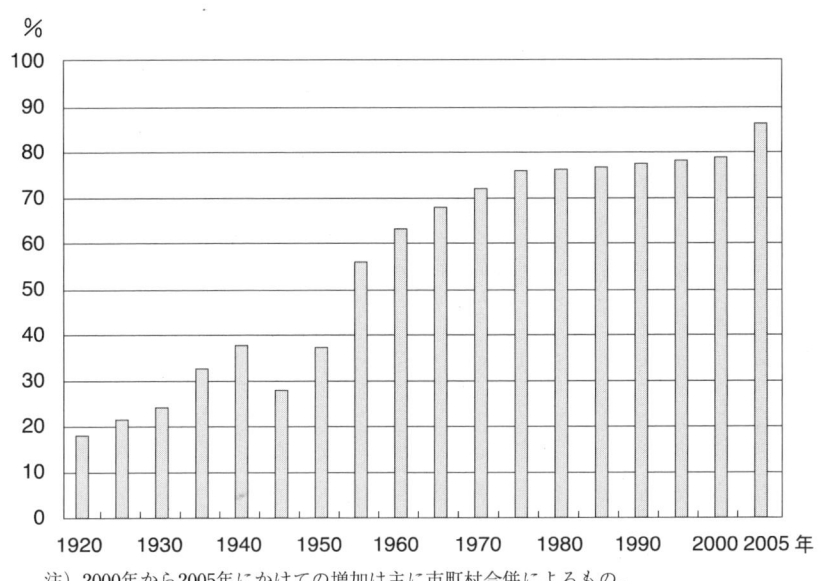

図2-5 市部人口の割合

注) 2000年から2005年にかけての増加は主に市町村合併によるもの。
資料) 国勢調査。

図2-5を見ればわかるように、日本の市部人口はその割合をずっと高めてきた。

　この現象は、いままで説明してきた経済発展にともなう経済現象をもたらす筋道の延長線上にある。人が生活するのには諸々の条件がいる。なかでも、生活費が稼げる機会の存在が人口分布を説明する上で重要であった。農業で生計を立てるには、農地がいる。工場で働いて賃金をえるには近くに工場がなければならない。もし、産業の立地にとって適する場所、不適な場所という差がないならば、都市化という現象は見られなかったであろう。

　現実には、**立地**にとって有利な場所は産業によって大きく違っていたのだ。農業の立地にとっては農地が手に入りやすい場所、すなわち、非都市部（地方）が有利である。また、日本の四大工業地帯は、京浜、阪神、中京、北九州といわれたように、経済発展のある段階までは、工場は大都市地域に主に立地された。そして、第三次産業は近くに需要が存在する必要があるものが

多いために、主な立地場所は人口が密集する都市部であった。

　図2-2をもう一度見てもらえればわかるように、経済発展にともなって第一次産業の就業者数構成比が低下し、第二次産業および第三次産業合計の就業者数構成比が上昇するのだから、以上のような立地傾向を考えれば、非都市部の就業の機会が減り、都市部の就業の機会が増えることになる。このとき、非都市部では働きたい人が過剰になって、賃金が下がるか失業者が増えてしまう。一方、都市部では人手不足が生じて賃金が上がる。有利な職を求める人々は非都市部から都市へ移動することになる。これが**人口の都市集中**という現象であった。

　しかし、この立地の傾向はいつも一定であったわけではなかった。1960年代にはいると、**工場の地方分散**がはじまる。都市化がすすんで、大都市圏の過密化が激しくなり、工場立地がむずかしくなったこと、交通網が発達して、立地場所にかかわらず生産物の需要地への輸送がしやすくなったこと、また国による工場の地方分散政策がおこなわれるようになったこと、がその原因である。そして、これが、1960年代後半以降、人口の大都市集中を緩和させていく理由の1つになるのである。

2.7　国によって違う経済発展

　まず、表2-2を見てほしい。これは、人口1人当たり国民総所得（GNI）の世界の国々にかんする分布をとったものである。国民総所得という概念については、7章で学ぶ機会があるが、これまで使ってきたGDPとの数値上の差はわずかであると考えておいてさしつかえない。

　これを見てまず気がつくことは、人口1人当たりGNIの格差がたいへん大きいということである。1人当たりGNIが755ドル以下の最低所得グループに属している国の平均は410ドルにすぎない。このグループにはアフリカおよび南アジアに位置する国々が多くふくまれている。一方、9,226ドル以上の最高所得グループに属する国の平均は27,680ドルもある。そしてここに属するのは西ヨーロッパおよび北アメリカの国々、日本、オーストラリア、

表2-2 人口1人当たりGNIの状況（2000年）

	国の数	GNI （10億ドル）	人口 （100万人）	人口1人当たり GNI（ドル）
755ドル以下	63	997	2,460	410
756～2,995ドル	54	2,324	2,048	1,130
2,996～9,265ドル	38	3,001	647	4,640
9,226ドル以上	52	24,994	903	27,680
世界	207	31,315	6,057	5,170

資料) *World Bank Atlas.*

ニュージーランドなどである。

　この最低所得グループと最高所得グループの平均所得の差は60倍以上にも達する。このときの一人当たりGNIは各グループのなかの平均値であるので、最低の所得国と最高の所得国の間にはさらに大きな差が存在する。ちなみに、2000年における日本の1人当たりGNIは37,408ドル（国民経済計算年報）であり、なお300ドルを下回る国があるのだから、その差は100倍を越えることになる。そして、最高所得グループにぞくする国の人口構成比は15％にすぎないのに、世界のGNIの80％をしめてしまうのだ。

　それでは、なぜこのような大きな差ができてしまったかといえば、**工業化**をともなった経済発展のはじまる時期が国によって大きく違っていたことが大きい。

　産業革命は、18世紀半ばごろイギリスではじまり、その後、他のヨーロッパ諸国や米国に伝播し、1880年代になって日本で工業化が開始されることになる。まさに、この当時、日本は発展途上国であったわけだが、相対的に速い経済成長を達成できたため、今日では最高所得グループのなかでも上位に位置することになったのである。

　アジア諸国の経済発展が目立ってきたのは1970年代にはいってからである。アジアNIEs（韓国、台湾、香港、シンガポール）といわれる国や地域が高い成長率を実現するようになり、ついでASEAN諸国（マレーシア、タイ、フィリピン、インドネシア）および中国が高い成長率を示すようになる。そ

して、世界には工業化をともなった経済発展がはじまったばかりという国もあり、まだ準備段階という国もある。結果として、表2-2のように、きわめて大きな所得格差が実現してしまったのだ。

このような発展段階の違いは利害関係の相違をともなうから、当然摩擦を生みだした。発展途上国と先進国の間の国際分業から発生する取引条件の問題、発展途上国の累積債務の問題、環境問題にたいする取り組み方の相違などである。先進国の多くは、ヨーロッパ、北米、日本など北に位置し、また南に位置する発展途上国が多いことから、これを**南北問題**といっている。

2.8 経済発展と人口圧力

「経済発展は人口増加をともなう」というのが、これまでの経験からだされている結論だといっていい。事実、英国および19世紀に工業化を開始したヨーロッパ諸国の19世紀中における人口増加率はかなり高いものであったことが明らかになっている。

日本でも、1872年に3300万人であった人口が、1955年には8900万人まで増えたのだから、この間の人口増加率はかなり高かったといえる。この間の年平均の増加率は1.2%になる。

世界の人口は、経済発展と足並みをそろえるように、増加をはじめる。1800年ごろに10億人であった人口は、1900年には16億人になり、1960年には30億人に達する。そして、2000年には61億人をこえた。

とはいっても、経済発展は常に人口増加をともなうものではなかった。経済発展がさらに進むと、多くの国で人口の増加率が下がりはじめる。今日の日本では出生率が下がった状態をさして**少子化**とよぶようになっている。程度の差はあるが、多くの先進国では同じように出生率の低下によって、人口の増加率がたいへん小さくなっている。

20世紀後半の**世界の人口増加**は発展途上国の人口増加によって主にもたらされたものである。すなわち、発展途上国では、第2次大戦が終わったころから人口増加率の上昇が目立ちはじめる。1950年から2000年にかけて世界の

人口は36億人増えたものと推計されるのだが、この間、発展途上国の人口は33億人も増えているのだ（国連推計）。

人口増加は、需要増加の要因になり、労働供給を増やすことになるのだから、経済発展にとってはプラスにはたらくように思える。しかし、それだけ1人にかける教育費が少なくなり、また労働者1人当たりの資本ストック（耕地を含めて）が少なくなって、人口1人当たりの生産は小さくなってしまうだろう。したがって、速すぎる人口増加は、人口1人当たりGDPで示される経済発展にとってはマイナス要因である。

2000年から2005年までという最近の年平均人口増加率（推計をふくむ）を地域別に見ると、世界が1.2%であるのにたいし、アフリカ2.2%、南アメリカ1.4%、北アメリカ1.1%、アジア（日本を含む）1.2%、ヨーロッパ0.0%、オセアニア1.3%となっている。そして、この間の日本の年平均人口増加率は0.1%である。先進国の人口増加率は、概して低くなっているが、発展途上国の人口増加率は高い。1872年から1955年までの日本の年平均人口増加率が1.2%であったのと比較してもたいへん高い値である。とにかく、アフリカの2.2%という増加率は、100年間で人口を8.8倍にするという非常に大きな数値なのだ。

もちろん、先進国の例を見れば、こうはならないとの予想がつく。すなわち、1人当たりの所得が高まってくれば、先進国がそうであったように、出生率が低下し、人口増加がおさまっていくことが期待できる。しかし、どのような所得水準でいつごろそうなるかの予測はたいへんむずかしいために、心配されているのだ。

2.9 環境問題の発生

以上見てきたように、生産活動の拡大は地球全体におよびつつある。先進国もなお成長をつづけているのだが、大きな人口ウェイトを占める発展途上国の成長が目立つようになっている。発展途上国の経済発展は、急速な人口増加をともなっているのだから、地球上の生産はたいへんな勢いで増えてい

くと考えざるをえない。

　地球上の人口は21世紀の半ばすぎには100億人に達すると予測されている。そのとき、これらの人々が表2-2でいう最高所得グループ国平均の1人当たりGNIを達成するとしよう。すると、世界の生産は8.8倍になる計算になる。

　いま、**環境問題**が深刻化している。環境問題には、地球温暖化、酸性雨、海洋汚染、オゾン層の破壊などがあるが、国際的に注目され、国際的取り組みが活発化しているものとして地球温暖化防止がある。いうまでもなく、このまま地球温暖化が進めば、世界の全域に甚大な被害をもたらす可能性が指摘されているからである。1997年には、地球温暖化防止にかんする京都会議が開かれ、京都議定書が採択された。この議定書では、先進国が、温室効果ガスの削減についての数値目標を定め、実現していくことが求められた。

　地球温暖化は、エネルギー消費によって発生した二酸化炭素などの温室効果ガスが増えることによっておこる。世界の生産量が急増することが見込まれるのだから、当然エネルギー消費も大幅に増えることになり、地球環境を著しく悪化させてしまうことが予想されることになる。

　このとき温室効果ガスの排出量をおさえる方法としては二つ考えられる。1つは生産にたいするエネルギー消費効率をあげることである。もう1つはエネルギー消費単位当たりの温室効果ガスの排出量をおさえることである。これには、技術が必要であり、発展途上国への技術移転が必要になっているのだ。

練習問題

1．経済発展は人口増加をともなうのだが、ある発展段階になると出生率の低下がおこる。この理由はどこにあるか考えてみよ。
2．p.22に、サービス供給の効率化が進むようになっても第三次産業の就業者数構成比は上昇をつづけると書いてあるが、なぜそうなるのか考えてみよ。

第II部

家計・企業の行動と市場

第3章

消費者行動理論

3.1 はじめに

　消費に関する経験法則として、よく知られている**エンゲル法則**がある。これは所得が増加するにしたがって、食料の所得に占める割合が減少するという関係である。そしてエンゲル法則は、**家計調査**データという統計資料を分析することによって得られたのである。

　19世紀中頃にプロシャの統計局長であったエンゲル自身が実際に目にしたデータは、表3-1のようなベルギー家計のデータであった。

　この表から総支出（所得）が上るにしたがって、70.8％から67.3％、62.4％と、食料支出構成比が低下していることがわかるだろう。そして食料費支出を所得で割った値は、**エンゲル係数**ともよばれる。

　現在でもエンゲル法則が成り立っていることは、日本の最近の家計調査でも確かめられる。2001年の全国全世帯の所得階級別エンゲル係数は表3-2のようになっている。

　このように、所得が増えるにしたがって、エンゲル係数が減少するという傾向は、19世紀でも21世紀でも変わってはいない。ただ、19世紀後半や20世紀初めではエンゲル係数が60％台や70％台と大きかったが、現在の日本では20％台とその値には大きな差はある。このような数字の絶対的な差をもたら

表 3-1 ベルギー家計の所得階級別食料費構成比

	総支出	食料支出構成比
第 1 階級の労働者	129（フラン）	70.8%
第 2 階級の労働者	169（フラン）	67.3%
第 3 階級の労働者	242（フラン）	62.4%

表 3-2 年間収入別エンゲル係数

年間収入 5 分位	I	II	III	IV	V
エンゲル係数	27.1%	25.0%	24.4%	22.7%	20.4%

注）総世帯を20%ごとに分けて、所得の低い方から第Ⅰ分位、第Ⅱ分位と並び、所得最高分位が第Ⅴ分位になる。

した要因は、日本の戦後経済成長であることは、容易に、想像がつくだろう。

　所得と食料費支出の間の関係を示したエンゲル法則は、戦争などの異常な状態や特殊なグループに限定しない限り、常に観察される経験的な事実である。

　また、商品やサービスの価格が上がると需要量が減るという関係は、野菜などが典型的な例として挙げられる。このような消費者の日常経験も、同様に、市場データによって観察される。

　上に述べた日常経験や観察された経済データを論理的に説明する道具が経済理論である。特に商品・サービスに対する消費需要行動について説明する分析道具が、この章で説明する消費者行動理論である。

　現実には、目の前には無数の商品やサービスが存在し、消費者は、衝動的になんの考えもなく、無秩序に消費行動を行っているように見える。こんななかで、「もし所得が半分になったら、どれくらい需要が落ち込むのだろうか」とか、「もしある商品の価格が半分になったら、どれくらいの需要の増加が見込まれるのだろうか」などという、将来の需要を予測することは、不可能だと思うかもしれない。

　しかし、理論というレンズを通してみると、一見ばらばらに見える消費者の行動が、一定の法則にしたがっていることがわかる。例えば、ある商品が必需品かどうかは、理論によってそれを判定する道具を提供できるし、また

エンゲル法則で見られた経験事実も、理論的に描写することができる。さらに、将来、所得や価格が変化したときに消費支出がどれくらいになるか、を予測することもできる。

3.2 消費者行動理論

世の中には多数の財がある。この章では消費者行動を分かりやすく説明するために、Tシャツとハンバーガーという2つの財しか存在しない場合を考えよう。ハンバーガーが食料費で、Tシャツが食料以外の費目とすることで、すべての財を含めているとしてもよい。

そこでいま、個人が消費できるTシャツとハンバーガーの組み合わせを考えてみよう。Tシャツとハンバーガーのある組み合わせ（例えばTシャツ1枚とハンバーガー6個）と、別の組み合わせ（Tシャツ3枚とハンバーガー2個）が、消費者にとって、同じ満足（効用とよぶことがある）を得る組み合わせであったとしよう。このときには、「Tシャツ1枚とハンバーガー6個」の組み合わせと、「Tシャツ3枚とハンバーガー2個」の組み合わせは**無差別**であるという。普通の言葉に直すと、消費者は「Tシャツ1枚とハンバーガー6個」と「Tシャツ3枚とハンバーガー2個」の組み合わせのどちらも捨てがたく、どちらを選ぶか迷ってしまう状況である。

このように、「Tシャツ1枚とハンバーガー6個」と「Tシャツ3枚とハンバーガー2個」のような無差別の財の組み合わせを、Tシャツとハンバーガーのいろいろな組み合わせについて拡張することができる。例えば、「Tシャツ1枚とハンバーガー6個」の組み合わせと「Tシャツ2.5枚とハンバーガー2.8個」の組み合わせは無差別である、などである。このようにすると、同じ満足を得るTシャツとハンバーガーに関して、それぞれの満足度ごとに、無限の組み合わせを考えることができる。そして、それぞれ同じ満足を得る組み合わせの点を結んだ曲線が**無差別曲線**といわれる。

これを描いたのが、図3-1である。u_0の無差別曲線上の「Tシャツ1枚とハンバーガー6個」の組み合わせがA点で、「Tシャツ3枚とハンバーガ

図3-1 無差別曲線

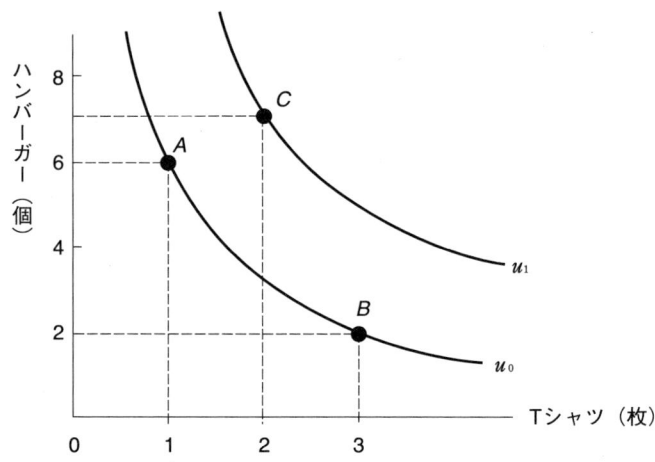

－2個」の組み合わせがB点で示されている。同様に、u_1の無差別曲線上の「Tシャツ2枚とハンバーガー7個」(図3-1ではC点に対応する) という組み合わせに対しても、無差別な組み合わせを考えることができる。そして、u_1上にある「Tシャツ2枚とハンバーガー7個」の組み合わせは、u_0上にある「Tシャツ1枚とハンバーガー6個」の組み合わせと比べて、Tシャツおよびハンバーガーの両方とも量が多いから、消費者にとって、u_0よりもu_1の方が満足度が高い無差別曲線であることは、容易に理解できるだろう。

　無差別曲線は原点に対して凸を想定する。そうすることが現実を説明する上で必要だからである。(練習問題1を参照)

　このように、無差別曲線は、たまねぎを輪切りにしたような形をしている。そして、消費者それぞれのTシャツやハンバーガーに対する**好み（嗜好）**が違えば、無差別曲線の形は違ってくる。また、同一の消費者でも、好みが変化したときには、無差別曲線の形は違ってくる。

　ここで、それぞれの無差別曲線は交差しないことを、簡単に説明しよう。図3-2には2つの無差別曲線がA点で交差した状態を示している。いま、

図3-2　無差別曲線の交差

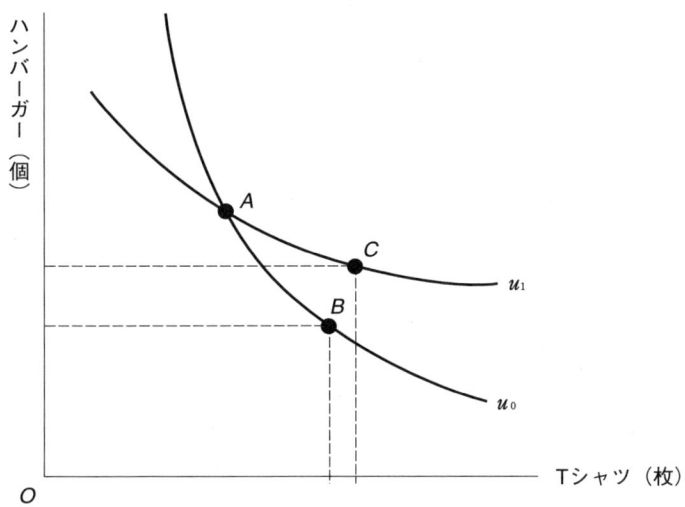

図の中の3点に注目しよう。A点とB点は同一の無差別曲線（u_0）上にあるから、2つの点の満足度は等しい。一方で、A点とC点も同一の無差別曲線（u_1）上にあるから満足度は等しい。しかしC点はB点より両方の財とも消費量が大きいから、C点のほうがB点より満足度が高い。このようにして、上の関係式は相互に矛盾する。無差別曲線が交差するということは、論理的に矛盾しているのである。

次に消費者の**予算制約条件**について説明する。今まで同様、消費財はTシャツとハンバーガーの2種類しかないとする。そして、Tシャツの消費量をq_1、ハンバーガーの消費量をq_2、消費者が店頭で直面するTシャツの価格は1,000円、ハンバーガーの価格は100円、また消費者が持っている処分可能な所得金額を10,000円としよう。そうすると、Tシャツに対する支出額は$1,000q_1$（Tシャツの価格×数量）、ハンバーガーに対する支出金額は$100q_2$である。2つの財に関する消費額の合計は自分の所得額を超えることはできないから、消費可能な範囲は$10000 \geq 1000q_1 + 100q_2$という不等式で書ける。これが予算制約条件である。この条件を満足する領域は図3-3で斜線の部

図3-3 予算制約 $10000 \geq 1000q_1 + 100q_2$ を満足する領域

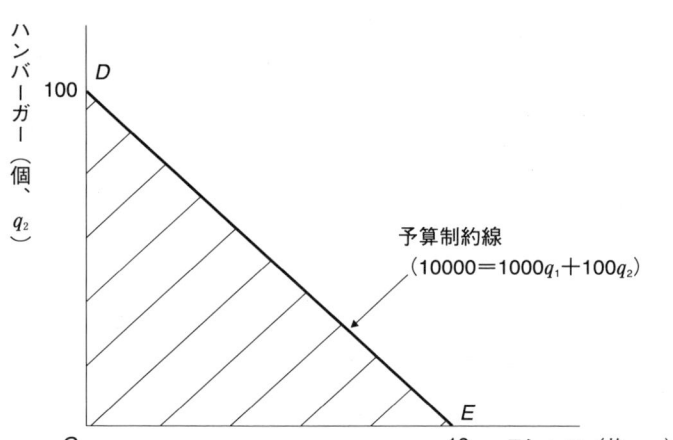

分で示されている。また、$10000 = 1000q_1 + 100q_2$ を**予算制約線、収支均等線あるいは価格線**と呼ぶ。

　予算制約に直面している消費者は、どのような消費パターンを選択することが最も合理的、つまり、消費者の満足度が高いといえるだろうか。これが次の問題である。

　いま、上に示した図3-1と図3-3を組み合わせた図を図3-4としよう。図3-4には2本の無差別曲線（u_0, u_1）と直線 DE で示された予算制約線が描かれている。図3-4において、予算制約線 DE は $q_2 = 100 - (1000/100)q_1$ と書き直すことができる。そして D 点の座標は（0, 100）、E 点の座標は（10, 0）である。このことは、D 点ではハンバーガーだけを消費し、その消費量は100であることを示している。また E 点ではTシャツだけを消費し、その消費量は10である。直線 DE の傾きは－（Tシャツの価格／ハンバーガーの価格）で示され－$(1000/100) = -10$ であり、これをTシャツとハンバーガーの相対価格と呼ぶ。直線 DE を価格線と呼ぶ理由でもある。

　次に図3-4にある4点（A, B, C, P）に注目しよう。A点、B点、P点は同一の予算制約線上、つまり直線 DE 上にある。しかし C 点は DE 線で

図3-4 消費者均衡

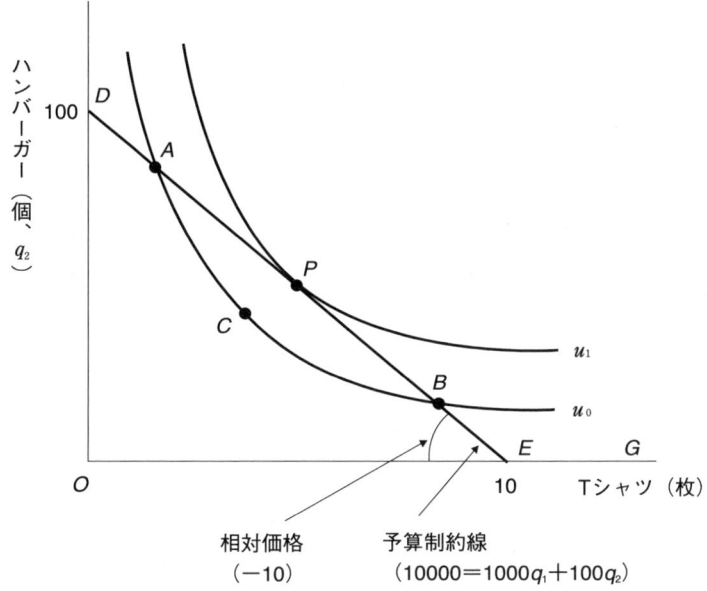

はなく、**消費可能領域**の中にある点である。また、A点とB点とC点は同一の無差別曲線 u_0 上の点であり、P点は無差別曲線 u_1 上の点である。

この図3-4を使いながら、消費者がどのような財の組み合わせを選択すれば、自分の満足度が最も高くなるかを考えてみよう。初めに、予算制約線上にあるP点と、消費可能領域にはあるが予算制約線上にはないC点の比較をする。P点の方がC点よりTシャツとハンバーガーの消費量が大きい。したがって、P点の方がC点より満足度は高いことがわかる。一般的に、消費者の満足度が高い商品サービスの組み合せは、消費可能領域内の点ではなく、予算制約線上にある。

そこで、次に予算制約線上の3点、つまりA点、P点、B点について考えてみよう。A点、P点、B点で支出は同一（10,000円）ではあるが、無差別曲線からみると3点には違いがある。A点とB点は無差別曲線 u_0 上にあるがP点は無差別曲線 u_1 上にある。

図3-1の説明から、無差別曲線 u_0 上の組み合わせよりも無差別曲線 u_1 上の組み合わせの方が、消費者にとって、満足度が高いことがわかっている。したがって、無差別曲線 u_0 上にある A 点や B 点の組み合わせよりも、無差別曲線 u_1 上にある P 点の組み合わせのほうが、消費者にとって、満足度が高いことになる。

　この点をさらにはっきりさせるために、直線 DE 上を D から E に向って歩いてみる、という思考実験をしよう。D 点から歩き出し、P 点の方向に向うと、消費者自身自分の満足度がどんどん上っていくことに気がつく。D 点から P 点に行く途中の A 点に着くと、自分の満足度は u_0 であることがわかる。そして、P 点では自分の満足度は u_1 である。さらに、P 点をすぎて E 点に向かって歩き続けると、今度は逆に、満足度が下っていくことがわかる。B 点では自分の満足度が u_0 であり、A 点の満足度と同一であることにも気がつくだろう。そして D 点から E 点まで歩いた結果、その個人は自分にとって最も高い満足度が得られた組み合わせは、点 P であることがわかる。

　このようにして最も高い満足を求める消費者は、最終的に、P 点の財の組み合わせを選択することになる。

　この P 点はどのような条件を満足する点であろうか。ここで**限界代替率**という概念について説明しておく。ある消費者がTシャツ1枚をハンバーガーと交換する場合、Tシャツを1枚あきらめる代わりに、ハンバーガーを何個か手に入れれば、以前と同じ満足（効用）を得る組み合わせがみつかるだろう。例えば、図3-5（a）にあるように、Tシャツ1枚と交換にハンバーガー Δq_2 個を手に入れれば、同じ満足を得る（同一の無差別曲線上にある）ことが可能である。

　次に、Tシャツ1枚ではなく、Tシャツを微小単位あきらめたときに、ハンバーガーを何単位手に入れれば以前と同じ満足度を維持できるか、ということを考えたとしよう。これが限界代替率の考え方である。（図3-5（b）を参照）そして、限界代替率は、図3-4や図3-5（b）からも分かるように、無差別曲線上の P 点における接線の勾配として示される。

　均衡点では、予算制約線の勾配（相対価格）と限界代替率が等しい。すな

図3-5 限界代替率

(a)

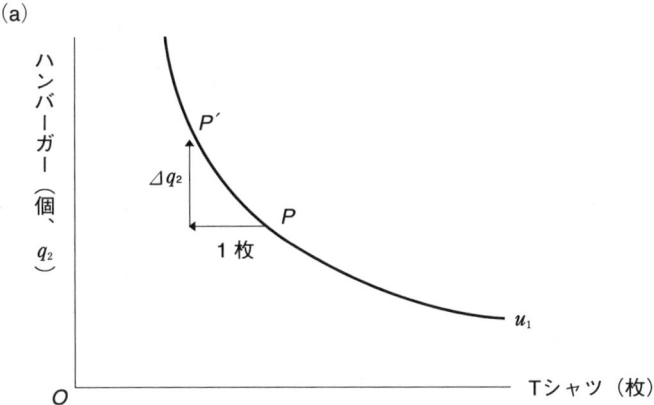

(b) P' が P に近付いた極限

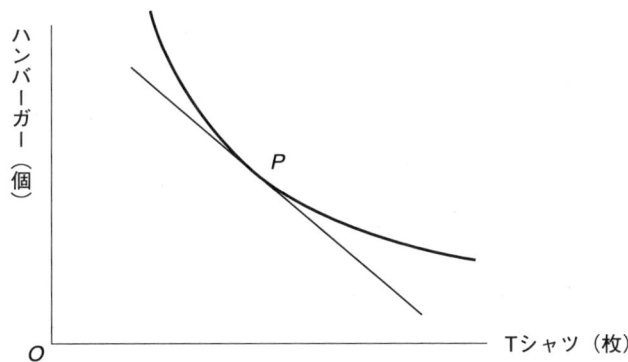

わち、**限界代替率が相対価格に等しくなる**ことが、消費者の最大の満足を得る財の組み合わせの条件になる。

3.3 所得-消費線、価格-消費線

図3-4で消費者均衡点が P 点であることがわかった。この節では所得や価格が変化した際に移動する均衡点の軌跡について、2つのケースを考える。

表3-3 所得-消費線の数値例

	A点	B点	C点	D点
Tシャツ（枚）（価格1,000円）	0	1	2	4
ハンバーガー（個）（価格100円）	30	40	50	60
所　得（＝支出額）	3,000	5,000	7,000	10,000

表3-4 ハンバーガーの支出線

	A点	B点	C点	D点
所　得	3,000	5,000	7,000	10,000
ハンバーガー支出額	3,000	4,000	5,000	6,000
エンゲル係数（％）	100	80	71	60

　第一のケースは価格が変らないで、所得だけが変化した時の均衡点の軌跡である。それが図3-6（a）に示されている**所得-消費線**である。所得-消費線に具体的な数値例を用意しよう。それが上の表3-3にまとめられている。

　価格が変らない（厳密には相対価格が変らない）で、所得だけが変化する状況は、家計調査の所得階級別横断面データに対応する。つまり、所得-消費線は、初めに紹介した、エンゲル法則に対応する関係でもある。このことを図3-6（a）と図3-6（b）、および表3-3を使いながら説明しよう。

　図3-6（a）の所得-消費線は、縦軸がハンバーガー、横軸がTシャツの消費量である。また、予算制約線が、それぞれの均衡値における支出額（これは所得額でもある）を示している。この図から、縦軸にハンバーガーの支出額、横軸を所得とした図3-6（b）を導くことができる。これが、ハンバーガーの支出線である。

　図3-6（b）に示されたハンバーガーの支出線について、上の表3-4でまとめてみよう。

　ハンバーガーのエンゲル係数（ハンバーガー支出を所得で割った値）の変

図3-6

(a) 所得—消費線

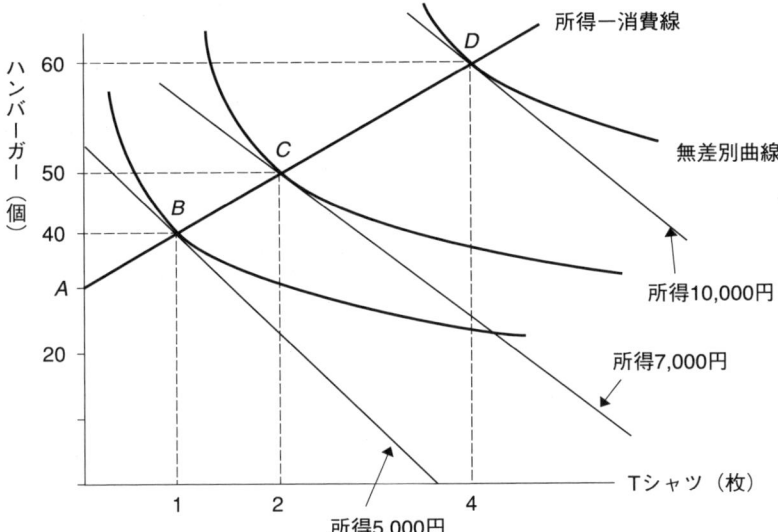

(b) ハンバーガーの支出額

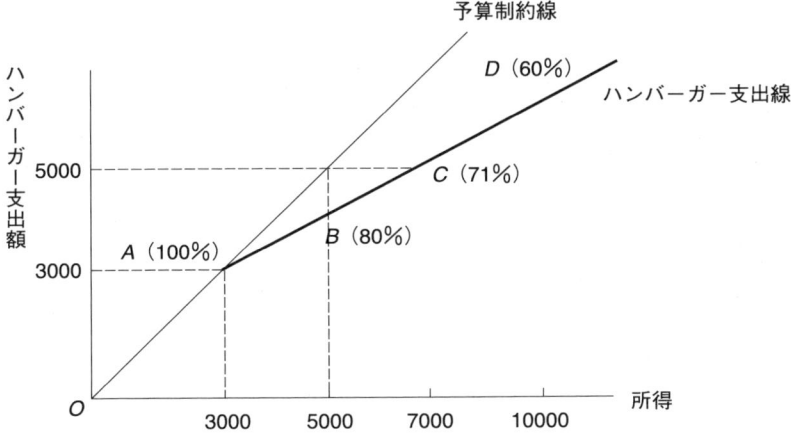

注）カッコ内の数値はエンゲル係数である。

化をみると、所得が上るにつれて、その値が小さくなっている。ハンバーガー支出を見ることから、所得上昇とともに消費率は下るという、エンゲル法則が示されていることがわかるだろう。一般的に、食料などの生活必需品は、所得が上っても、その支出額は大きく上昇はしない性質を持つ。

次に**価格－消費線**について説明しよう。価格－消費線は所得（10,000円）及び他財の価格（今の場合はハンバーガーの価格）を固定（100円とする）した時に、自財価格（今の場合はＴシャツの価格）の変化による消費者均衡点の軌跡である。それを示したものが、図3－7（a）である。

図3－7（a）では、Ｔシャツの価格が低下すれば、予算制約線がハンバーガー軸上の点（0, 100）を固定した形で、時計とは逆向きの回転移動をする。その動きにつれて均衡点がA点、B点、C点、D点と移動していく。このときのＴシャツの価格と数量は、表3－5になる。ただし、所得は10,000円、ハンバーガーの価格は100円と固定されている。

この価格－消費線を自財の価格（今の場合はＴシャツ）と自財の消費量q_1の関係に移しかえたものが、Ｔシャツの需要曲線になる。それが図3－7（b）に示されている。縦軸にＴシャツ価格、横軸にＴシャツ需要量q_1をとっており、右下がりの需要曲線が描かれている。この需要曲線は、所得と他財の価格（ハンバーガー価格）が一定の下で描かれているが、所得やハンバーガー価格が変化すれば、Ｔシャツの需要曲線はシフト（変位）する。それが、図にも、需要曲線のシフトとして示されている。

このように、日常経験として知っている所得や価格の影響は、経済理論の中でも説明できるのである。次に価格－消費線の一つの応用例として、スルツキーの代替効果と所得効果と呼ばれる効果を説明しよう。

表3－5　価格－消費線の数値例

Ｔシャツ価格	2,000	1,000	700	500
Ｔシャツ数量	1	4	6	10

注）ただし、所得は10,000円、ハンバーガーの価格は100円と固定されている。

図 3-7

(a) 価格－消費線

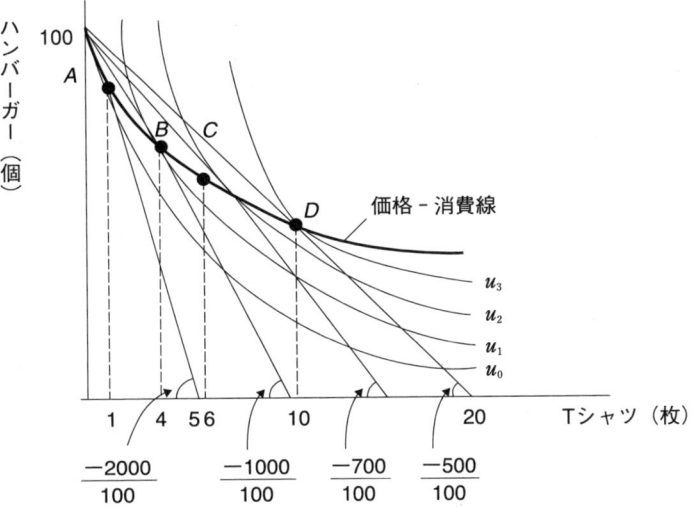

(b) Tシャツの需要曲線

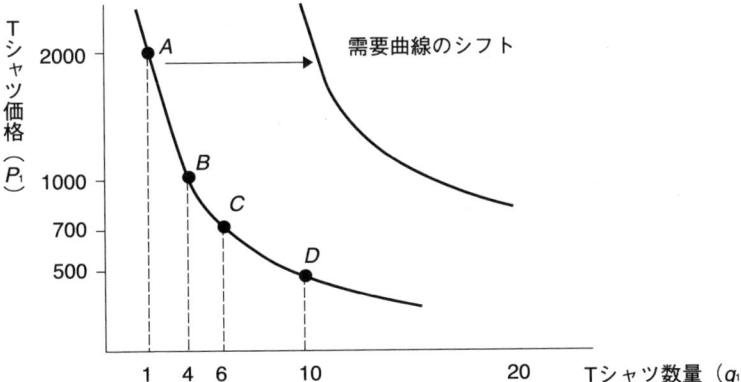

図3-8 所得効果と代替効果

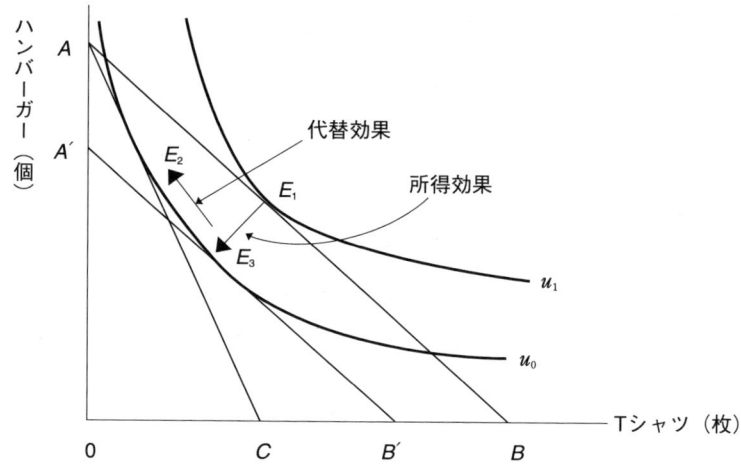

3.4 スルツキーの代替効果と所得効果

いま、価格-消費線で説明したように、所得と他財の価格が一定の条件の下で、自財の価格が変化すると、それに応じて均衡点の軌跡が描ける。

スルツキーの代替効果と所得効果は、ある財の価格の変化による均衡点のシフトが、代替効果と所得効果という2つの効果に分離できるということを示したものである。このことを図3-8によって示そう。はじめの均衡点 E_1 は、予算制約線（図では直線 AB で示されている）が与えられた下で、最大の満足を得る点として示されている。いま、所得と他財の価格（ハンバーガー価格）は変化していないが、自財（Tシャツ）の価格だけが上昇したとする。Tシャツの価格が上昇すると、新しい予算制約線は、A 点を中心にして右回りに回転し、直線 AC になり、新しい均衡点は E_2 となる。点 E_2 で示される所得は点 E_1 の所得と同一であるが、E_2 の満足度は u_0 で E_1 の満足度 u_1 より低いことに注意。

いま、図3-8に点 E_3 を新たに導入する。E_3 は E_2 と同一の無差別曲線

u_0 上にあり、予算制約線 AB を平行移動することによって、無差別曲線 u_0 と接した点である。そして、平行移動した新しい予算制約線は、直線 $A'B'$ である。まさにこの新しい予算制約線はTシャツの価格上昇による満足の低下（u_1 から u_0）を所得の低下として引き直したものになる。そして新しい予算線で示される所得は、点 E_1 や点 E_2 の所得より低いことはいうまでもないだろう。

そこで、Tシャツ価格の上昇による均衡点の E_1 から E_2 への移動は、第一段階としてあたかも所得が減少し、予算制約線 AB から予算制約線 $A'B'$ へと平行にシフトしたような、E_1 から E_3 で示される所得効果と、同一無差別曲線上での E_3 から E_2 への「すべり」で示される、代替効果に分離できる。

このような所得効果と代替効果の分離は、いくつかの応用分析で役に立つことになる。例えば、消費税率を上げることにともなって、ある商品の価格が上がることになったとしよう。そのときに、消費者が税率を上げる前と同じ効用水準を維持したいという条件の下で、その商品価格の値上げによって、どれくらいの需要の落ち込みがあるか、という分析などに利用される。

3.5 市場需要曲線

ここまでは個人の需要曲線について考えたが、個人需要の合計として、**市場需要曲線**を導こう。市場需要関数はこれからもいろいろな場所で使われる。その理由は、個人個人は自分の好みにしたがって需要行動を行なうが、市場における価格決定は、個人需要を集計した市場需要曲線と、次の章で説明する、市場供給曲線の交点で決まるからである。市場需要曲線は、個別需要をいろいろな市場価格の水準で足したものになる。それが、次のページの図3-9に示されている。いま、P_2 の価格水準では、個人1の需要量は OD_1、個人2の需要量は OD_2 である。したがって、P_2 の価格水準における市場需要は個人需要 OD_1 と OD_2 を加えた OD_3 になる。そして、これをすべての価格水準に関して描けば、図3-9に示されたような市場需要曲線が描ける。

図3-9 個人需要関数と市場需要関数

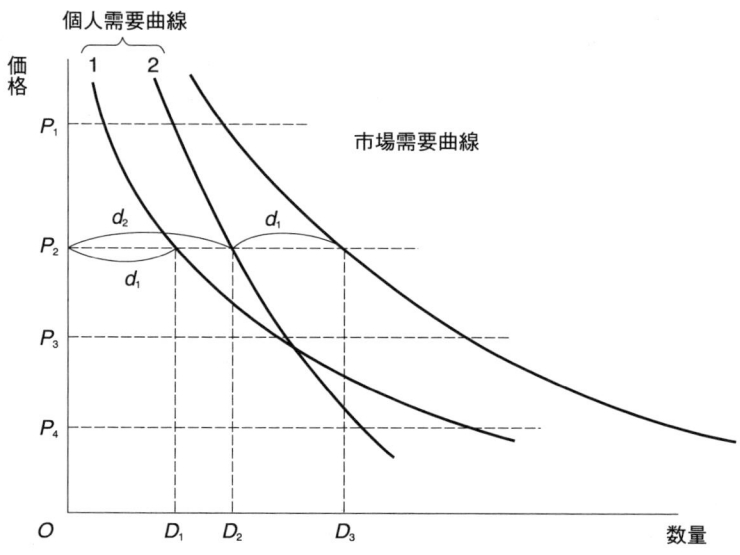

ただし図の中の d_1 は OD_1、d_2 は OD_2 であり、$d_1 + d_2$ が OD_3 になる。

3.6 需要の弾力性

次に消費財を分類する際に使われる概念として、**弾力性**という概念を説明しよう。よく必需品とか贅沢品などという言葉で商品やサービスを分類することがある。その際に使われるものが、弾力性という概念である。

はじめに需要の弾力性とはなにかということから説明しよう。経済学では、2種類の**需要の弾力性**がよく使われ、一方を**所得弾力性**、他方を**価格弾力性**という。所得弾力性は、「他の条件が一定の状態で、所得が1％上昇した時に、需要量は何％変化するか」を示したものである。これを式であらわすと、$(\varDelta q/q)/(\varDelta y/y)$ で示される。所得弾力性は、一般には、正である。それは所得が増加すれば需要量も増加するからである。いま $y = 100$円、$q = 100$グラム、であるとしよう。そして所得が10円増加したとき（$\varDelta y = 10$円）に、

表3-6　グレゴリー・キングの法則

収穫量の減少	価格の上昇	弾力性
10%	30%	0.33
20%	80%	0.25
30%	160%	0.19
40%	280%	0.14
50%	450%	0.11

需要量が5グラム($\Delta q = 5$グラム)増加したとしよう。そうすれば、$(\Delta q/q)/(\Delta y/y)$ は(5グラム/100グラム)/(10円/100円) = 0.5となる。したがってその商品に関する所得弾力性は0.5である。

所得弾力性は、一般的には正であるがいつも正であるわけではなく、中には負である財が存在する。これを下級財あるいは劣等財とよんでいる（練習問題2を参照）。

同様に需要の価格弾力性は、「他の条件が一定の状態で、価格が1％変化したら、需要量は何％変化するか」を示したもので、式であらわすと、$(\Delta q/q)/(\Delta p/p)$ で示される。価格が上昇すれば、一般的には、需要量は減少するから、価格弾力性は負の値をとる。一例をあげよう。ある商品の価格は100円、数量は100グラムであったとしよう。価格が5円上ったために需要量は3グラム減少したとする。そうすると、$p = 100$円、$\Delta p = 5$円、$q = 100$グラム、$\Delta q = -3$グラムとなる。したがって $(\Delta q/q)/(\Delta p/p)$ を計算すると、(-3グラム/100グラム)/(5円/100円) = -0.6となる。このようにして弾力性では円やグラムの単位が消えてしまい、最終的に単位とは無関係の無名数である-0.6という値になる。一般的には、マイナスの記号をとって価格弾力性は0.6ということが多い。

なぜこのような弾力性を使うと便利なのだろうか。弾力性の値は、例えば1.5とか-0.5というような単位のつかない無名数になる。このことは、各国で使われる円やドルなどの貨幣単位やキログラム、ガロンなどの数量単位とも無関係になる値であり、したがって需要の弾力性の国際比較を行う際には非常に便利である。

図3-10 消費者余剰

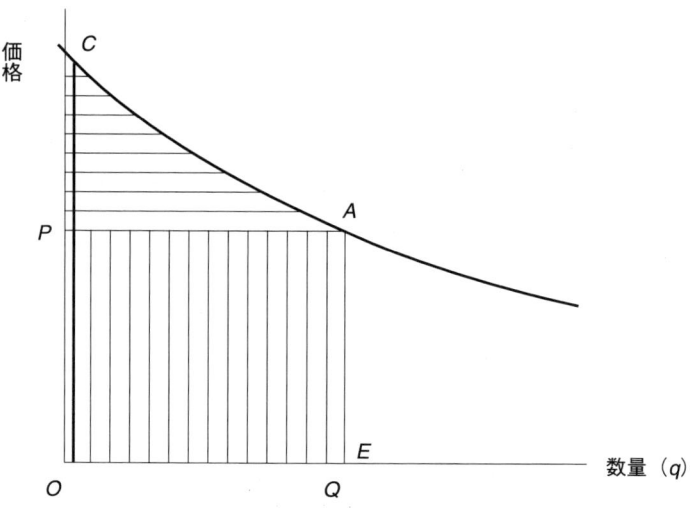

　いま、一例として、いろいろな国で推定された価格弾力性と所得弾力性の例を示そう。17世紀に紹介された**グレゴリー・キングの法則**は小麦の価格弾力性に関するもので、「平均収穫量に比べて収穫量が10％、20％、30％、40％、50％と減っていくと小麦の価格は30％、80％、160％、280％、450％と上昇する」というものである。これを表に示すと表3-6のようになる。また1921年から1934年のアメリカデータを使った分析では、小麦の価格弾力性が0.19という値が報告されている。そして、スウェーデンでは0.55という価格弾力性が報告されている。また、1920年から30年のイギリスのデータによる分析では0.79という価格弾力性が報告されている。

　所得弾力性をみると、20世紀初頭におけるアメリカ合衆国の食料の価格弾力性が0.67、イギリスの労働者階級では穀物の価格弾力性が0.36、スウェーデンでは食料の価格弾力性について1923年が0.46、1933年が0.44であるという結果がある。

　このように貨幣単位や数量単位が、ドル、ポンドなどいろいろに違っていても、弾力性に直すと単位とは独立になり、その比較が容易にできることが

わかったであろう。

3.7 消費者余剰

最後に公共経済学などでよく使われる余剰概念について、消費者に関連する**消費者余剰**を紹介しよう。消費者余剰は図3-10の需要曲線を使って説明できる。いま市場価格がPであるとしよう。そして消費者はこの価格でOQだけの購入をする。この時に消費者が支出する金額はPQであり、図では$POQA$で囲まれた面積になる。

$COQA$は、消費者が、実際上は支出しないが、仮に消費数量を少量ずつ購入したとすれば、支払ったであろうという支出額である。いま、購入量qがOの近傍にあるとする（図では太線の垂線で示されている）。消費者はOの近傍で少量のqを手に入れるためには、価格がPではなくOCより少し低い高さで示される価格でもよいと思う。需要曲線とは、消費者にそれぞれ市場価格が与えられたときに、効用が最大となるような数量を選択したものの軌跡だからである。このようにして、消費量を0から少しずつ増加したとすると、消費者が支払ってもよい支出合計額は$COQA$になる。

一方、実際に支払った金額は面積$POQA$であり、$COQA$からこれを差し引いたのがCPAである。いわば、CPAの部分は高い価格を払わずに済み、得をしたということになり、これを消費者余剰とよぶ。

練習問題

1. 読者はもし無差別曲線が原点に凸ではなく凹であるときにどのような不都合が起こるかを考えてみよ。
2. 下級財（劣等財）といわれる性質を持った財がある。これは所得が上がるにしたがって消費量自体が減少する財である。このような性質を持った財の所得-消費線は読者自身で考えてみよ。

第4章

生産者行動

4.1 はじめに

　前章で消費者行動の説明をした際に、エンゲル法則という消費分析の経験法則を紹介した。それでは生産者行動に経験法則とよべるものはあるのだろうか。表4-1はフォン・チューネンが『孤立国（第3版）』(1875年) という本の中で紹介した**限界生産力逓減法則**といわれるものを、数値で示したものである。

　この表中にあるCは当時の穀物の単位である。この表から分かるように、

表4-1　限界生産力逓減法則

	総労働生産物	増加量（限界生産物）
農夫1人目	110C	
農夫2人目	150C	40
農夫3人目	186C	36
農夫4人目	218.4C	32.4
農夫5人目	247.6C	29.2
農夫6人目	273.9C	26.3
農夫7人目	297.6C	23.7
農夫8人目	318.9C	21.3
農夫9人目	338.1C	19.2

フォン・チューネンは、農夫が１人増加するごとに、生産物の増加分つまり限界生産力は、直前の農夫が生産した生産物と同じ増加量ではなく、増加分の10分の9になっている（逓減している）ことを示した。

このように経済学における生産者行動の理論は、生産関数（この例では農夫の数と生産量の関係を示したもの）の話から始まるが、生産関数のアイデアは、最初、農業生産を念頭においたものであった。そして、それが順次工業生産の分野にも応用され、さらに一国全体の生産関数というように拡張されていったのである。

4.2 現実に見られる生産者の行動

いま、自動車という製品を市場に供給するまでのプロセスを考えてみよう。自動車を生産するために、まずどのような材料が必要かを知ることから始まる。それは、原材料やエネルギー、工場という建物や機械といった資本設備、それにそれらを使用して自動車を生産していく労働者である。これらを**生産要素**という。

次に経営者は製品を作るための投入量（労働と資本）と製品産出量（自動車の生産台数）の間の関係を知る必要がある。例えば、特定規模の工場で労働者数を増やしていったとき、生産量がどのように増えていくか、に関する知識である。この関係が、経済学では、**生産関数**とよばれる。また、これは生産技術を意味するものでもあり、同一生産量を得るための資本設備と労働者の組み合わせには、いくつものセットが存在する。

次に、企業経営者は自動車１台の製造に必要な**費用**を推測しなければならない。生産要素はそれぞれの価格（エネルギー１単位の価格や単位資本費、賃金など）を持っている。これを投入するそれぞれの生産要素に乗じ、合計することで総費用が求まる。一方、生産要素の投入によって生産された自動車台数に市場価格を乗ずることで、売上額が計算できる。この売上額から総費用を差し引いたものが**利潤**である。利潤の最大化を目指す企業は、生産技術や生産要素の単価、生産物の市場価格を考慮しながら、工場規模や雇用す

表4-2

る労働者数、そして製品の生産量を決めていくのである。

経済学ではこのような生産者行動を前提にして、生産関数（生産技術）、費用、生産物の市場価格、利潤という4つの概念で生産者の行動を分析する。そのときの企業の行動原理は利潤最大におかれている。

第3節で生産関数、第4節で費用、第5節で利潤と利潤最大化行動について説明する。

4.3 生産関数

生産関数は、投入と産出の技術的な関係を示すものである。投入するものは労働や資本などで、生産要素とよばれ、産出は生産物の数量や付加価値生産物で測られる。

19世紀以来、生産関数の起源として農業の生産関数があった。当時の生産要素としては、土地と労働がある。農具（資本）も必要だが、これは農夫に付随しているものとして考えられた。つまり、農業の生産関数では、農地と（農具を持った）農夫が生産要素で、それらを投入することによって、小麦という生産物が収穫されたのである。これらの関係を表で示せば、表4-2になる。もちろん、小麦の種子という原材料は必要だが、種子自体は安価で、費用の面からは無視でき、またそうすることが、説明を単純化できると認識していたのであろう。

私達が農業生産をイメージするときには、小麦ではなく、米の生産を連想する。米は品種によって収穫量や味覚が違うから、どの品種の米を選択するかということは、重大問題のようにも考えられる。しかし当時の農業経済学

者は、小麦の生産において、品質までは考えなかったようである。

　農具を持った農夫についても同質性は高いと考えていたが、土地については、質の差も考慮した理論があった。それはデビッド・リカードが提唱した**差額地代説**である。これは、土地の質によって収穫量が違ってくることに目を向けた理論である。すなわち、最も劣悪な土地で得られた収穫量を上回る分はその土地の質の良さによるから、その土地から得られた収穫量と、現に耕作が行われている最も劣悪な土地から得られた収穫量との差額は、地代として地主の取り分になるというものである。

　次に農業の生産関数から製造業の生産関数に移ろう。自動車生産の場合には、中間財とよばれる原材料やエネルギーを消費し、工場の機械設備（資本）を使いながら、労働者が自動車を生産していく。これを表示したのが、表4-3である。

　この表で**付加価値**ベースとは、自動車の生産額から原材料・エネルギー費用を差し引いたものであり、自動車生産で新しく生み出された価値のことである。原材料・エネルギーの投入部分は、他の産業の生産物であり、この部分は自動車生産で生み出されたものではない。表4-3の(1)のように、自動車の生産量ベースで生産関数を考えるときの生産要素は、資本、労働、エネルギー、原材料ということになる。一方、付加価値ベースの生産関数で考えると、生産要素は資本と労働だけで、原材料やエネルギーは含まれないということが、容易に理解できよう。このように付加価値ベースの生産関数では、資本と労働だけが生産要素となり、自動車の産出量の代わりに、付加価値額が使われる。(表4-3の(2))

　生産関数に関する説明の最後に、フォン・チューネンの示した**限界生産力逓減**（**収穫逓減**ともいう）について触れておこう。限界生産力逓減とは、ある生産要素が1単位増加したときに、それに対する生産物の増加分が前の増加分より減少しているということである。農業生産では、一般的に収穫逓減法則が働きやすいといわれるが、製造業では収穫逓増という局面が出現することがある。**収穫逓増**は、収穫逓減の逆で、ある生産要素を1単位増加したときに、それに対する生産物の増加分が、前の増加分より増加していること

表 4-3 製造業の生産関数

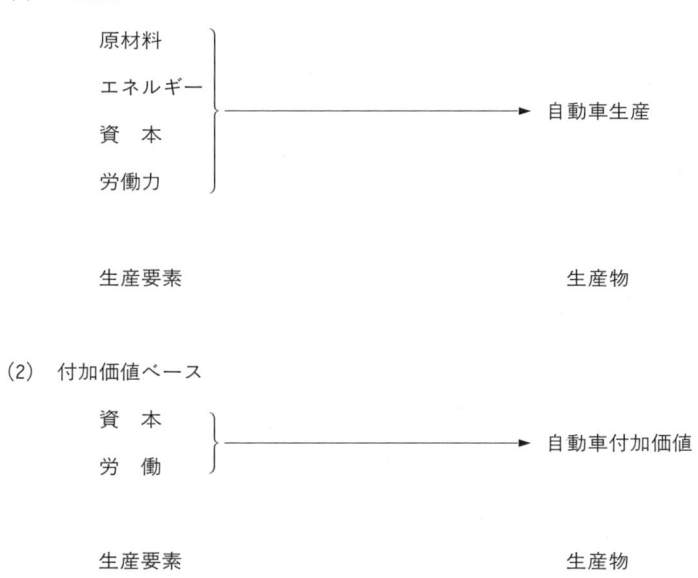

である。それは、分業の利益と呼ばれるものに密接に関連している。例えば、労働者を増やすことによって、分業の結果から収穫逓増が起こることがある。生産要素が労働だけのケースについて、労働者の増加と生産量の関係について、数値例として、表4-4のようなケースを次ページにあげよう。

4.4 費用

　この節では費用と**費用関数**の話に移る。費用は、会計学で勉強する損益計算書に書かれている項目と対応していると考えればよい。また、費用関数とは、これらの費用を生産量との関係で示したものである。
　経済学では、費用を**固定費用**と**可変費用**の2つに分ける。固定費用は生産量には依存しない費用であり、例えば、企画部門や経理部門など、企業経営をする際にかかる費用である。これらの費用は、生産量の変化と結びついて

表4-4 収穫逓増、一定、逓減

労働者	1	2	3	4	5	6	7	8
生産量	10	22	37	52	67	79	89	97
増加分	10	12	15	15	15	12	10	8

収穫逓増　　収穫一定　　収穫逓減

変化するとは考えにくいため、固定費の性格が強い。一方、可変費用は、原材料費などがこれに対応する。また人件費については、実際の企業経営では、固定費と変動費の両方に関連するが、生産と関連する人件費は変動費と考えてよい。また、資本費はさしあたり固定費と考えてよい。ただし、4.8節では資本費も変動費となる場合を考える。

次に、費用について、2つの概念の理解が必要である。それは**平均費用**と**限界費用**である。平均費用は費用総額を生産量で割ったもので、生産量1単位当たりの費用のことである。また、限界費用は、1単位生産量をふやしたときに必要とされる追加的な費用である。もし数式で書くと、$\Delta C/\Delta X$ である。ここでCは費用、Xは生産量である。いま、数学で微分を習った読者には、$\Delta C/\Delta X$ の極限が dC/dX であることも予想がつくだろう。dC/dX の意味は、Xの微小変化によるCの微小変化量を示したものであり、この変化率を経済学では限界という言葉で表す。このようにして、dC/dX のことを限界費用と呼ぶ。

限界費用という考え方は、これから説明する企業の最適化行動の中でしばしば登場する。表4-5は上に述べた費用について、それぞれの関係をまとめたものである。

表4-5において、平均総費用は平均固定費用と平均可変費用の和になる。限界費用は固定費用や可変費用を生産量Xの関数と考え、それらを生産量Xで微分したものである。表の中で $dFC/dX = 0$ というのは、限界固定費用が0ということである。つまり、固定費用自体が生産量Xとは無関係に必要

表4-5 費　用

費　用：	固 定 費 用 (FC)	＋	可 変 費 用 (VC)	＝	総　費　用 (TC)
平均費用： (AC)	$\dfrac{FC}{X}$ 平均固定費用	＋	$\dfrac{VC}{X}$ 平均可変費用	＝	$\dfrac{TC}{X}$ 平均総費用
限界費用： (MC)	$\dfrac{dFC}{dX}$ ($=0$)	＋	$\dfrac{dVC}{dX}$	＝	$\dfrac{dTC}{dX}$

とされる費用であるから、生産量が変化しても固定費は変わらず、限界固定費用は0となるのである。したがって、限界費用（MC）は可変費用を生産量で微分したものに等しく、それは同時に総費用を生産量で微分した値と等しくなる。

ここで表4-5に示したいくつかの費用について、生産量との関係をグラフによってみよう。その様子が図4-1に図示されている。

この図では縦軸が総費用で横軸が生産量である。縦軸は固定費用と可変費用に分かれており、原点から上に固定費用部分があり、その上に可変費用が描かれている。また AB で示されるＳ字型の曲線が総費用曲線である。そして、生産量 X_3 における平均総費用が α（OP の勾配）で、平均可変費用が β（AP の勾配）になる。さらに限界費用は総費用曲線の接線の勾配で示されるから、X_3 における限界費用は、P 点における接線の傾きである。また、生産量が X_2 の水準（Q点）においては平均総費用と限界費用が一致していることを示している。さらに R 点では平均可変費用と限界費用が等しいことを示している。

図4-1を利用して、図4-2を描くことができる。図4-2では、縦軸に平均費用（平均固定費用、平均可変費用、平均総費用）や限界費用をとっている。平均総費用曲線と平均可変費用曲線は**Ｕ字型曲線**となる。そして、平均可変費用曲線と平均総費用曲線それぞれの最下点を限界費用曲線が下からつき抜けるようになっている。これは図4-2の生産量 X_1、X_2 に対応して

図4-1 総費用、固定費用、可変費用、平均費用、限界費用

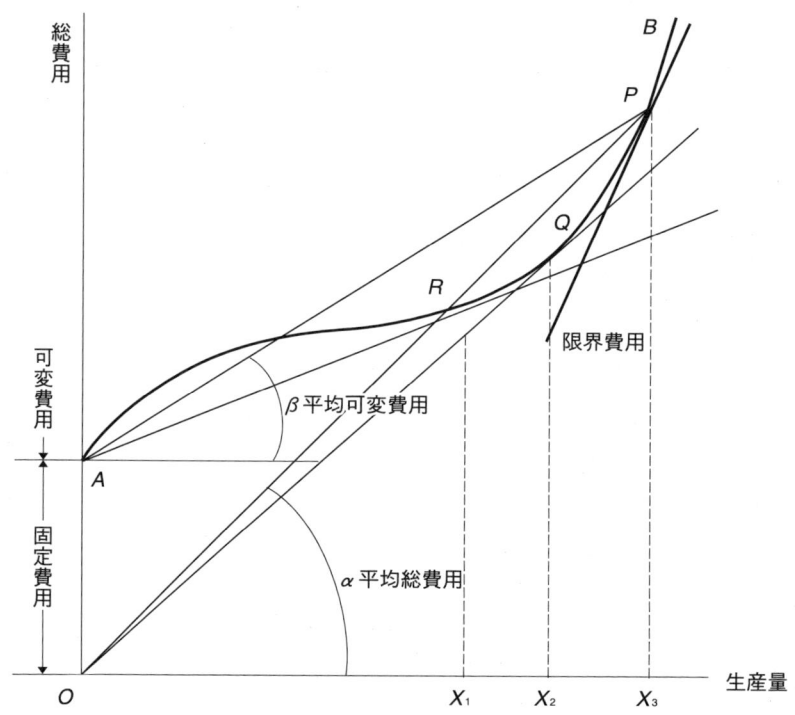

いる。X_1 は平均可変費用の最下点で限界費用が交差し、X_2 では平均総費用の最下点で限界費用が交差しているのである。さらに、図4-2の限界費用曲線の一部が個別企業の供給曲線にもなる。この点については4.6節で述べる。

4.5 利潤

　企業経営者が考えることは、利潤が最大になるように生産量を決めることである。ここでは、製品価格は市場において決まっているとしよう。そのように製品価格が個別企業にとって与えられている状態は、**完全競争市場**の状

図4-2　平均費用と限界費用

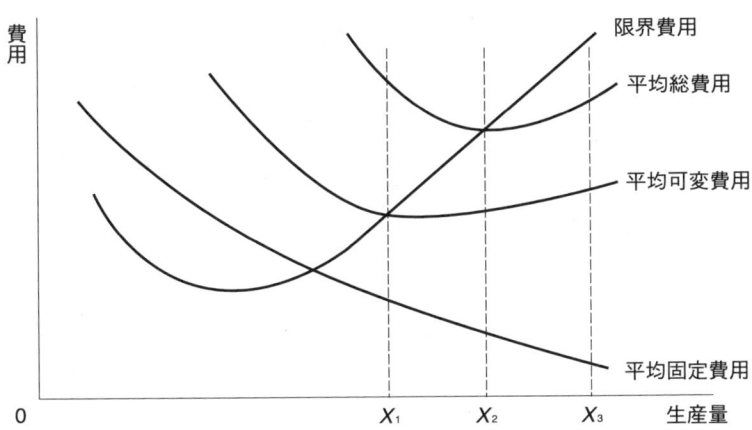

況にあるといい、その意味については5章で説明する。

図4-3には、前節の図4-1で示された総費用曲線に加えて、企業の売上曲線が直線の形で記述されたものが描かれている。市場価格は企業にとって与えられたものだから、売上＝市場価格×生産量という関係から、直線の売上曲線が描かれる。

売上と総費用曲線が示されると、簡単な数式によって利潤最大化の条件が求められる。利潤は、利潤＝売上－総費用と定義される。これを数式で書くと、

$$\pi = PX - C$$

いま記号πは利潤を表し、市場価格Pと生産量Xの積がPXで売上、そしてCは総費用である。Pは市場価格で、個々の企業にとっては定数であるから、利潤を最大にするための必要条件は

$$\frac{d\pi}{dX} = P - \frac{dC}{dX} = 0$$

である。したがって、**市場価格＝限界費用**（MC）のときに利潤が最大になることがわかる。

市場価格＝限界費用という関係は、図4-3では、限界費用（総費用曲線

図4-3 利潤最大

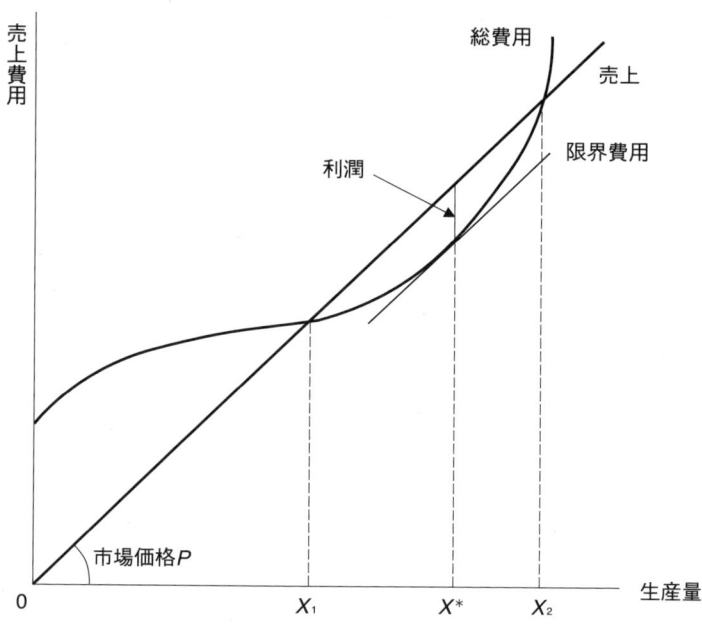

上の接線の勾配）が売上曲線（直線で勾配は P（市場価格））と平行になる点で、そのときの生産量が、利潤が最大になる生産量である。図4-4には、図4-3に示されている生産量の変化に応じた利潤の変化が示されている。

ここまでは完全競争市場を前提としてきたが、完全競争市場以外の市場とは何だろうか。また完全競争市場でない市場において利潤最大となる条件は完全競争市場における条件と違っているのだろうか。実は、**不完全競争市場**とよぶ市場が存在する。その市場の均衡条件については、第5章で説明する。

4.6 供給曲線

さて、完全競争市場に身をおく個別の生産者にとっては、価格＝限界費用が利潤最大の条件であった。これと、U字型の平均費用曲線とを組み合わせ

図4-4 利潤

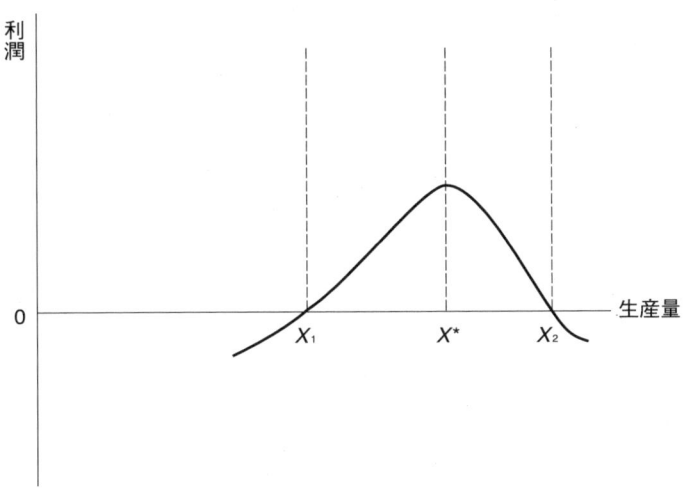

ながら、個別企業の供給曲線を考えてみよう。図4-5は、縦軸が市場価格、横軸が生産量である。また図の中には、限界費用曲線と2種類の平均費用曲線（平均総費用曲線と平均可変費用曲線）が描かれている。いま市場価格が P_4 の水準にあれば、生産量は X_4 である。この時に売上、総費用、利潤の関係をみると、売上は、市場価格×生産量（＝供給量）であるから、P_4X_4 である。またその時の総費用は、平均総費用×生産量で、C_4X_4 で示される。利潤は売上から総費用を引いた値であるから、$P_4X_4 - C_4X_4 = (P_4 - C_4)X_4$ となり、図の斜線部分で示される。

P_3 は、平均総費用が市場価格に等しい点である。ここでは利潤は0である。市場価格が P_2 になった時はどのようになるだろうか。市場価格が P_2 というのは、平均可変費用が最も小さくなり、かつ、その点で限界費用が下から上につき抜けている点である。そこでの売上は P_2X_2、また可変費用も C_2X_2 で、可変費用は賄えるが、固定費用が賄えない状況である。この点を操業停止点と呼ぶ。最後に市場価格が P_1 になった場合を考えると、売上が P_1X_1、総費用は C_1X_1 そして P_1 より C_1 の方が高いことから、正の利潤はなく、$(C_1 - P_1)X_1$ の損失になり、ここでは完全に操業することはできない。

図4-5 限界費用曲線と供給曲線

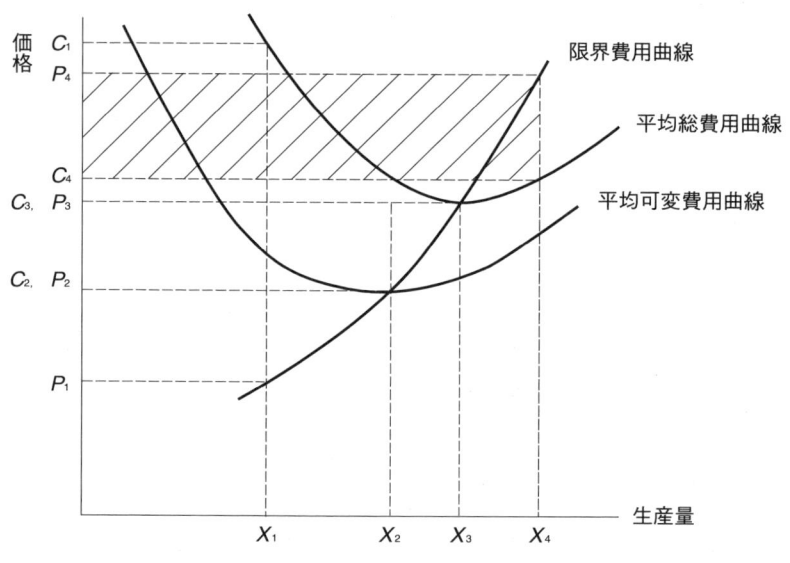

　現実には、企業は欠損を出しながら操業を続けていることがある。これを説明するには、市場価格が、P_2 より大きいが P_3 より小さい水準にある場合に注目すればよい。この場合、売上から費用を引くと利潤がマイナスになる。しかし、企業としては操業を停止する必要はない。仮に操業を停止すれば、固定費全額が損失になるが、操業している場合には、固定費全額の損失にはならないからである。したがって、操業した方が、この企業にとっての損失は小さくなるのである。

　このような結果から、この企業は、市場価格が P_2 より大きい場合に、MC 曲線に対応した形で生産を続け、市場に財を供給することになる。このように個別企業の供給曲線は、完全競争市場においては限界費用曲線に対応していることがわかる。ただし供給曲線は限界費用曲線全体ではなく、操業停止点以上の部分である。

　個別企業の供給曲線は、いろいろな条件のもとで変位する。例えば、生産

図 4-6 個別供給曲線と市場供給曲線

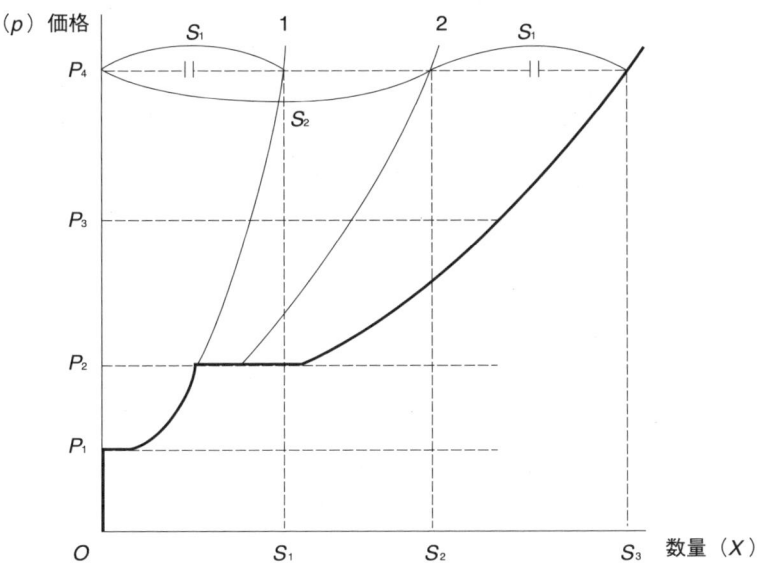

技術が進歩した場合、生産要素価格（賃金や資本費）が変化した場合、また、資本ストックの量が変化した場合に、それに応じて供給曲線が位置を変える。

4.7 市場供給曲線

次に**市場供給曲線**を考えてみよう。個別企業の供給曲線は、自分の企業にとって操業停止点となる水準以上の価格に対応して描かれている。したがって、完全競争市場に参加している企業全体の供給曲線、これを市場供給曲線というが、これを描くには、それぞれの市場価格で供給量を横軸方向に加えていけばよいことになる。仮に2本の個別供給曲線を例にとったものが図4-6であるが、市場供給曲線はそれぞれの価格に対応する個別企業の供給量を加えたものとして描かれることになる。

すなわち、価格水準が P_4 のときには、第1企業の供給量 OS_1 と第2企業

の供給量 OS_2 を足した量 OS_3 が市場で供給される量になる。また、企業 2 の操業停止となる価格水準が P_2 であるから、P_2 以下の水準では企業 1 の MC 曲線自体が市場供給関数になる。そして企業 1 の操業停止となる価格水準 P_1 を下回ると、どの企業もこの市場に財やサービスを供給することがなくなり、市場供給量は 0 になる。

　市場供給曲線についても、需要の弾力性と同じように、**供給の（価格）弾力性**という概念がある。供給の（価格）弾力性とは価格が 1 ％変化した時に供給量が何％増加するのかを示す値で、

$$\text{供給の弾力性} = \frac{\text{供給量の変化率}}{\text{価格の変化率}} = \frac{\Delta X/X}{\Delta p/p}$$

で示される。例えば、市場価格が100円で、そのときの供給量が500トンであったとしよう。いま、市場価格が 5 円上がったときに、供給量は10トン増加したとしよう。この場合には、$p=100$円、$\Delta p=5$ 円、$X=500$トン、$\Delta X=10$トンだから、供給の弾力性は $(\Delta X/X)/(\Delta p/p) = 0.02/0.05$ から0.4という値になる。もちろん、供給弾力性は、供給曲線が価格と数量に関して正の関係があるから、需要の価格弾力性が負の値であったのとは違って、供給の価格弾力性は正になる。

4.8 　長期費用曲線と規模の経済性

　ここまでの説明では、生産要素の一つである資本設備はすでに設置されて固定されている状況を考えていた。したがって、資本費は固定費用として扱われてきた。このように資本設備が一定であることを**短期**の仮定という。しかし、将来的に供給の増加が見込まれるときには、従来の資本設備を拡張して、供給能力を拡大することが現実の企業投資行動としてみられる。このように資本設備が固定費用ではなく、人件費と同じように変動費用と考えられる状況は**長期**の仮定とよばれる。

　長期費用を生産量の関数にしたものが、**長期費用関数**である。長期の総費用曲線が図 4 - 7 に描かれている。ここでは固定費用がなく、生産量が 0 の

図4-7　長期費用曲線

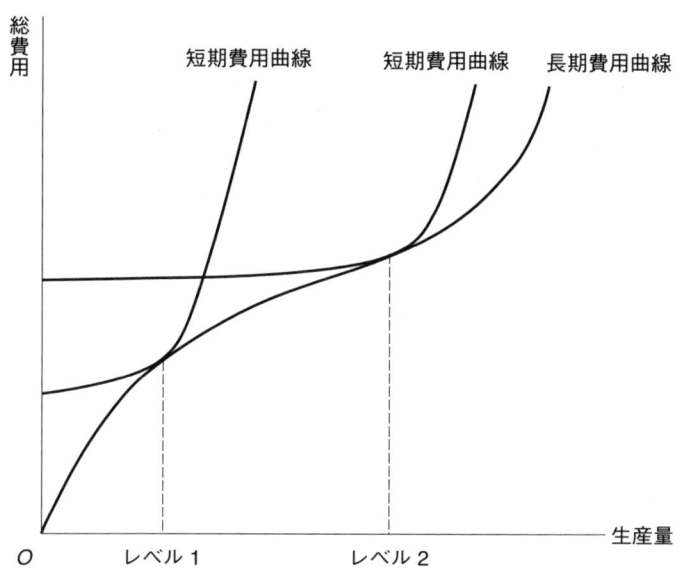

時には総費用は 0 になる。

　そして、上で求めた長期費用曲線から、**規模の経済性**を考えることができる。長期費用曲線に関して、平均費用を書いたのが図4-8である。その中に長期の平均費用曲線に包み込まれるように、短期の平均費用曲線がかかれている。

　長期平均費用曲線が減少している領域は、規模に関する経済性が働いている局面である。そこでは、生産量をふやすことによって平均費用が減少するから、企業はこの領域では生産量をどんどん上げようとする。

　一方、長期費用曲線が一定の水準にある領域は、規模の経済性が一定である領域である。また、長期平均費用曲線が上昇する局面では規模に関する非経済性が存在する。

　短期の平均費用曲線は、決して、長期平均費用曲線より下側に行くことはない。これが、短期平均費用曲線が長期費用曲線に包み込まれている理由で

図4-8 長期平均費用曲線と短期費用曲線

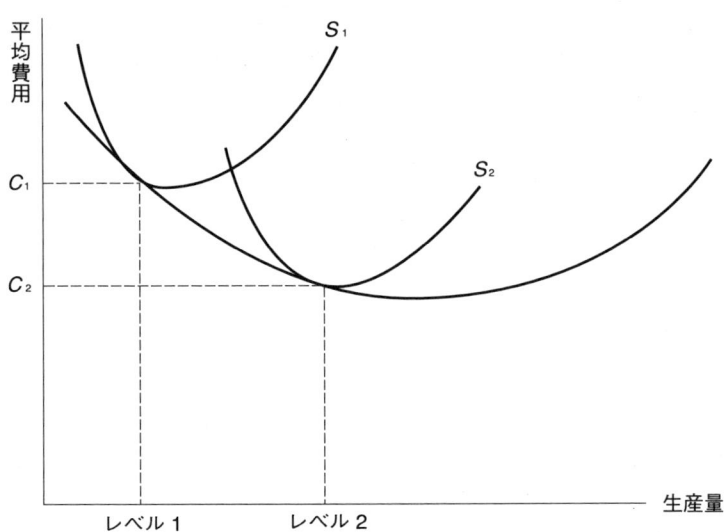

ある。

規模の経済性が顕著である産業として電力産業が挙げられる。規模の経済性がある場合には、ある量の電力需要が見込まれるときに、小規模の発電所を複数作るよりは、大規模の発電所を一つ作った方が総費用は小さくなる。図4-8の短期費用曲線を見ると、生産量がレベル1での発電所の最小平均費用は C_1 である。が、もし需要レベルがレベル2（レベル1の3倍）と見込まれているときには、レベル1の規模の発電所を3基作るより、レベル2の発電所を1基作る方が、費用が安く済み、経済的である。

このように、資本設備が自由に動かせるのは、多くの場合、資本設備の建設を計画する段階である。いったん計画が実行され、設備が出来上がってしまうと、その中で資本設備を動かせる余地はなく、設備の稼働率を調整することしかできなくなる。そしてこのような事情が、次章で説明する電力産業に地域独占を認めている理由にもなっている。

補論　費用最小と限界生産力均等

　前の4.3節で投入と産出の技術的な関係式である生産関数を説明した。この補論では企業経営者がある一定量の製品を生産すると決めた後、その生産量を達成するために、どのように生産要素の配分を決めたらよいのかという問題を考える。そこで表4-3で説明した付加価値ベースの生産関数を使いながら、生産関数と費用最小の関係を説明しよう。

　財・サービスを生産するために必要な労働や資本は生産要素と呼ばれた。生産要素を使用する際には、当然、費用がかかる。労働には労務費、資本には資本費が必要となる。そして、

$$労務費＝賃金×労働雇用量$$
$$資本費＝利子×資本使用量$$

であり、労務費と資本費の和がその生産に係る費用である。また、賃金や利子は、それぞれ、労働市場と資本市場で決定された値で、これらはそれぞれの企業で自由に設定できない定数とする。このような条件下では

$$費用＝労務費＋資本費＝賃金×労働雇用量＋利子×資本使用量$$

となる。

　生産関数は資本（資本使用量）と労働（労働雇用量）を軸とする平面の上に図4-9のように描かれる。この図に示された等量線 Q_0 は、ある一定の生産量 Q_0 を達成するために必要な資本と労働の組合せを示しており、前章の図3-1で説明した消費の無差別曲線と軌を一にする。ここでは (L_1, K_1) という労働と資本の組合せ（P_1 点）でも、(L_2, K_2) という組合せ（P_2 点）でも、Q_0 の生産量を得ることが可能であるということを示している。

　このように労働－資本軸に描かれた等量線に加えて、新たに費用を労働－資本軸に加えてみよう。費用は労務費と資本費の和であり、それは賃金×労働雇用量と利子×資本使用量の和である。いま簡単化して労働雇用量を労働、資本使用量を資本と呼び直すと、生産関数は資本と労働の関数、費用は、同様に、資本と労働およびそれぞれの価格である利子と賃金によって定義される式である。したがって、生産関数と費用が共通の労働－資本軸で描ける。つまり

図4-9 生産関数、等量曲線と費用最小

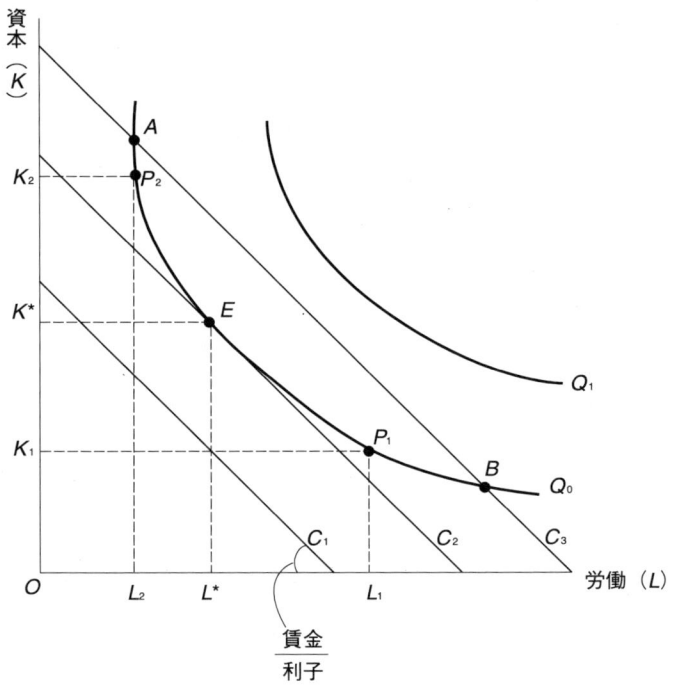

$$\text{生産関数：生産量} = f(\text{資本、労働})$$
$$\text{費用：費用} = \text{賃金} \times \text{労働} + \text{利子} \times \text{資本}$$

となる。前にも述べたように、賃金と利子は労働市場と資本市場であらかじめ決められた定数であるから、費用は図4-9に示されるような直線になる。

図4-9には3本の費用線 C_1, C_2, C_3 が描かれている。これは前章図3-3の予算制約と同様の関係であり、消費者行動において北東方向にいくほど予算制約線が高額であったのと同様に、費用線も北東方向にいくほど高額になる。したがって、$C_1 < C_2 < C_3$ となる。

いま読者は経営者として、一定の生産量 Q_0 を達成するために、最適な資本と労働の組合せの選択を決定しなければならない状況にあるとしよう。経営者として、当然、一定の生産量 Q_0 を生産するための費用はできるだけ小

さい方がよいと考えるだろう。それは費用を低く抑えれば、利益が上るからである。

そこで図4-9に示したC_1, C_2, C_3の3つの可能性があった時、経営者はどの費用を選択し、どのように労働と資本を組合せたらよいかということを考えよう。初めに、費用がC_1の場合を考えてみよう。確かに費用C_1はC_2, C_3と比較して小さいが、この費用では生産量Q_0を達成することができない。したがってC_1を選択することはできない。それでは逆にC_3ではどうであろうか。C_3の費用では、点Aと点Bで示された労働と資本の組合せによってQ_0の生産量を達成することができる。生産量Q_0が達成できるという点からは、C_3は可能性の一つではある。しかし、ここでC_3とC_2を比較してみよう。C_2はE点における労働と資本の組合せで生産量Q_0を達成でき、その上、C_3より費用も小さい。一方C_2以下の費用では、生産量Q_0が達成できない。したがってC_2が生産量Q_0を達成するための「最小費用」となり、経営者はE点で示された労働と資本の組合せを選択する。

以上によって、経営者は費用最小となる(L^*, K^*)の組合せによってQ_0の生産量を達成する。そしてその時には「限界生産力均等」の条件が成立しているといい、

$$\frac{労働の限界生産力}{賃金} = \frac{資本の限界生産力}{利子}$$

という条件を満足している。

練習問題

1. 限界費用曲線が、次ページの図のようにA点とB点で交わっているとしよう。このとき、企業はA点ではなく、B点の供給量を選択する。この理由を、平均費用曲線を使って説明しなさい。
2. 上の問題について、総費用曲線を使って説明しなさい。

練習問題の図

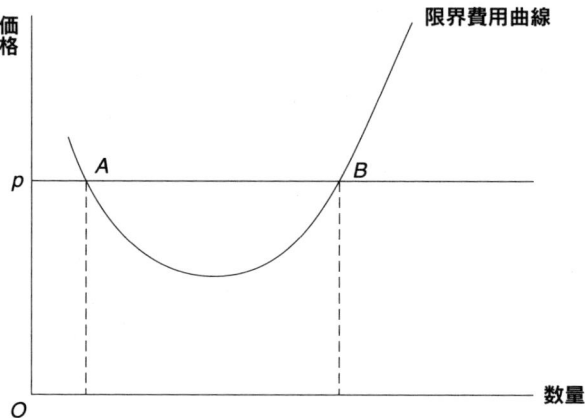

第5章

市場と市場均衡

5.1 はじめに

　経済学では**需要**と**供給**、**市場**という言葉がよく使われる。この章では、現実に取引の場として存在する市場から出発し、経済理論で使われる抽象的な市場を説明しながら、市場の特徴を考えよう。

　具体的に野菜を例にとると、野菜がほしいと思っている人は**需要主体**、野菜を売りたいと思っている人が**供給主体**、そして野菜の取引が行われる場所が**市場**である。野菜市場というと、各地の青果卸売市場が目に浮ぶ。市場には仲買人など、需要主体と供給主体を引きあわせる人が存在し、お互いの利害を調整しながら取引を成立させる。ここで需要主体と供給主体の両者の利害とは、価格が高いか安いかである。

　需要主体は、質が一定であれば、価格は安いほどよいと考える。その方が、多量の野菜を購入することができ、さらに一定量の野菜を購入したあとは、他の財、例えば肉や果物などにお金をまわすことができるからである。このような需要主体全体の意向を反映したものとして導いたのが、3章で示した市場需要曲線である。一方、供給主体は、野菜をできるだけ高い価格で売りたいと思う。言うまでもなく、より多くの利潤が手に入るからである。供給主体全体の意向を反映したものとして導いたのが、4章で示した市場供給曲

図5-1 需要超過と供給超過

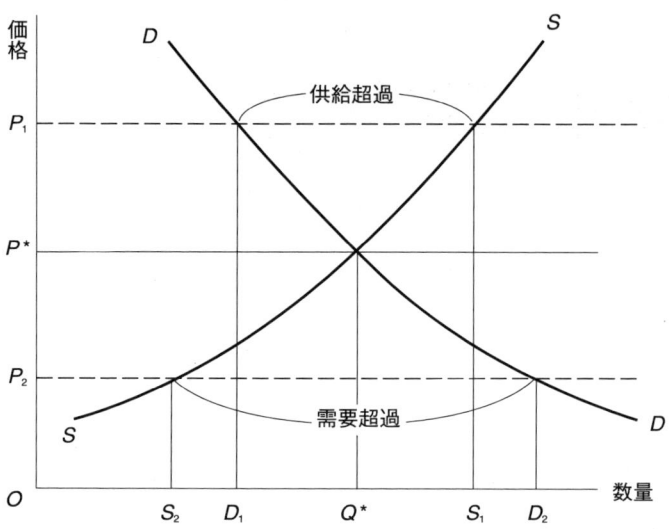

線である。

　このように、市場需要曲線と市場供給曲線は、市場に参加する需要主体と供給主体が、全体として、市場価格をシグナルにしながら、需給量を変えていく行動を表現したものである。需要主体と供給主体の利害は、価格に関して、まったく相反している。そしてこの利害関係を調整する場が、市場である。

5.2 市場均衡

　需要曲線、供給曲線を使いながら、市場で価格と需給量がどのようにして決まるかについて説明する。これを示したのが図5-1である。

　価格が P_1 の水準にあった時、需要量は OD_1、供給量は OS_1 になる。そして $D_1 S_1$ だけ供給量が需要量を上回ることになる。このような状態を**供給超過**という。

売りたい量が多く、買いたい量が少い場合には、供給主体間の競争が起り、市場価格は値下げの方向に向かう。もし供給主体の持っている野菜が売れなければ、翌日には野菜の商品価値がなくなり、市場価格がゼロとなって、コスト分だけ丸損になることもあるだろう。したがって、すべての野菜を売ってしまいたいとの意向が働く。そして最終的には、供給超過が0になる価格水準 P^* で値崩れが止まる。

　価格が P_2 の水準にある場合は、需要主体が需要したい量と供給主体が供給したい量との間に、先ほどとは逆の場合の、ギャップが生じる。今度は、需要したい量の方が供給したい量より多く、S_2D_2 の**需要超過**が発生する。このとき、需要主体間で野菜の取り合いが起こるから、価格は上昇していく。そして、ちょうど需要量と供給量が一致した価格水準 P^* で、市場価格と需給量が決まる。

　しかし、ここで決まった価格や需給量は一定にとどまっているわけではない。3章と4章で細かく説明したように、市場需要曲線は、所得、他財の価格、嗜好の変化が起こると、それまでの需要曲線とは違う位置にシフトする。また市場供給曲線は、生産技術の変化、設備の拡充、賃金やエネルギー価格の変化等により、それまでの供給曲線とは違う位置にシフトする。これら市場需要曲線と市場供給曲線のシフトに応じて、均衡価格と均衡数量が変化する。その様子を示したのが図5-2である。

　まず、最初の均衡点として、需要曲線 D^1 と供給曲線 S^1 の交点 A がある。そのときの価格は P_0 である。市場需要曲線が D^1 から D^2 にシフトすると、新しい均衡点は B となり、そのときの価格は P_1 である。価格は P_0 から P_1 に上がったことで、供給主体はさらに利潤が大きくなるように、設備を増やす。すると、市場供給曲線が S^1 から S^2 にシフトし、価格は P_2 となる。供給主体が価格だけを見て行動する場合は、価格は上昇し、毎期の均衡価格水準は安定しないのだが、現実には、需要の増加が予想された段階で供給主体が設備投資を増やすから、需要曲線と供給曲線のシフトが同時に起こることが多い。高度経済成長期がそうで、先行して供給能力を増やし、供給曲線が大幅にシフトしたから、需要曲線の大幅なシフトが続いたにもかかわらず、

図5-2 需要曲線と供給曲線のシフトによる新しい市場均衡

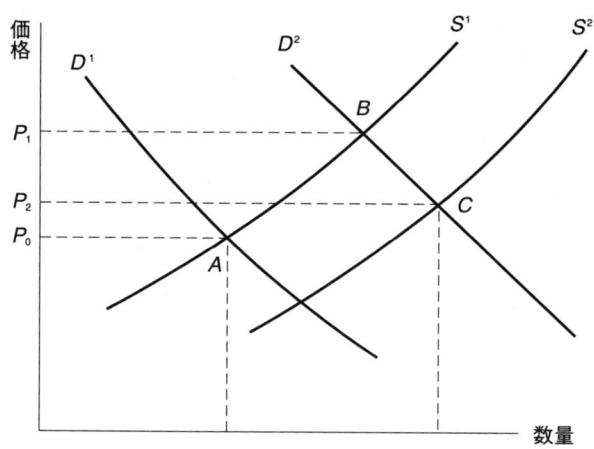

価格は比較的安定していたのである。当時、需要曲線がシフトする大きな要因は所得上昇であり、供給曲線のシフトの大きな要因は、技術革新を伴った旺盛な設備投資であった、といわれている。

5.3 クモの巣理論

　野菜など農作物や豚肉などの畜産物は、価格の乱高下という言葉があるように、市場価格の変動が、工業製品などと比べて大きいことが知られている。価格変動が大きい商品の変動を説明する道具として、**クモの巣理論**がある。これによって、需給均衡点が時間的にダイナミックに動く背景が説明できる。

　いま、農産物を例として考えよう。農家は、今年（t期とよぶ）計画する生産量（具体的には耕地面積の決定）を、去年（$t-1$期とよぶ）の市場価格を目安にしてきめる。もし去年の市場価格が高ければ、今年の生産量を多めにし（$t-1$期に耕地面積を広げて作物を作る）、去年の市場価格が低ければ、今年の生産量は控えめにする（$t-1$期に耕地面積を少なくして作物を作る）。そして作物が出来上がったt期には、それを出荷する。このような状況では、

図 5 - 3　クモの巣理論

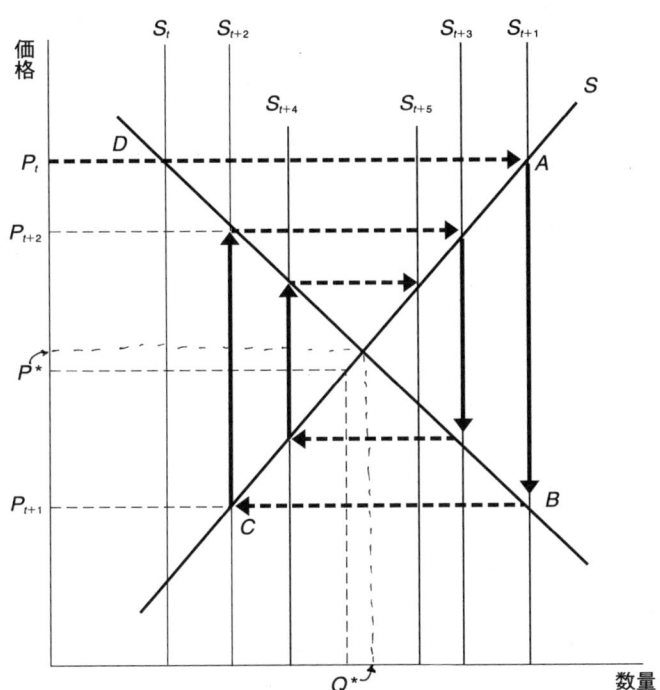

t 期の供給量が $t-1$ 期の市場価格によって、あらかじめ決まってしまう。t 期の市場では、供給曲線が図 5 - 3 に描かれているように、数量軸と垂直になっている。つまり、t 期の市場価格がどんな値になっても、供給量は変化しないことを意味している。

　一方、t 期の需要は t 期の市場価格によって影響を受けるのは当然だから、市場需要曲線は t 期の価格に関して右下がりになる。

　いま、前期と今期という時間的な差については、図 5 - 3 の中で考慮することにし、t 期の価格と数量の関係を示す需要曲線と $t-1$ 期の価格と t 期の数量の関係を示す供給曲線を、図 5 - 3 の価格 − 数量軸に描けば、右下がりの需要曲線と右上がりの供給曲線ができる。

この図で、最初に市場価格 P_t が与えられると、それが右上がりで描かれた供給曲線とA点で交差する。そして、$t+1$期の実際の供給曲線は数量軸と垂直になっている S_{t+1} である。この供給曲線と需要曲線が交わるB点で $t+1$期の市場価格が決まる。市場価格は安くなったので、$t+2$期の供給量はC点を通る S_{t+2} で示されるように大きく減少する。そして、供給量が大きく減少したことにより、$t+2$期の需給均衡点における市場価格は P_{t+1} に比べ高い水準 P_{t+2} になる。このような動きを $t+3$期以降も繰り返すと、あたかもクモの巣のような絵が図の中に描ける。

この図のように、垂直に描かれた供給曲線のシフトが、時間の経過とともに小さくなる場合は、市場価格の変動が時間的に小さくなり、最終的にはある一点に収束する。その収束点の価格が図中の P^* で示されている。

具体的に、この図に示された価格と数量の均衡点の軌跡を t、$t+1$、$t+2$ と順々に動かしてみよう。図5-4で描かれているように、市場価格と数量に関する時間的な変化がわかる。価格と数量の変動を見ると、毎期毎期、市場価格が変動し、かつ数量も変動している様子がわかる。そして、価格の変動方向と供給量の変動方向は反対方向にあり、価格が上がる期には数量は下がり、逆に価格が下がる期には数量が上がるようになっている。そして、最終的には、価格の変動が小さくなり、一点 P^* に収束する。また、数量についても同様に Q^* に収束する。そして収束する点は図5-4で示した、需要曲線と右上がりの供給曲線の交点 P^* と Q^* である。

しかし、需要曲線と供給曲線はずっと同じところにとどまっているわけではなく、2つの曲線は、所得の上昇や気象条件などによりしばしば、変化するのが普通である。結果として、新しい需要曲線と供給曲線にシフトすると、変化した時点から再び収束をはじめるのが現実である。

供給量を決めてから出荷されるまでに、かなりの時間を要する商品として、農作物ばかりでなく豚肉や牛肉がある。この種の商品の価格は大きく変動するものであり、クモの巣理論で近似でき、その変動は**ピッグ・サイクル**やビーフ・サイクルとよばれている。

いま説明したケースでは、クモの巣のプロセスを繰り返すと、価格は一点

図5-4 市場価格と数量の変動

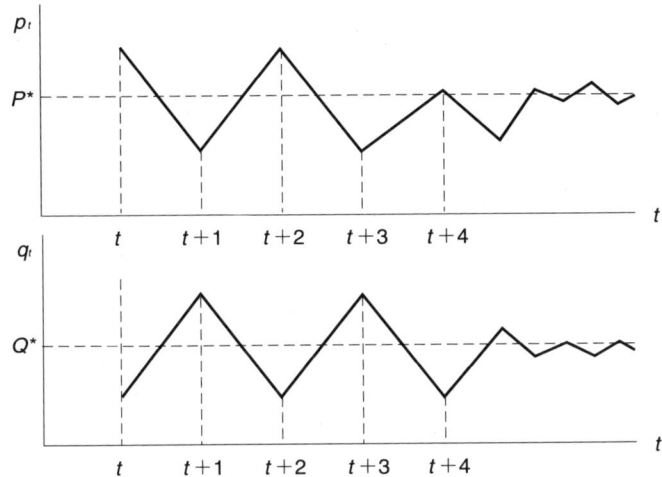

に収束する。しかし、需要曲線と供給曲線それぞれの傾きによっては価格変動が拡大する場合がある。そのようなケースを、各自で、考えてほしい。
（練習問題1参照）

5.4 完全競争市場の条件

すでに需要、供給、市場という言葉が出て、需要と供給を市場均衡で結びつけた。しかし、市場そのものの性質について立ち入った説明はなかった。この節以降では、市場の特質について考えよう。

経済学で最もよく知られた市場として完全競争市場がある。完全競争市場の条件として、次の4つがあげられる。

(1) 市場で取引される財は同質である。
(2) 市場には多数の小規模な需要主体と供給主体が参加している。
(3) 市場における価格、財の性質、各主体の行動についての情報は、完全に市場参加者に行き渡っている。
(4) 市場には誰でも自由に参入し、退出することができる。

第一番目の、財が同質的ということは、その市場にあるどの財やサービスも、消費者は同じと判断するという条件を満たすと考えればよい。また、第二の条件とは、市場で決められる市場価格に対して、個々の需要主体、供給主体ともに、自分の力で市場価格を変更するという市場価格支配力は持っていないことを意味する。言い換えれば、個々の供給主体、需要主体は、もし取引を実現したいなら、市場価格を受け入れなければならないのである。このような立場にたった主体は、**プライス・テーカー**（価格受容者）とよばれる。

第三の**完全情報**というのは、需要主体と供給主体ともに、価格や品質に関する情報を十分に持っていることである。仮に、需要主体がこれらの情報を持っていなければ、たとえある供給主体が従来よりも低い価格をつけたり、今までの価格で品質の良い商品・サービスを提供しても、需要主体はそれを知ることができない。そのような状況では、需要主体は、需要量を最適な水準まで増やすというアクションが取れず、市場がうまく機能しないのである。

最後の条件は、需要主体がその財・サービスを欲しいと思えば、自由に市場に参加できるし、その財・サービスを欲しくないと思えば、自由に市場から出ていけることを意味している。そして、供給主体にとっても、利潤が生まれると思えば新たにその市場に参入でき、市場価格が企業の操業停止点より低い価格になり費用をまかなえないと思えば、自由に市場から退出できるということである。以上のような条件を満たす完全競争市場に比較的近い市場として、野菜などの市場をあげることができよう。

経済学が完全競争を重視する理由は、完全競争市場で成立する均衡が、社会全体として、消費者の満足を最も高くするからである。そして、現に完全競争市場に近づけようとする政策がとられている。

とはいっても現実の社会では、完全競争市場の条件を満たす市場は、むしろ、限られている。工業製品の場合は特にそうである。企業は、マーケティング戦略の一環として、**製品差別化**を強調する。そのときは、自社ブランドを他社と区別するための工夫をするから、第一の同質性の条件は満たされないのが普通である。また、市場に参加する需要主体と供給主体で、情報量に

差がある場合が多い。具体例としては、中古車市場における消費者とディーラーの例があげられる。ある中古車について、ディーラーはその車の欠点を知っているが、通常では消費者はその情報を知らず、またディーラーもそれを消費者に教えない。そのような状況では、ディーラーに有利な条件で取引が行われる。これが**情報の非対称性**といわれる例である。

　また、第四の条件であるが、この条件を満たさないケースとして**参入障壁**がある。その例として、免許制度や許認可制度などがある。これは、国や特定の業界団体が、新規参入したい企業に対して、そのマーケットに参入する自由を認めず、一定の審査などを行ったあとに許可するというものである。中世のギルドなども、免許制の一種といえる。このような免許制や許認可制度は、その市場に供給される財・サービスの質を維持できるというメリットがある。が、長期化すると、その業界の既得権益の温床となり、その結果、消費者に不利益を生じることがある。

　製造業の場合には、第二の条件を満たさない例が大変多い。例えば、パソコンや自動車などは、国内では数社しかメーカーがない。また特殊な医療品や医薬品などは、国内でメーカーが1社しかないという状況もある。

　市場の範囲をどうとるかによって、実は、市場の見方が大きく違ってくる。パソコン市場で、供給主体を国内メーカーだけと考えれば、数社しか存在しないから、**寡占**である。寡占市場というのは、完全競争市場と独占市場の間にあって、供給主体が複数企業だけ存在する市場である。そこでは、市場価格の決定にあたり、メーカー同士の思惑や戦略が重要な要素になる。このテーマは、後半の5.6節で説明する。

　しかし、供給主体を国内メーカーばかりでなく、外国メーカーまでも考慮すれば、パソコン市場では、国内外のパソコンメーカーがひしめき合い、無限の数の供給主体ではないにしても、競争条件が整ってくる。すなわち、世界中の供給主体が完全競争市場に近づいた状況で競争し、消費者の利益を大いに高めることになるのである。

　もう一つの極端な例をあげよう。野菜市場は完全競争市場に近いといったが、ある孤島で、多数の島民が住んでいて八百屋が1軒しかない場合は、そ

の地域の野菜市場は、次の節で話す、独占市場に近いことになる。このように、市場が競争的であるとか独占的であるとかいうことは、多分に分析しようとする対象に影響されることがわかる。

現実には、純粋な完全競争市場がほとんど存在しないからといって、完全競争市場の分析が無意味なわけではない。市場には完全競争市場から独占市場に至るまで多様な市場が存在する。そこで、両極にある完全競争市場と独占市場の性質を知っておくことは、その間に存在する多様な市場を理解する上で、大変重要なことなのである。

5.5 独占市場

独占市場の典型的な例は、1社の供給主体と多数の需要主体が存在しているケースである。この例では、個々の需要主体は、完全競争市場と同様に、プライス・テーカー（価格受容者）として行動する。一方、供給主体が1社しか存在しないから、個別の供給曲線と市場供給曲線が同一になる。このときの最適な供給量は、どのようにして決まるのであろうか。

完全競争では、個々の供給主体は、市場価格を与えられたものとするプライス・テーカー（価格受容者）であった。しかし、独占市場では供給主体が1社しか存在しないから、供給量が変われば、右下がりの市場需要曲線との関連で、市場価格が変化し、企業の売上も変化する。

図5-5に示すように、企業の売上（収入）曲線は、下にたわんだ形になる。利潤は売上と総費用の差であり、このときの利潤は図5-6に示されているようになる。

均衡点は、売上（収入）曲線の接線の傾きとしてあらわされる限界収入と、総費用曲線の接線の傾きで示される限界費用が等しくなる生産量である。つまり、利潤最大になる供給量は、**限界収入＝限界費用**が成り立つところで決まる。

このことを少し詳しく説明する。もし、限界収入が限界費用より大きいとしよう。そのときには、追加的に生産量を1単位だけ増やしたとすると、追

図5-5 独占市場の均衡

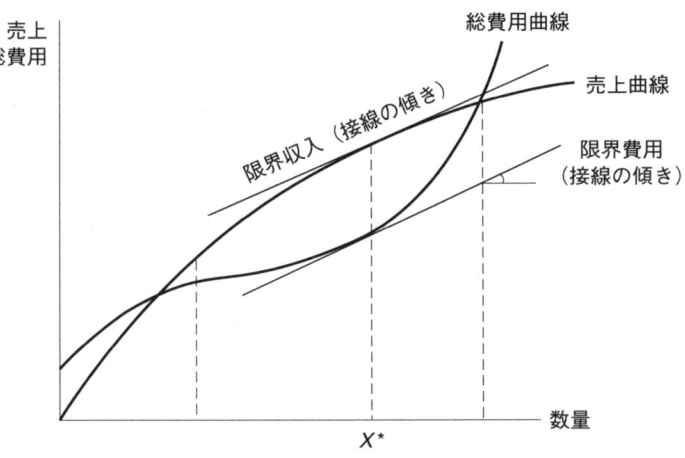

図5-6 利潤

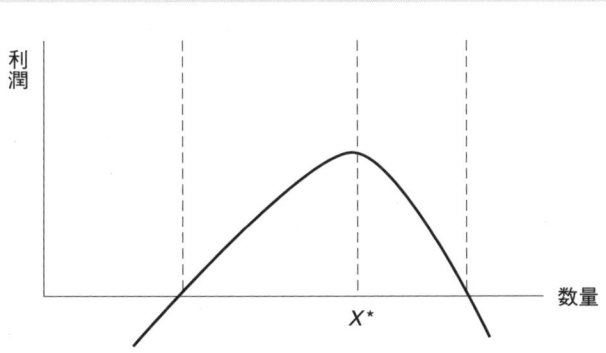

加的な収入（限界収入）は追加的な費用（限界費用）より大きいから、追加的な利潤が生まれることになる。つまり生産量を増やせば、さらに利潤を増やすことができるわけである。一方、限界収入が限界費用よりも小さくなった場合を考えてみよう。このときには、追加的に生産量を1単位増加すると、限界収入が限界費用より小さいことから、追加的な利潤は減少することになる。したがって、限界収入が限界費用と等しいところで生産することが、企

図5-7 独占均衡

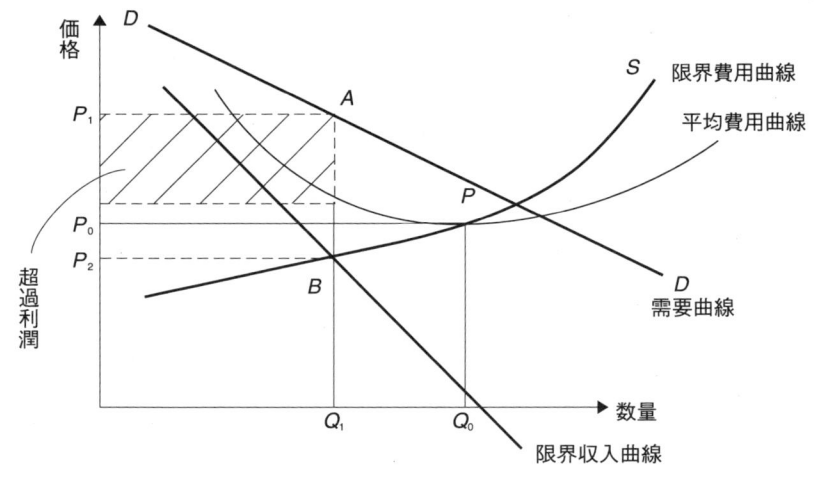

業にとって、最大利潤を得ることになるのである。

なお、完全競争市場における供給主体にとっては、市場価格で生産物が売れるのだから、市場価格が限界収入にあたることは容易に理解できる。

次に、図5-7を使って、別の観点から独占企業の行動を説明する。図5-7には、限界費用曲線、限界収入曲線、需要曲線、平均費用曲線が描いてあり、それぞれは図5-5と関連したものである。このときの利潤が最大になる供給量は限界収入曲線と限界費用曲線が交わる点（B点）つまり限界収入＝限界費用を満たすQ_1である。この供給量と需要量が一致する市場価格は、需要曲線上のA点で、その時の価格はP_1になる。このとき、図の斜線部分が売上からコストを引いた利潤を表しており、これが**独占利潤（超過利潤）**である。

競争市場の場合は、利潤があるかぎり参入が起こり、供給量が増えて価格が下がる。供給主体が1社しか存在しない独占の場合には、供給主体が多数存在する競争市場に比べて市場での取引量が少なく、価格が高くなる。そして、独占利潤が存在するからといって参入が行われないのが、独占の定義である。独占市場は消費者の利益に反することはいうまでもない。

このような独占市場の弊害を防ぐ目的で、**公正取引委員会**は、**独占禁止法**の下で競争が不公正にならないように監視をしている。ただし、独占は必ずしも悪というわけではない。現に、**公益事業**は地域独占が認められている。

一般的に公益事業には電気、ガス、水道、郵便、鉄道などによる輸送産業などが含まれる。これらの産業は、規模の経済性が働く結果、小規模多数の企業がその産業を構成するよりも、大規模な企業1社が供給したほうが、効率的なのである。この点に関しては4章で説明した。もちろん、一方で独占の弊害が顕在化してしまうから、公的に価格をコントロールしたり、供給の仕方を規制してきたのである。この種の公益事業は、いつまでも独占である方がよいというわけではなく、民営化することによって、また規制を緩和することによって、効率を上げる方が望ましいという判断がなされることがありうる。

5.6 寡占

現代の産業社会は寡占市場体制に支配されている、といわれることがある。電気メーカーや自動車メーカーなどはもちろん、いろいろな産業において、上位数社の市場占有率を調べると、上位数社で市場の半分以上を占めている、などということがある。このような寡占度を測る指数として**ハーフィンダール指数**がある。

いま、ある商品が n 社によって供給されており、i 番目の供給主体の市場占有率（％）を C_i とすれば、ハーフィンダール指数（HI）は、

$$HI = \sum_{i=1}^{n} C_i^2$$

となる。独占の場合は、供給主体が1社であり、その企業の市場占有率が100％であるから、ハーフィンダール指数は（$HI = 100^2 =$）10,000となる。また、企業が100社あり、それぞれの市場占有率が等しく1％であったとしよう。その時のハーフィンダール指数は（$HI = 1^2+1^2+\cdots\cdots 1^2 =$）100である。このように独占では10,000であったものが、100社のケースでは100と

表5-1 ハーフィンダール指数

HI (10,000)：
　　たばこ、ジメチルテレフタレート、インスタント・カラーフィルム、普通板ガラス

HI (10,000〜7,000)：
　　ブランデー、ナイロン短繊維、電子管用ガラスバルブ、ステッパー(投影・露光用装置)、電子カミソリ、鉄道及び軌道業（貨物）、ダストコントロール業

HI (7,000〜5,000)：
　　シチュールウ、ウィスキー、写真フィルム(乾板を含む)、レンズ付き写真フィルム、特殊車輛、航空用タイヤ、陰板線管用ガラスバルブ、石膏ボード・同製品、タービンジアゾ式複写機、白熱灯器具(自動車用)、コンパクト・ディスプレーヤー、外部記憶装置、はん用端末装置、磁気録画・再生装置(VTR、EVR)、数値制御装置、アルカリ蓄電池(産業用)、マイクロバス、家庭用テレビゲーム機

HI (1,000未満)：
　　炭酸飲料、コーヒー飲料、茶飲料、レギュラー・コーヒー、プロピレン、純ベンゼン、溶剤系合成樹脂塗料、医療品製剤、形鋼（鋼矢板、リム・リングバー・サッシバーを含む）、小形棒鋼、構造用鋼、機械用銑鉄鋳物、鍛工品、銅伸鋼品、アルミニウム押出し品(抽伸品を含む)、銅被覆線、電力ケーブル、通信ケーブル、鋼製貨物船の新造(20総ｔ以上の動力船)、旅行業、総合スーパー業、銀行業、証券業、損害保険業、事業所給食業

　小さくなっている。さらに、企業が小規模で無限にある場合のハーフィンダール指数は、それぞれの市場占有率が1/∞で0になり、0を無限個加えても0であるから、0である。

　また、供給主体数が同じでも、市場占有率の配分によっては、ハーフィンダール指数は大きく違ってくる。例えば3社から成り立っている場合、その市場占有率がそれぞれ5％、5％、90％の場合にはハーフィンダール指数は8,150だが、市場占有率が30％、30％、40％の場合にはハーフィンダール指数は3,400になる。前者のように1企業のシェアが跳びぬけて大きい場合を**ガリバー型寡占**とよぶ。この性質を持つ市場については、公正取引委員会が独占禁止法との関係で注目していた産業で、1970年代のビール市場などは典型的なガリバー型寡占市場であった。当時はキリンビールのシェアが大きく、サントリービールなどの市場参入等があったが、キリンビールの市場占有率

の拡大を阻止するまでにはいかなかった。また、今日ではガリバー型寡占の典型として、携帯電話産業におけるNTTドコモなどが挙げられる。

　ここで2000年のハーフィンダール指数について示したのが、表5-1である。

　この表でハーフィンダール指数が10,000の場合は独占であり、ハーフィンダール指数が大きいところに分類されている産業が寡占度の高い産業ということになる。さらにハーフィンダール指数が1,000未満のところに分類されているのが競争的な産業であることもわかるだろう。

　寡占市場における企業行動を説明する場合にも、利潤最大化行動を仮定する点では、他の市場の企業行動と同じであるが、特殊な要素を考慮に入れなければならない。完全競争であれば、企業は、市場価格は与えられたもとで、（限界収入＝）価格＝限界費用の点で供給量を決めた。また、独占市場では限界収入＝限界費用という形で供給量を決めた。そして、限界収入には需要の価格弾力性が影響する。

　しかし、寡占市場では相手企業の出方を推測することが、自社の供給量を決める上で、重要な要素になる。相手の出方を読み違えた場合、例えば相手企業の供給量は少ないと予想したのに、相手企業は多量の生産をしたような場合には、当該市場では供給量が大きくなりすぎ、需要量に比べ過大な商品が市場に出回るから、市場価格は値崩れしてしまう。まさに、寡占市場の場合には、限界収入＝限界費用という式は変わらないが、限界収入の中に、需要の弾力性と他企業の思惑が入る。したがって、寡占市場では、他企業の思惑を含めた形で利潤最大化行動を考える必要がでてくる。この点を式でまとめてみると、

　（ⅰ）完全競争：限界収入＝価格＝限界費用
　（ⅱ）独占：限界収入（需要弾力性）＝限界費用
　（ⅲ）寡占：限界収入（需要弾力性、他企業の思惑）＝限界費用

となる。カッコの中の要素が、それぞれの市場において、市場均衡を考える

際に追加される要因である。このように、寡占市場の市場モデルは、両端にある完全競争市場や独占市場と比較して難しい。

練習問題
1．クモの巣理論で、均衡価格が収束しない場合を考えなさい。
2．需要主体が多数存在し、供給主体が1社しか存在しない独占市場では、供給主体は限界収入＝限界費用となる数量を供給する。その時の市場価格は、限界収入と限界費用が一致する価格水準ではなく、限界収入＝限界費用となる数量に対応した市場需要曲線で示される価格である。そうである理由を説明しなさい。

第6章

労働と失業

6.1 労働の特殊性と諸々の現象

　これまで、消費者行動から財の需要曲線を導き、供給者行動から財の供給曲線を導いた。そして、その交点で価格と需給量がきまるという形で「市場」の機能を表現してきた。労働の場合にも「市場」が成り立つ。しかし、労働は、これまであつかってきた財とは違った性質をもつため、労働市場独特の説明が必要になる。

　労働は、人間が直接提供するものである。だからといって、人間が取引されるわけではない。取引の対象になるのは、人間が提供する労働のところだけである。すなわち、主体としての個人がおり、「いつ」、「どの程度」、「どこで」、「どうゆう労働を」という次元を考えながら、労働を供給しようと思っている。一方で、同じ次元で、労働を利用したいと思っている企業などの主体がある。これらの間に市場が成り立ち、そこで賃金を変動させながら需給の調整がおこなわれる点では他の市場と変わらない。ただ、上の4つの次元に注目することが、**労働市場**の理解にとってたいへん重要になってくるのだ。

　「いつ」というのは、昼間の時間帯か、夜間か、夏の期間かということを意味している。多くの人が夜間に働きたくないと思い、夜間に雇いたいと思

う雇用主が多ければ、夜間の賃金は他の時間帯と比べて上がることになる。現実に、パートの賃金は、夜間のほうが高いのである。「どの程度」というのは労働時間のことである。労働強度のちがいがあるが、これはここにふくめて考えることにする。

現実には、この「いつ」と「どの程度」は対になっていることが多い。正規雇用者の場合にも、休日が定められ、始業時間が定められ、週当たり労働時間が定められているのだから、「いつ」と「どの程度」がほぼきまっていることになる。

雇用主は賃金コストをできるだけ安くすませたいと思っているのだから、いそがしいときだけ雇いたいとの意向がある。レジャー施設は土曜、日曜などの休日がいそがしい。百貨店はボーナス月がいそがしい。スキー場は冬場がいそがしい。飲食店は食事時がいそがしい。これに必要な労働をフルタイムで雇ってしまっては、仕事がない時間帯にも賃金を払わねばならないのだから、コスト高についてしまう。労働の供給側に、雇用主にとって必要なときに、必要とされる時間だけ働いてもよい人がいるならば、契約が成立する。このとき、**パートタイム労働**という形態をとるのが普通である。

図6-1に示すように、パートタイム労働者の総労働力に占める割合は上昇してきている。これは、需要があるときに供給せざるをえない「サービス産業」（この性質については第13章で説明）のウェイトが上昇してきたことが1つの背景になっている。また、経済環境が厳しくなるなかで、従来は正規雇用者によって担当されてきた仕事をパートタイム労働者に代替させている行動が影響している。

「どこで」という要素もまた、種々の現象を生む。生産活動にとって適する場所は業種によって大きく違う。農業の仕事は、人口が少なく、農地が豊富なところが適している。工場にとっても、地方立地が一般的になっている。ところが、サービス供給者にとっては、人口が密なところが生産活動に適している。すると、サービス経済化がすすむ過程で、就業機会が都市部で増えてくる。地方における就業機会が減っても、地方に居をかまえたままで、大都市の労働需要に応じることはできない。どうしても、住む場所を変える必

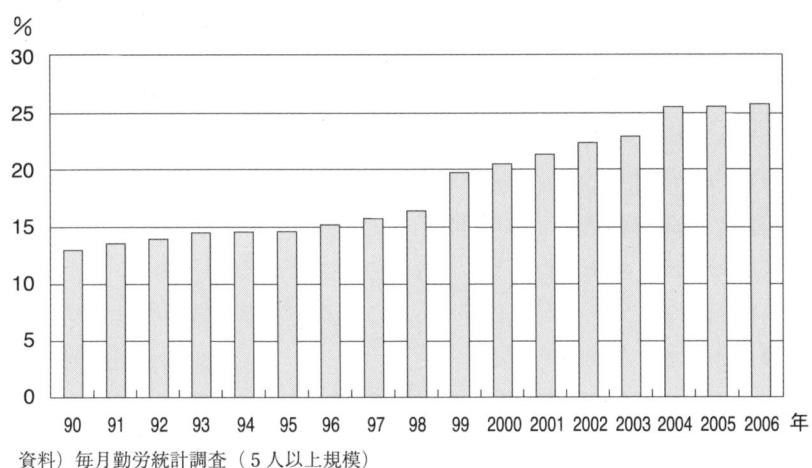

図6-1　パートタイム労働者比率

資料）毎月勤労統計調査（5人以上規模）

要がでてくる。

　しかし、人間は労働の提供者であるとともに、生活者でもある。家族をもっている。有利な仕事が遠く離れた大都市にあったとしても、そう簡単に移り住むわけにはいかない。コミュニティができあがっているし、住む家のことも考えねばならない。子供の教育のこともある。居住場所を変えるにともなうコストを「**移動コスト**」というが、所帯をもってしまうと、「移動コスト」が高くなる傾向があるのだ。別のいい方をすれば、地域間の労働需給の調整をおこなってきたのは、若年齢者が中心だったのである。

　このとき、ある地域の就業機会がなんらかの理由で減ってしまうと、「移動コスト」の高い人々にとっては困ったことになる。あとでふれるように、これには対策がもとめられてきたのだ。

　人間はなんでも同じようにこなせるというものではない。「もの」作りが得意な人もいれば、営業が得意な人もいる。どのような学校教育を受けてきたかによっても、これまでの職歴によっても、得意なものがちがっている。雇用主にとっても、労働を求めるときは、どんな能力の人でもかまわないというわけではなく、「なにができるのか」は重要な雇用条件になる。

産業構造の変化にともなって、必要とする技能が違っていってしまう。ところが、労働の提供者にしてみれば、求められる技能が変わったとしても、すぐに、それに応じて自分の技能を変えられるわけではない。別の技能を身につけるには、学校に通わなければならない。それには、授業料と時間が必要である。労働を提供して稼いだお金で生活しているのだから、そんなゆとりがないのが普通である。歳を重ねると、コストをかけて身につけた技能の稼動可能の期間が短縮するし、新しい技能を身につける柔軟性も低下するから、技能転換はますますむずかしくなるのだ。となると、求める技能と提供したい技能のミスマッチがおこってしまう。たとえば、技術職は足りないが、事務職は過剰であるなどである。

以上のように、労働には、「いつ」、「どの程度」、「どこで」、「どういう労働を」という次元がある。需要側、供給側の意向を調整するのが**労働市場**である。そして、そのときの価格が**賃金**である。結果として、多様な賃金が実現する。時間帯によって賃金がちがう。労働時間の長さによって時間当たり賃金がちがう。場所によって賃金がちがう。職種によって賃金がちがうことになるのだ。しかも、それぞれの需給関係が変わるから、賃金が相対的に変動することがおこる。

このように、労働市場には複雑な調整がもとめられるのだが、そんなにうまく市場が機能するわけではない。当然、職を見つけられない人がでてくる。これが**失業者**である。そして、労働市場の機能を高めるために、また、市場機能だけではうまくいかないところを補完するために、多様な労働政策がおこなわれているのである。

以下、このような労働市場を構成する供給者と需要者の行動および市場の機能について理解するための道具を提示していこう。

6.2 労働供給行動

ある場所に住むAさんは、身につけた技能を生かして働きたいと思っている。まず、その行動を理論として描写してみよう。

Aさんの一日のもち時間は24時間である。経済学では、**労働時間**以外の時間を「**余暇時間**」と定義する。ここでいう**余暇時間**には余暇活動をする時間だけではなく、睡眠時間、食事の時間、洗濯や育児の時間もふくめて考えることになる。このとき、

$$\text{もち時間} = \text{労働時間} + \text{余暇時間} \quad \cdots\cdots (1)$$

という関係になる。そして、Aさんは、余暇時間が長いほど満足度が高くなると考えている。

いま、Aさんの技能ならば、時間当たりw円で雇いたい雇用主がいる。このとき、労働時間を長くとれば、多くの所得を稼げることになる。すなわち、

$$\text{Aさんの所得} = w \times \text{労働時間} \quad \cdots\cdots (2)$$

の関係になる。

そしてAさんは、多くの所得を稼げば、それだけ多くの消費ができることになり、満足度が高まると考えている。しかし、長く働けば、その分余暇時間が減ることになり、こちらで満足度が下がってしまうから、労働時間は長ければよいというわけではない。ここに、より多くの所得か、より長い余暇時間かという選択がはいることになる。これを表現するとすれば、

$$U = U(\text{所得、余暇時間}) \quad \cdots\cdots (3)$$

となる。すなわち、所得が多いほど、余暇時間が多いほど、満足の程度の指標であるUは高まるというのが（3）式の意味である。

これを、図で表現したのが、図6-2である。

縦軸のOO'はAさんのもち時間であり、上から労働時間を測り、下から余暇時間が測られている。（1）式に該当していることになる。

横軸は所得である。そして、wが賃金であり、労働時間が増えると$O'W$（賃金線）にそって所得が増えることになる。$O'W$は（2）式にあたっていることになる。

ここで、3章の消費者均衡の図式を思い出してほしい。Aさんは所得が増えるほど、また余暇時間が増えるほど満足度が高まると思っているのだから、あの場合と同じように、無差別曲線が書けるはずである。これは、（3）式の満足度の程度であるUを一定にして書いた場合にあたる。また、消費者均衡

図6-2 労働時間の選択

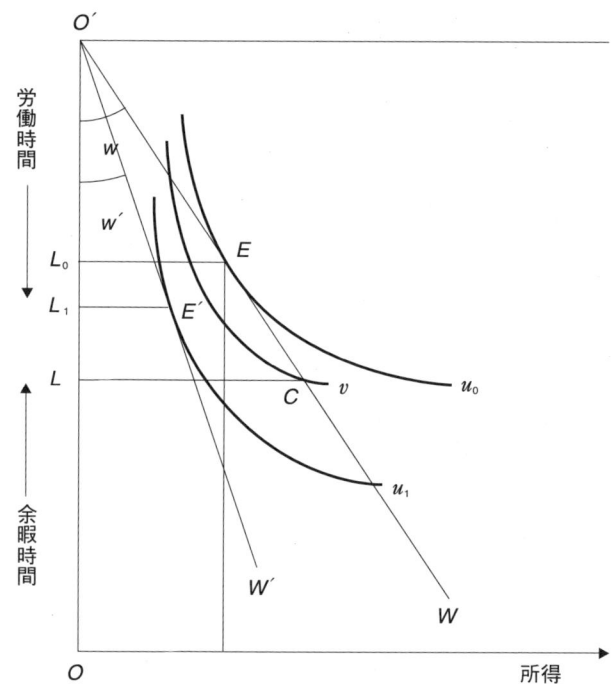

図式における収支均等線にあたるものが $O'W$（賃金線）ということになる。そして、賃金線と無差別曲線 u_0 が接する点 E が均衡点になり、$O'L_0$ だけ働くことがAさんにとってもっとも満足度が高くなることになる。Aさんにとって、w に見合った最適労働供給量は $O'L_0$ であるわけだ。

といっても、Aさんは、**労働供給時間**を自分できめられるわけではない。雇用主にも都合があって、働いてもらいたい時間の長さがある。いそがしいときには残業を要求するだろう。その平均時間が、$O'L$ だったとしよう。これを**指定労働時間**という。L から横に伸ばして $O'W$ と交わる点である C を通る無差別曲線は v になり、これは、u_0 の無差別曲線よりも、原点に近づいており、$O'L$ だけ働かねばならないとなれば満足度が落ちてしまうことを意味する。

このとき、指定労働時間が $O'L$ より少々短い雇用機会を提示する雇用主があらわれれば、同じ時間当たり賃金にもかかわらず、Aさんはそちらを選ぶことになる。時間当たり賃金が少々安くても、指定労働時間が短ければ、そちらを選ぶことだってありうる。読者は、図6-2の賃金線の勾配を少々きつくし、指定労働時間を少し短くすることでより高い満足度がえられる労働条件を見つけだすことができよう。

Aさんは時間当たり賃金と指定労働時間をセットにしてどの雇用機会を選ぶかを決めるのである。雇用主はできるだけ安い時間当たり賃金で雇いたいと思っているのだから、雇用主間の競争がはたらくかぎりは、労働者の意向が労働時間に反映される力がはたらくことになる。

としても、雇用主には、1人の雇用者にできるだけ長く働いてもらいたいと思う理由がある。それは、1人を雇うごとに、雇用主にとって固定費がかかることによる。年金保険、医療保険、雇用保険の保険金については、雇用主はそれぞれきめられた割合での支払義務がある。そのほかにも、諸々の**企業内福祉**にかかる費用がある。1人雇えば、机やロッカーが必要になるから、その分、家賃や器具代がかかる。交通費も負担しなければならない。したがって、指定労働時間を短くして、その分多くの人を雇うことはコストを高めるのであり、むしろ、少々時間当たり賃金を高くしても、長時間は働いてもらいたい意向が強いのである。

6.3 賃金の変化と労働供給

次に、賃金を引き下げた場合について図6-2を使って確かめてみよう。最初 w であった賃金が w' に下がったとする。このときの賃金線は $O'W'$ になる。そして、新しい均衡点は E' に変り、Aさんにとっての最適な労働時間は $O'L_1$ になる。Aさんは賃金が下がったことによって、L_0L_1 分だけ長い労働時間を選択したことになる。

このとき、縦軸に賃金を、横軸に労働供給量をとれば、図6-3に見るように、**右下がりの供給曲線**がえがける。財の供給曲線は右上がりであったが、

図6-3 右下がりの労働供給曲線（時間ベース）

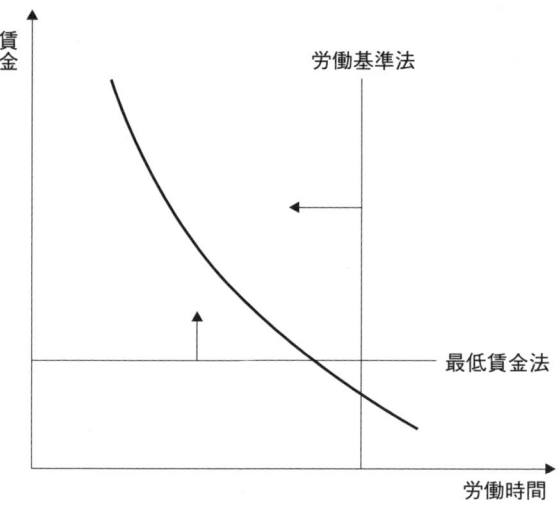

図6-4 右上がりの労働供給曲線が導かれる例

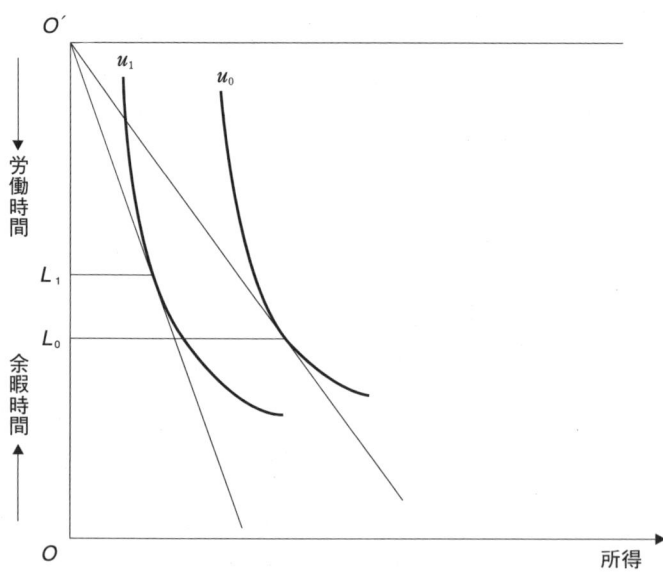

この場合の傾きは逆である。しかし、この右下がりの供給曲線は理論としていつも導かれるものではない。無差別曲線の形によっては、右上がりの供給曲線が導かれる場合があるのだ。この例として、図6-4としてえがいてある。すなわち、賃金が下がった結果、労働供給時間がL_0L_1だけ減る形になっているのがわかる。

この例から、理論がいかにすばらしいものであっても、それだけでは、どちらが現実を描写しているものかどうかの結論がでないことがわかる。これを確かめるには実証分析が欠かせないのである。そして、供給曲線が右上がりであるか、右下がりであるかは、すぐあとで説明するように政策的に重要な意味をもってくるのだ。

現実には、**労働供給曲線**は右下がりであることを示す指標が多い。産業別の時間当たり賃金と労働時間の関係をしらべてみると、時間当たり賃金が低い産業ほど労働時間が長くなっている。日本全体でいえば、1人当たり所得水準が高まるにつれて、労働時間が短縮してきている。国際比較をしても、1人当たり所得が多い国ほど、労働時間が短い傾向が見られる。個々人の労働供給行動が反映した結果であろう。

私たちの日常的経験に照らしてみても、労働供給曲線は右下がりであるとの推論ができる。たとえば、Aさんの家では、20万円の生活費がどうしてもかかる。それまでは、月20万円の給料をもらっていたのだが、会社が不振になり、月15万円の給料に引き下げられたとする。そのとき、Aさんはなんとかこれまでの生活を維持するために、残業をすすんで引きうけて収入の不足をカバーしようとするだろう。まさに、賃金が下がった結果、労働供給時間を増やそうとしたのである。

労働供給曲線が右下がりだということは、雇用者にとって不都合なことがおこる。もしある地域の雇用主が結託をして、時間当たり賃金を引き下げたとする。このとき、雇用者は長く働こうとするから、雇用主は、労することなく安い賃金でより多くの労働を手に入れることができることになる。

このような状況を前提に、さまざまな制度が設けられてきた。**労働基準法**は労働時間に上限を設けてきた。そして、**最低賃金法**では、時間当たり賃金

に下限を設けてきたのである。まさに、図6-3に記入してあるように、労働時間と賃金の双方を規制することで、雇用者がこうむるかもしれない不都合を防止しようとしてきたのである。

6.4 就業の決定

以上は、特定の人が働こうとしたとき、その労働時間の決定について解説したものである。もう一つ、**就業するかしないか**の意志決定について説明しよう。

直感的にまずいえることは、就業することからしか収入をえる道がなければ、悪い条件にもかかわらず就業を選ばざるをえないということである。ここで、悪い条件とは、低賃金、長時間労働という形で表現することにする。一方、蓄えがあったり、家賃収入、年金収入がえられるなど、他に収入の道（これを**非就業所得**あるいは**非労働所得**とよばれる）がある人は、就業しないでも生活ができるのだから、悪い条件の就業機会しかなければ、非就業を選ぶ傾向が強くなるだろう。

ここで、この直感を論理的に説明してみよう。Aさんにとって、非就業所得がないとする。このとき、図6-5で、Aさんの賃金線は $O'W$ になる。Aさんが自由に労働時間を選択できるなら、$O'L_1$ だけ働くことになる。現実には、労働時間が指定されている。このとき、Aさんは指定労働時間がどの程度なら働くことを選ぶのであろうか。それは $O'L_2$ の指定労働時間が分岐点になる。すなわち、v_0 の無差別曲線は賃金線 $O'W$ と L_2P の交点を通っているとともに、O' 点をとおっている。これは、働かないことと $O'L_2$ だけ働くことは無差別だということを意味している。だから、$O'L_2$ より指定労働時間が長ければ、Aさんは就業を選ばないことになる。

一方、Bさんは非就業所得を OY だけえている。そうすると、賃金線は Q を原点として引くことができる。それが QW' であり、勾配（賃金）は $O'W$ とおなじだとする。このとき、Bさんの最適な労働時間は、Aさんにとっての最適な労働時間よりもずっと短いことがわかる。また、就業をえら

図6-5 非就業所得がある場合とない場合

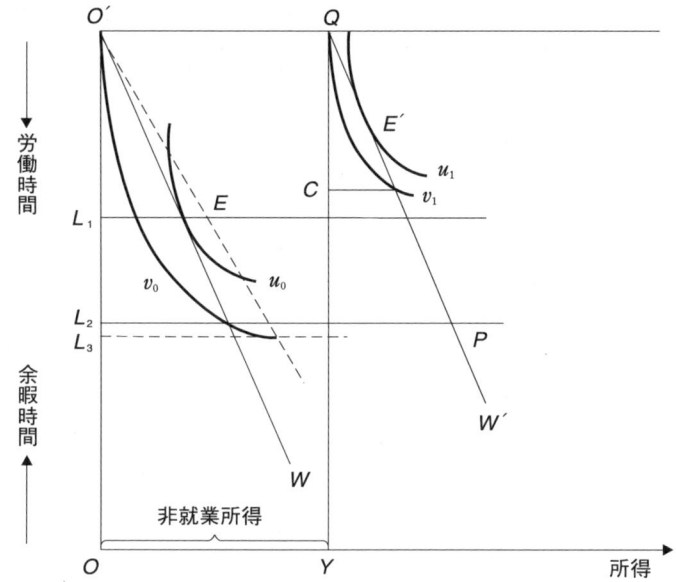

ぶかどうかの指定労働時間の分岐点も QC になり、Aさんにとっての分岐点である $O'L_2$ よりもずっと短いことになる。さらに、Bさんがより長い指定労働時間のもとで働くためには、賃金がより高くなければならないことも理解できよう。非就業所得があったほうが、よりよい労働条件でしか就業しないことがこれで説明できる。

このように、就業を選ぶのか、非就業を選ぶかはその人の置かれた条件によってかなり違ってくるものである。また、他の条件が一定でも、無差別曲線の形が変われば、それまで就業していなかった人も就業を選ぶようになることがありうるのは、図6-5の上で無差別曲線を動かすことで確かめることができよう。

非就業所得導入の考え方は、他にも応用がきく。たとえば、既婚女子にとっては、配偶者（夫）の所得がこの非就業所得にあたるとしてもよかろう。配偶者の所得が高いほど、妻の就業率は低いという傾向（これを**ダグラス＝**

有沢の第1法則とよばれている）が観察されているが、これと整合的になるのである。ここで、妻の立場は他の家族にまで広げて考えることができよう。

　それでは、賃金が上昇したときは、就業を選ぶ人は増えるのであろうか。これを、図6-5のAさんのケースで説明しよう。図上により緩い勾配（時間当たり賃金が高い）の賃金線（点線で示してある）を描き、それが原点を通る無差別曲線（v_0であるとはかぎらない）と交わる点を求め、そこから横に伸ばして縦軸と交わる点をL_3としよう。L_3はL_2よりも下に位置することになり、このことから、賃金が上がれば、それまで長時間労働が理由で非就業を選んでいた人が就業を選ぶようになるのがわかる。

　このように、人員タームでいうかぎり、賃金が上昇すれば、労働供給は増えると考えてよいことになる。すなわち、横軸を労働時間ではなく、雇用者数でとれば、右上がりの供給曲線がえがけることになる。

6.5 労働の需要曲線

　企業が生産活動をおこなっていくうえで、労働は欠かせない生産要素である。いいかえれば、労働は企業に対して付加価値をもたらしてくれるから雇うのである。そのもたらしてくれる付加価値を図6-6のように表現することにしよう。

　すなわち、縦軸には**限界価値生産力**と賃金をとり、横軸には雇用者数をとる。そして、図に描かれているPP'が限界価値生産力曲線である。これは、雇用者を1人増やしたときに追加的にえられる付加価値をあらわしたものである。

　付加価値は、雇用者数を多くするほど増えるが、その増え方は逓減していくというのが限界価値生産力曲線が右下がりになっている意味である。たとえば、パソコンの組み立てをやっている工場で、小人数では、生産量は知れたものだが、人数を増やすにつれて、生産量が増えていく。しかし、工場の広さには限りがあるのだから、しだいに混雑してきて、効率が落ちていってしまう、と考えればよい。生産されたパソコンを市場価格で評価し、付加価

図6-6 労働の需要曲線

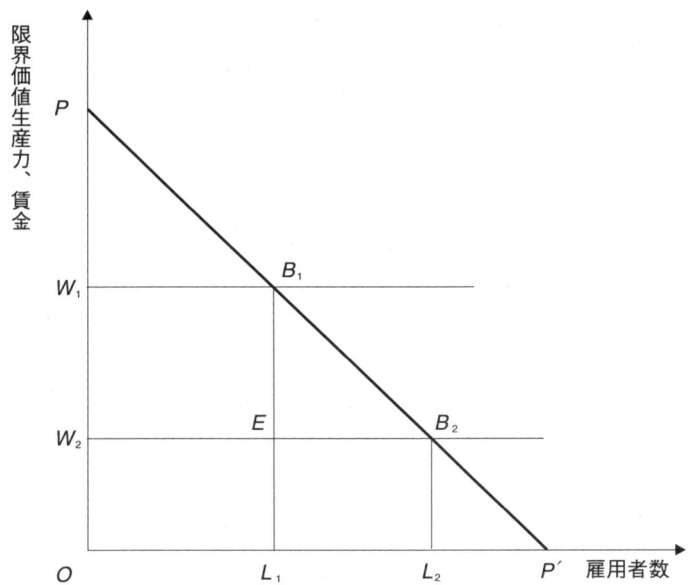

値ベースに変換したのが縦軸の限界価値生産力である。

いま、市場賃金が W_2 であり、L_1 の人を雇うとすれば、OL_1 の雇用者で OL_1B_1P の付加価値を生み出してくれることになる。そのときの賃金コストは OL_1EW_2 だから、雇用主は W_2EB_1P の利益を手にすることができる。実は、雇用者を増やすことでこの雇用主はさらに多くの利益を手にいれることができる。それは L_2 まで雇用者を増やすことであり、このときは W_2B_2P の利益を獲得できる。それより雇用者をふやすと、L_2 より右では賃金よりも限界価値生産力のほうが下回ってしまい、逆に利益を減らしてしまうから、それ以上は雇用を増やさないことになる。

このように、賃金が W_2 のときは L_2 まで雇うのが利益を最大にするのである。同様に、賃金が W_1 のときは L_1 まで雇うのが、利益を最大にすることになる。とすると、限界価値生産力曲線がこの企業にとっての労働の需要曲線にあたることになる。

これは、特定の企業の労働の需要曲線であって、市場全体の労働の需要曲線を導くには、家計の需要曲線、企業の供給曲線のところでやったように、個々の労働の需要曲線を水平にくわえる必要がある。

この労働の需要曲線（市場全体の）は一定にとどまっているわけではない。物価が上昇すれば、生産物が高く売れるのだから、物価上昇に比例して労働の需要曲線（限界価値生産力曲線）は上方にシフトする。このとき、物価に比例して賃金が上がれば、雇用者数は変わらないことになる。たとえば、図6-6を市場全体のものとして、限界価値生産力、賃金ともに10％だけ上昇したケースを B_1、B_2 でためしてみればよい。そこで、限界価値生産力、賃金双方を物価指数で除して、実質ベースの需要曲線に変換し、物価上昇の影響をなくすことがおこなわれる。

物価が上昇しなくても、景気がよくなれば労働の需要曲線は上方にシフトする。また、労働の需要曲線をシフトさせるものとして技術進歩がかかわってくる。

6.6 労働市場と失業

これで、人員タームの労働の需要曲線と供給曲線がそろったので、これを、同一の図の上に表現したのが、図6-7である。ここでは、物価水準は変わらないことを前提にしよう。まず、財の市場の均衡とまったく同じように、需要曲線 D と供給曲線 S の交点 E_0 が均衡点であり、ここで賃金 W_0 と雇用量 L_0 がきまる。

ここで、景気が悪くなって、需要曲線が D' でしめすように、左下にシフトしたとする。このときの、新しい均衡点は E_1 であり、賃金は W_1 に下がり、雇用量は L_1 まで減ることになる。しかし、失業がでているわけではない。**失業者**とは、いまは「仕事がない」のだが、「仕事を探しており」、「すぐ仕事に就ける」人のことである。E_1 では、W_1 の賃金で就業したい人はすべて雇用されていることになる。賃金が W_1 まで下がったために、就業したい人が減ることで新しい均衡がえられたのである。

図6-7　労働供給曲線と労働需要曲線（人員ターム）

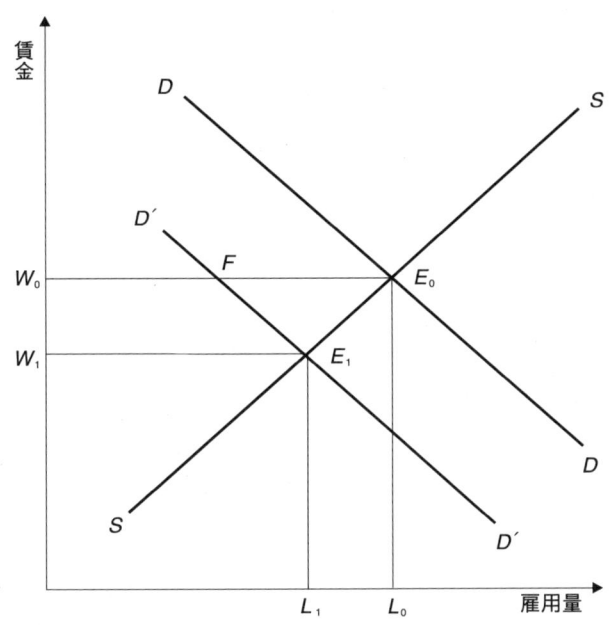

　それでは、需要曲線が左下にシフトしたにもかかわらず、賃金が W_0 のままであったらどうだろう。このときは、需要は W_0F であるのにたいし、供給は W_0E_0 になり、FE_0 だけ供給超過が発生してしまう。この部分が、失業になる。この失業は需要不足が原因になっているという意味で、需要不足失業という。また、この部分をさして、「非自発的失業」という場合もある。**非自発的失業**とは、現行の賃金で働きたい意志はあるのだが職を見出せない失業者のことである。このとき、労働市場の機能を伸縮的にすればよさそうなのだが、労使間の賃金協定等があり、そうスムーズにいかないことがわかっている。

　失業をなくすもう一つの手段が、景気を回復させて需要曲線をもとのところへ戻すことである。これは、マクロ需要政策とよばれるものであるが、それについてはあとで説明することになる。

　以上は、理論的な説明であって、現実の世界はずっと複雑である。最初に

説明したように、労働には、「いつ」、「どの程度」、「どこで」、「どういう労働を」という次元がある。需要者側、労働者側双方が、これらの次元からなる意向を満たそうと思っているのだから、市場のマッチングはそううまくいくわけではない。このとき、情報が不十分であることも関係して、総体的にみれば、需要が不足しているわけではないにもかかわらず、失業が発生してしまう。これを**摩擦的失業**とよんでいる。

　労働の次元のなかで、「どの程度を」（労働時間の長さ）は賃金という雇用条件とセットになっており、これを見て供給者は就業するかどうかを決めるとの説明をした。「いつ」も同じように考えることができる。

　やっかいなのは「どこで」と「どういう労働を」の調整である。日本全体としては、労働需要は十分にあるのだが、その需要が東京に多くあるならば、九州に住んでいる人は、そのままでは就業できない。情報関連の仕事はあるのだが、営業をしていた人がすぐに就けるわけではない。九州に住んでいる人は東京に引っ越す必要がある。営業をしていた人は学校に通って、勉強しなければならない。

　このような摩擦的失業を解消する方法として、いくつか浮かびあがってくる。一つは、住居を移す「移動コスト」を引き下げることである。子供の学校の転校を簡単にできるようにするなどはこの一つになろう。また、雇用が不足している地域に雇用機会を増やす政策は「地域振興政策」とよばれて、昔からおこなわれてきた。「どのような労働を」のミスマッチを解消するために、必要とされる技能を身につけやすくするための政策はたいへん重要になってくる。現実には、新技能を学ぶに要する費用を補助すること（教育訓練給付制度）がおこなわれている。

　もう1つ、重要な政策がある。それが情報の提供である。労働には多くの次元がある。「どういう労働を」だけでも数えきれないほどである。とすると、需要者と供給者をむすびつけるには、木目細かな情報提供が効果的だということになる。昔にくらべれば、情報面はかなり充実するようになった。求人情報誌が売られている。インターネットで求人検索ができる。ハローワークにいけば、求人情報を教えてもらえる。

図 6-8 現役世代の扶養負担の推移

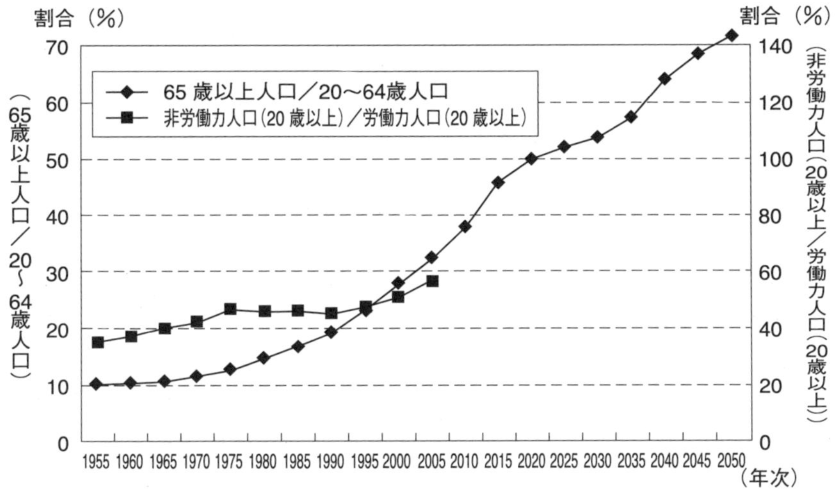

出所）厚生労働白書を基本にしている（平成14年版）
資料）総務省統計局「国勢調査」、総務省「労働力調査」、国立社会保障・人口問題研究所「日本の将来推計人口（平成14年1月推計）」

6.7 少子高齢化問題

いま、日本では子供の数がたいへん減ってきている。**合計特殊出生率**（1人の女性が一生の間に生む平均子供数を示す指標）で見ると、1.5を下回る状況がかなりつづいている（2006年には1.31になっている）。合計特殊出生率は、2を少々上回る水準を維持しないと長期的に人口が維持できないのだから、1.31という水準はかなり異常なものである。100年に世代が3回変わると想定して単純計算すると、1,000年後に1億3000万人の人口がなんと400（130,000,000×0.655[30]）人になってしまうとの答えをえるのだ。

これは、べつの筋道から日本社会に深刻な問題を引き起こしつつある。出生率が異常に低いということは、親の世代にくらべて、子供の世代の人口が大きく減ってしまうことを意味する。一方で平均寿命が伸びつづけている。

いまや、日本人の平均寿命は男女ともに世界一の水準にあるのだ。結果として、日本人の年齢構成は急速に高齢化しつつあるし、しばらくこの傾向がつづくと予想されている。

人口が高齢化すると、仕事から引退する人が増えるなど、働く意志のある人口を減らす。結果として、少ない人口で多くの人々の生活をささえていかなければならない事態がおこる。図6-8はこの様子をえがいたものである。まず65歳人口／20〜64歳人口の値が急速に上昇していくことが予想されている。そして、非労働力人口（20歳以上）／労働力人口（20歳以上）が現実に上昇ぎみのカーブをえがいているし、高齢者の労働力率が上昇しないかぎり、この値は急速に上昇していくことが予想される。なおここで、**労働力人口**とは、働く意志のある人口、すなわち、就業者に失業者を加えたものである。社会全体の労働力人口という場合は、15歳以上の人口のうち、就業者と失業者の合計をさすが、20歳以上の男子というように特定の年齢層あるいは性別についていう場合もある。また**労働力率**とは、労働力人口を対応する属性の人口で除したものである。

日本の公的年金制度は事実上賦課方式であり、高齢者にたいする年金の給付はその時代の現役の人々の保険料でまかなわれる形になっている。高齢化がすすめば、給付金が増えていくのであるから、現役世代の負担がますます重くなっていくことになる。

医療保険の場合も、同じことがいえる。老人保険制度というものがあるが、この目的は高齢者に対しての医療の確保にあり、そのための医療費を国民が公平に負担することをねらったものである。すなわち、高齢者の医療に要した費用から高齢者自身の一部負担金を控除した額の一定割合を財政資金で負担し、のこりを各医療保険制度の保険者が拠出してまかなう仕組みをとっている。そして、歳を重ねると、病気がちになるから、高齢者の医療費はたいへん多額になってしまう。

このように、高齢化がすすむことで、現役の人々の負担が高まることが現実化しているし、この傾向がますます進んでいくことが確実視されている。現役世代の所得の伸びが高ければ、増えた所得の一部を負担増にまわせばよ

いわけで、それだけ負担感が軽減されるだろうが、今日は所得が増えない時代をむかえてしまっている。こんななかで、**少子高齢化問題**をどう乗り切っていくかについて、いま検討がなされているのだ。

練習問題

1. 図6-2で、賃金が安くても指定労働時間が短ければ、働く者にとってより満足度が高くなることがありうることを確かめてみよ。
2. 賃金収入に一定率の税金をかけたとすれば、労働供給時間にどのような影響がおよぶのか、図をえがいて確かめてみよ。

第III部

マクロ経済と政策

第7章
経済をマクロにとらえる

7.1 生産とはなにか

　いままで、消費者の行動、生産者の行動、また労働市場を含めた市場の機能について説明してきた。しかし、これらは個々の主体の行動あるいは個々の財の価格や賃金の決定をあつかったものであって、これだけでは一国の経済がどういう状況にあるのかがわからない。この章では、一国全体の経済の姿をデータでどうとらえるかについて説明する。これができれば、経済が全体として伸びているのか衰退しているのかがはっきりわかるし、景気の状況についても知ることができる。そして、景気対策など経済政策のあり方についても検討ができるようになる。

　なお、経済全体のとらえ方には、「モノの面」からと「カネの面」からがある。この章ではモノの面についてあつかい、カネの面については次章で説明することになる。

　さて、「**生産**」という言葉は日常的によくつかう。「わが社の生産額は1千億円である」、「わが社の生産量は10万台である」、などである。個々の企業についての生産規模を表現するときは、これでよくわかる。しかし、一国全体の「生産額」をとらえるときは、すべての企業の生産額を合計したのでは不都合がでてきてしまうのである。

図7-1 ある農業国の生産構造

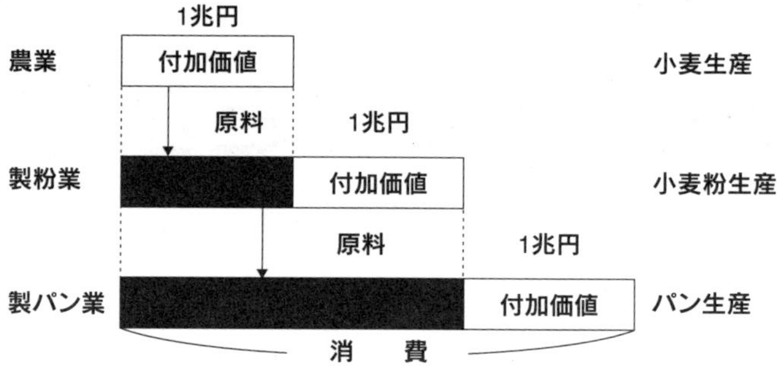

```
農業        ┌─1兆円─┐
            │ 付加価値 │                       小麦生産
            └───┬───┘
                ↓ 原料    1兆円
製粉業    ┌━━━━━━┬────────┐
          ┃      ┃ 付加価値 │           小麦粉生産
          ┗━━━━━━┴────────┘
                    ↓ 原料         1兆円
製パン業  ┌━━━━━━━━━━━━━━┬────────┐
          ┃              ┃ 付加価値 │   パン生産
          ┗━━━━━━━━━━━━━━┴────────┘
                     消　費
```

　それはなぜだろうか。そして、どのようにとらえればよいのだろうか。これを、簡単な例を示すことで説明しよう。

　いま、ある農業国の産業は、農業、製粉業、製パン業からなっているとしよう。そして、図7-1に示してあるように、農業は年に1兆円の小麦の生産をおこなっている。製粉業は農業から1兆円の小麦を買い、それを原材料として2兆円分の小麦粉を生産している。製パン業は製粉業から2兆円の小麦粉を買って、3兆円分のパンを生産し、消費者に販売している。

　ここで、製粉業は1兆円分の小麦を原材料として2兆円分の小麦を生産したのだから、1兆円分の価値をつけ加えたことになる。これを、**付加価値**という。農業では種や肥料といった原材料をつかっているだろうが、説明を簡単にするためにそれは無視できるほどのものだとすれば、農業の付加価値は1兆円になる。同様に、2兆円の小麦粉を原材料として生産活動をおこなっている製パン業の付加価値は1兆円である。

　経済学では、この付加価値部分を「**生産**」としているのだ。だから、この国の生産額の合計は、農業、製粉業、製パン業それぞれの付加価値を合算した3兆円になる。この付加価値の合計を**国内総生産（GDP）**といい、これで一国の生産規模をあらわすのが国際基準である。

　なお、ここで各産業の付加価値の割合を**付加価値率**という。農業、製粉業、製パン業の付加価値率はそれぞれ、100％、50％、33.3％となる。

　日常的言葉で表現した、生産額の合計（農業1兆円、製粉業2兆円、製パ

第7章●経済をマクロにとらえる 113

表7-1 産業連関表 (単位:兆円)

		中間需要			最終需要	産出高
		農業	製粉業	製パン業	消費	
中間投入	農業		1			1
	製粉業			2		2
	製パン業				3	3
	付加価値	1	1	1		
	産出高	1	2	3		

ン業3兆円の和)である6兆円を一国の生産額としてもよさそうに思えるが、これでは生産額が安定的にとらえられなくなる。たとえば、一国の産業が農業から製パンまでの一貫生産の企業で担当されるようになったらどうだろう。原材料の取引分は表に出ない(相殺される)のだから、一国の生産額の合計は3兆円になってしまう。生産活動が実質的に変わらないのに、生産体制が変わったことで一国の生産額が変化するのはまずいのである。もちろん、その前に、製粉業は2兆円の生産をおこなっているように見えるけれども、その分の1兆円分は農業が生産した分なのだから、製粉業の生産分は1兆円としたほうが自然なとらえ方といえよう。

各産業の付加価値は、労働者の賃金や企業オーナーの所得として分配される。彼らは、その所得をもって製パン業からパンを買うのである。付加価値の合計は3兆円であるのだから、労働者および企業オーナーの所得も3兆円になり、これがパンの購入に当てられる。この消費が、製パン業の販売額3兆円と見合うわけで、全体として整合性がとれることになる。

7.2 産業連関表としての表現

以上の産業間取引や生産、分配、支出の関係がわかりやすいように、図7-1の例を別の表として整理してみよう。これをおこなったのが、表7-1であり、これは**産業連関表**と呼ばれている。この表は、ワシリー・レオンチェ

フ（1905-1999、米国）の考案によるものであり、各国で広く作成されている。この構成を説明すると次のようになる。

財は、表の上で右から左に向かって販売され使用される。だから、表側にならんでいる産業は供給主体であり、表頭はその供給先と考えればよい。そして、**中間需要**（需要者から見たとき）、**中間投入**（供給者から見たとき）で囲まれた枠には原材料として使われた部分が表示される。すなわち、ここには、製粉業は農業からの1兆円の小麦を投入し、製パン業は製粉業からの2兆円の小麦粉を投入したことが示されている。ここで、原材料として使用される財を**中間財**と呼んでいる。

最終需要とは原材料として使用される以外の需要のことである。産業連関表では、製パン業から3兆円のパンの需要（消費）をおこなったことがあらわされている。このような最終需要として需要される財を**最終財**と呼んでいる。

そして、各産業の供給額の合計が一番右にくるのだが、これが日常的につかわれる生産額（農業1兆円、製粉業2兆円、製パン業3兆円）にあたる。付加価値である生産額と区別するために、これを**産出高**と表現する。

つぎに、産業連関表を縦に見よう。最下段に表の最右端にある産出高が転記される。そして、各産業の産出高から中間投入（原材料使用分）を差し引いたのが付加価値になる。図7-1と見比べてほしい。

ここでの付加価値合計が**国内総生産**（GDP）であり、つぎのように表される。

$$\text{国内総生産} = \text{産出高合計} - \text{中間投入合計} \quad \cdots\cdots (1)$$

そして、最終需要にあたる3兆円が**国内総支出**（GDE）であり、つぎのようになる。

$$\text{国内総支出} = \text{産出高合計} - \text{中間需要合計} \quad \cdots\cdots (2)$$

ここで、中間投入合計と中間需要合計は同じだから、つぎの関係が恒等的に成り立つ。

$$\text{国内総生産} = \text{国内総支出} \quad \cdots\cdots (3)$$

また、国内総生産を構成する付加価値は労働者や企業オーナーの取り分とし

てすべて分配される。この分配面からとらえたものを**国内総所得（GDI）**とよぶことができる。とすれば、定義的に国内総生産と国内総所得は等しくなる。

このように、国内総生産は生産面から、国内総支出は支出面から、国内総所得は分配面からとらえたものであり、それぞれが等しいことになる。この、

　　　　　生産＝支出＝分配

の関係を**三面等価の原則**と呼んでいる。

7.3 国内ベースと国民ベース

国内総生産の「国内」には意味がある。「国内領土」に居住する経済主体が生み出した付加価値の合計が国内総生産である。もちろん、外国企業の子会社であっても、「国内」に居住する経済主体としてのあつかいになる。そして、「国内領土」には、当該国にある外国政府の公館および軍隊を含めないかわりに、外国に存在する自国の公館および軍隊を含めることになっている。

それでは、国内総生産の「総」にはなにか意味があるのだろうか。図7－1の例で、農業、製粉業、製パン業が生産活動をおこなう場合には、なんらかの機械をつかうはずである。そして、機械をつかえば磨耗や損傷などがおこって価値が減ずるはずである。この分を金額評価した額を**固定資本減耗**という。生産にともなって減価する分を差し引かなければ、純粋に生産した額にはならない。すなわち、つぎのような調整が必要になる。

　　　　国内純生産（NDP）＝国内総生産－固定資本減耗　……………（4）

もう一つ、「国民」という概念があって、これは当該国の**居住者**という立場からの概念である。ここで居住者とは国内に所在する企業、政府、個人などをいう。ただし、居住者としての個人とは主として上に定義した「国内領土」に6ヶ月以上居住しているすべての個人（国籍を問わない）をいう。

このとき、日本の居住者がえている所得は国内で発生した所得だけではなくなってくる。外国の債券をもっていれば、利子収入がはいってくる。外国

のゴルフトーナメントに参加して賞金を稼いでくる人がいる。逆に、海外の企業が日本にある企業の株式をもっていれば、日本国内であがった付加価値から配当を払わなければならない。日本のプロスポーツで稼いで自国に帰る外国人はたくさんおり、これもまた、日本国内であげた付加価値から支払われる。

このように、居住者を基準にしてとらえたものが「国民ベース」であって、「国内ベース」のものとはちがうことになり、この相違を表現するとすれば、つぎのようになる。

　　　国民総所得（GNI）＝国内総所得（GDI）＋海外からの所得（の受取り）
　　　　　　　　　　　　－海外への所得（の支払い）……………… (5)

また、国民ベースでも、つぎのような**三面等価の原則**が成り立つ。

　　　国民総所得（GNI）＝国民総生産（GNP）＝国民総支出（GNE）

上で、日本に存在する外国の公館等は「国内領土」ではない、といったが、ここで働く日本人スタッフは日本の「居住者」である。彼らがえた所得は外国（外国公館等）にたいするサービス提供の見かえりなのだから、「海外からの所得の受け取り」としてあつかわれることになる。

国民所得という概念もよくつかわれるので説明したい。まず、つぎのような関係が成立する。

　　　国民純生産（NNP）＝国民総生産（GNP）－固定資本減耗
　　　　　　　　　　　　＝国内純生産（NDP）＋海外からの所得
　　　　　　　　　　　　－海外への所得 ……………………… (6)

ここでのNNPは「**市場価格表示の国民所得（NI）**」といわれるものと等しい。そして、

　　　要素費用表示の国民所得（NI）＝市場価格表示の国民所得（NI）
　　　　　　　　　　　　－（生産・輸入品に課される税
　　　　　　　　　　　　－補助金） ……………………… (7)

という関係になる。ことわりなしに国民所得といえば、通常、要素費用表示の国民所得のことをいう。また、国民所得は

　　　国民所得＝雇用者報酬＋財産所得（非企業部門）＋企業所得

図7-2 国民経済計算の構造

という内容からなり、生産要素提供者の受取り所得面からとらえた、という意味が「要素費用表示」ということばにこめられている。なお、企業が受け取った財産所得は企業所得にふくまれる。

以上、説明してきた「国民経済計算」の基本的構造について整理したものが図7-2に示してあるので確認されたい。なお、経済学の教科書では、国内総生産の代わりに国民所得を使って一国の経済活動を説明することがあるが、海外との所得の受払い、税と補助金、また固定資本減耗がない場合に両者は一致することがわかる。図7-1の例では固定資本減耗がない場合がこれにあたる。

7.4 日本の姿をデータで見ると

さて、以上説明してきた概念にもとづいて、日本経済を「国民経済計算」という形で推計された結果が公表されている。なお、平成13年版の「国民経済計算」以降、概念の改定にともなって、項目のよび方が変わったところがあるので、データを見るときは注意を要する。

表7-2は2005年における実際の日本経済をとらえた基本的な数値を示したものである。まず、表の左側には国内総生産とその分配の姿が示してある。

表7-2 国民経済計算による日本の姿（2005年） （単位：兆円）

雇用者報酬	258.8	民間最終消費支出	286.6
営業余剰・混合所得	95.9	政府最終消費支出	90.7
固定資本減耗	104.8	国内総固定資本形成	116.0
生産・輸入品に課される税	42.4	在庫品増加	1.2
（控除）補助金	3.7	財貨・サービス輸出	71.9
統計上の不突合	3.3	（控除）財貨・サービス輸入	65.0
国内総生産	501.4	国内総支出	501.4
海外からの所得	17.6	国民所得（要素費用表示）	366.4
（控除）海外に対する所得	5.8	国民所得（市場価格表示）	405.1
国民総所得	513.3		

資料）2007年版国民経済計算年報。

　ここで、「雇用者報酬」（平成12年版以前では「雇用者所得」）とは労働を提供した雇用者への分配額（賃金・俸給、雇い主の社会保険負担など）である。「営業余剰・混合所得」（平成12年版以前では「営業余剰」）は企業等の利益などであり、このうち「混合所得」とは個人企業の取り分である。「固定資本減耗」についてはすでに説明した。

　「生産・輸入品に課される税」（平成12年版以前では「間接税」）とは、消費税、関税、酒税、印紙税、事業税などからなり、所得や富に課される経常税（雇用者報酬や経常余剰・混合所得から支払われる）はここには含めない。そして、「生産・輸入品に課される税」も、生産活動によって発生する付加価値から支払われるものである。また、補助金は、企業の経常費用をまかなうために企業に交付されるもので、「生産・輸入品に課される税」とはまったく逆の効果をもつので、控除項目としてあつかっている。

　下段には「海外からの所得」と控除項目である「海外に対する所得」が示され、その調整の結果として国民総所得が掲載されている。日本の場合、「海外からの所得」のほうがかなり多いため、国民総所得は、国内総生産よりも11.9兆円ほど多くなっている。

　次に、表の右側に示してある国内総支出であるが、これは額として国内総生産とおなじになる点については説明した。その中身は、産業連関表の最終

需要と見合っている。表7-1の例はたいへん単純なものであったので、消費しかあらわれなかったが、実際にはここに示されるようにいくつかの項目からなっている。

まず、民間最終消費支出は表7-1の消費にあたるものである。政府最終消費支出は、一般政府の経常的支出で、道路建設等の投資的支出は含まれない。国内総固定資本形成は企業、一般政府、個人などの主体が新規に購入した有形または無形の資産の額である。

在庫品増加もまた需要（支出）を意味する。たとえば、販売業者が在庫を増やしたとすれば、生産業者はその分余計に売れることになる。生産業者が自らの生産物の在庫を増やしたとしても、これも一種の需要（支出）だと考えるわけである。売れ残った結果として在庫が増えたとしても、同じようにあつかう。在庫が減った場合にはマイナスのあつかいになる。このようなあつかい方をすることで、生産＝支出が成り立つことになるのは理解できよう。

なお、在庫品増加には、本来原材料としてつかわれる分もふくまれる。たとえば、鉄鋼産業が自動車産業に100億円分の鉄鋼を売ったとしても、90億円分だけが原材料として使ったならば、産業連関表では、中間需要として90億円が、最終需要の在庫品増加として10億円が記入されることになる。

「財貨・サービスの輸出」は海外からの国内生産物にたいする需要であるので、需要項目の1つになる。「財貨・サービスの輸入」は輸出とはまったく逆で、国内にたいする供給増加を意味するから、控除項目になる。

国内総生産の項目のなかで、「統計的不突合」というのが表示されているが、この説明はまだすんでいない。国内総生産あるいは国内総所得と国内総支出は概念上等しいのだが、統計を作るときは、別々に推計するために、推計上の誤差が生ずる。ところが、論理的には一致するはずのものであるから、統計的にも同額にするために、「統計的不突合」という項目を設けたものである。

表の右側の下段には要素費用表示と市場価格表示の国民所得の数値が載っている。国内総生産あるいは国民総所得と比べて、どの程度の数値なのか覚えておくと便利なときがある。

7.5 経済成長と景気

これで、国民経済計算の基本的説明はすんだが、このデータはさまざまな経済分析につかわれている。まず、経済は拡大しているのか、縮小しているのかの判断には絶対に欠かせないものである。その、主たる指標になるのが、国内総生産（GDP）である。そして、$\Delta GDP/GDP$ が**経済成長率**である。しかし、GDPは金額で推計されるものなのだから、物価が変動すれば、生産活動の水準がなんら変わらなくてもGDPは増えたり、減ったりしてしまう。そこで、物価の変動を調整する必要がでてくる。

2005年の日本のGDPは501.4兆円である。そして2004年のGDPは498.3兆円である。このままで計算すると、この間GDPは0.6％増えたことになる。これを**名目成長率**という。現実には、2004年から2005年にかけて物価（GDPデフレーターともいう）が1.3％下がっている。2004年の物価を1とすれば、2005年の物価は0.987となる。この値で2005年のGDPを除すと、508.0兆円となる。これが、2004年基準（物価を1とした基準年を2004年にしたという意味）の**実質国内総生産**（GDP）である。そして、2004年のGDPで除すと、こんどは1.9％の増加になる。これが実質経済成長率であり、ことわりなく経済成長率とえば、実質経済成長率のことである。

「国民経済計算」では実質ベースの数値も公表されている。それは、2000年基準というように、特定の年を基準（基準年の物価を1とする）とした実質値である。そして、その基準年が5年ごとに変更になり、2000年基準の国内総生産（実質）という形で公表される。

さて、ここで、日本の長期的な経済成長率の変化を見よう。1959年から2005年までについて、この推移を示したのが、図7-3である。これによると、日本の経済成長率は2段階で低下してきたのがよくわかる。すなわち、1959年から1973年（この年の秋に石油ショックがおきる）の平均経済成長率は9.7％である。この時期を**高度成長期**（期間のとりかたは人によって多少ちがう）とよぶ。また、1974年から1991年までの平均経済成長率は3.8％で

図7-3 実質GDP成長率（暦年）

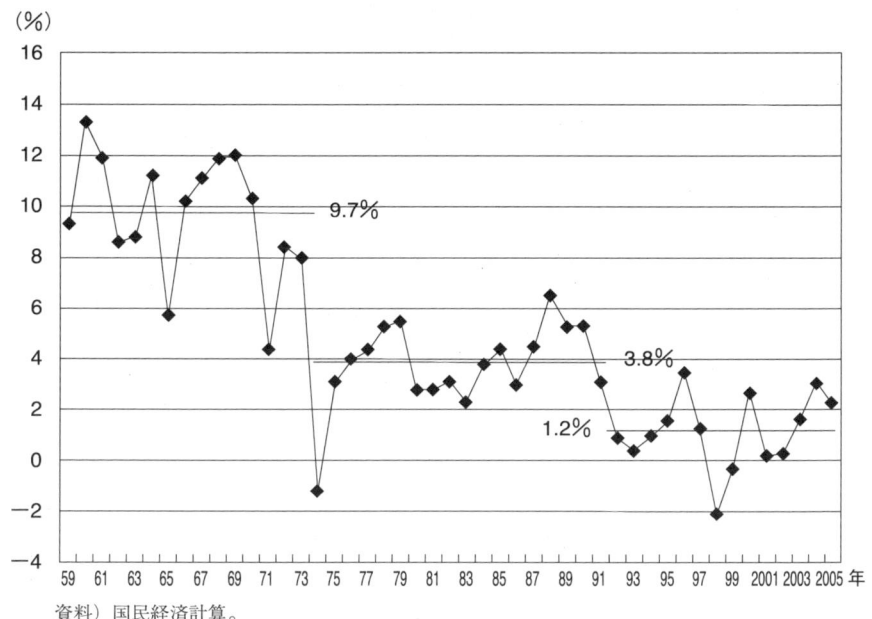

資料）国民経済計算。

ある。ところが、バブル経済崩壊後の1992年から2005年までの平均経済成長率は1.2%まで下がってしまうのである。この期間が日本経済の長期停滞期であり、この状況はいつまでつづくかは予想ができない。

　もう1つ、図7-3で気がつくのは、経済成長率は安定しているのではなく、かなり激しく変動していることである。1992年以降の長期停滞期においてさえ、経済成長率が比較的高い時期が3度ある。これが**景気循環**である。もっとも、好況期と不況期の判定にはもっと多様な指標が使われるのだが、判定結果は経済成長率の動きとそうちがうわけではない。そして、経済成長率が下がると、失業率が高まるなどの不都合が顕在化してしまう。

　このとき、政府は**景気対策**をせまられる。これには、まず不況の原因をはっきりさせなければならない。そのためには、国民経済計算の詳細なデータが役に立つのである。表7-2の数値はその一つである。そして、生産水準

を政策的に動かす手段については、8章であつかうことになる。

7.6 産業連関分析（その1）

表7-1では、農業、製粉業、製パン業という3部門からなる仮設例としての産業連関表を提示した。現実には、数百部門からなる**産業連関表**が作成され公表されている。国民経済計算では、産業間の詳細な取引が見えない（大まかな産業間取引については公表されている）。一方、産業連関表の構造からすぐ理解できるように、たいへん細かく細分化された産業間の取引、各産業に対する最終需要とその内容、産業ごとの付加価値とその分配の内容が明快にわかるようになっている。

このように、産業連関表は、国民経済計算よりも一国経済に関するはるかに詳細な情報がえられるのだが、それだけ推計がたいへんである。そのためもあって、国民経済計算は四半期ごとに推計値が公表されるが、産業連関表は5年に一度の推計である。これだけ詳細で貴重な情報を提供してくれる産業連関表の見方、使い方を知っておくのは、たいへん重要なことである。

産業連関表の使い方について説明するのだが、それを何百部門からなる産業連関表でおこなったのでは複雑かつわかりにくくなるので、もっとも簡単な二部門の産業連関表（表7-3）を例にして解説することにする。これで基本がわかれば、部門数が増えていっても、同じように考えることができる。

さて、表7-3の産業連関表の数値は金額ベースのものである。金額は価格×数量であるからそのようなかたちで記号で表現しなおしてみよう。すると表7-4のようになる。この表から横の関係を式で表すとつぎのようになる。

$$p_1 x_{11} + p_1 x_{12} + p_1 f_1 = p_1 x_1$$
$$p_2 x_{21} + p_2 x_{22} + p_2 f_2 = p_2 x_2 \cdots\cdots\cdots\cdots\cdots\cdots\cdots\cdots (8)$$

(8)式のいずれも、両辺に p_1 あるいは p_2 という同じ価格が乗じられているから、消去することができる。すると、

$$x_{11} + x_{12} + f_1 = x_1$$

表7-3　2部門の産業連関表

	産業1	産業2	最終需要	産出高
産業1	5	8	12	25
産業2	10	12	18	40
付加価値	10	20		
産出高	25	40		

表7-4　記号で表現した産業連関表

	産業1	産業2	最終需要	産出高
産業1	$p_1 x_{11}$	$p_1 x_{12}$	$p_1 f_1$	$p_1 x_1$
産業2	$p_2 x_{21}$	$p_2 x_{22}$	$p_2 f_2$	$p_2 x_2$
付加価値	V_1	V_2		
産出高	$p_1 x_1$	$p_2 x_2$		

$$x_{21}+x_{22}+f_2 = x_2 \cdots\cdots\cdots\cdots\cdots\cdots\cdots\cdots (9)$$

という関係になる。ここで、p_1 あるいは p_2 は1であるとすれば、表7-3の産業連関表の数値は数量ベースのものと考えることができる。以下これを前提に話をすすめる。

次に、$a_{ij} = x_{ij}/x_j$ を定義しよう。具体的には $a_{11} = x_{11}/x_1$、$a_{12} = x_{12}/x_2$、$a_{21} = x_{21}/x_1$、$a_{22} = x_{22}/x_2$ となり、これを**投入係数**（a_{ij}）とよぶ。たとえば、a_{12} は産業2が生産物を一単位生産するのに、産業1の生産物を何単位投入するかを意味している。そして、表7-3の産業連関表から投入係数をもとめるとつぎのようになる。

$$\begin{bmatrix} a_{11} & a_{12} \\ a_{21} & a_{22} \end{bmatrix} = \begin{bmatrix} 0.2 & 0.2 \\ 0.4 & 0.3 \end{bmatrix} \cdots\cdots\cdots\cdots\cdots\cdots (10)$$

ここで、(9) 式を a_{ij} をつかって書きなおしてみよう。すると

$$a_{11}x_1 + a_{12}x_2 + f_1 = x_1$$
$$a_{21}x_1 + a_{22}x_2 + f_2 = x_2 \cdots\cdots\cdots\cdots\cdots\cdots (11)$$

となる、さらにこれを整理すると、つぎのようになる。

$$(1-a_{11})x_1 - a_{12}x_2 = f_1$$
$$-a_{21}x_1 + (1-a_{22})x_2 = f_2 \quad\cdots\cdots\cdots\cdots\cdots\cdots\cdots\cdots\cdots\cdots\cdots (12)$$

これは、x_1 と x_2 を変数とした連立 2 元 1 次方程式だから、f_1、f_2 について簡単に解くことができるはずである。この結果がつぎのように表される。

$$x_1 = b_{11}f_1 + b_{12}f_2$$
$$x_2 = b_{21}f_1 + b_{22}f_2 \quad\cdots\cdots\cdots\cdots\cdots\cdots\cdots\cdots\cdots\cdots\cdots (13)$$

(13) 式の b_{ij} を (10) 式の投入係数をつかって解いた結果で表すと、つぎのようになる。

$$\begin{bmatrix} b_{11} & b_{12} \\ b_{21} & b_{22} \end{bmatrix} = \begin{bmatrix} 1.46 & 0.42 \\ 0.83 & 1.67 \end{bmatrix} \quad\cdots\cdots\cdots\cdots\cdots\cdots\cdots\cdots\cdots (14)$$

これを、**行列乗数**と呼んでいる。

この行列乗数がわかると、いろいろな情報をえることができる。たとえば、携帯電話の技術革新がおこり、携帯電話にたいする需要が急増したとする（他の需要は不変とする）。これは電気産業にたいする需要になり、電気産業は産業 2 にふくまれているとしよう。そして、携帯電話に対する最終需要 f_2 が 1 だけ増えたとすれば、産業 1 および産業 2 の産出高がどれほど増えるかは、(13) 式と行列乗数 (14) をつかって計算することができる。すなわち、$f_1 = 0$、$f_2 = 1$ として計算すればよい。

結果は、産業 1 の産出は0.42増え、産業 2 の産出高は1.67増えることになる。産業 2 にたいする需要は 1 だけしか増えてないのに、産業 1 の産出高まで増えるのは、表 7 - 3 を見ればわかるように、産業 1 から産業 2 に投入がおこなわれているからである。そして、産業 1 の産出高が増えれば、産業 2 から産業 1 への投入を通じて、さらに産業 2 の産出高が増えることになる。この波及過程を通じて、最終的に増えることになった産出高が、産業 1 が0.42、産業 2 が1.67なのである。

これは、どんなに部門数が増えても、計算のやり方はおなじである。そして、行列乗数の値については公表されているから、これをパソコンにインプットしておけば、どの産業のどの最終需要項目が増えた場合でも、各産業に及ぼす効果を即座に計算ができるのである。

7.7 産業連関分析（その2）

つぎに、表7-4の産業連関表を縦に見て定式化してみよう。このとき、つぎのようになる。

$$p_1 x_{11} + p_2 x_{21} + V_1 = p_1 x_1$$
$$p_1 x_{12} + p_2 x_{22} + V_2 = p_2 x_2 \quad \cdots\cdots\cdots (15)$$

ここで、(15)式の上の式を x_1 で、下の式を x_2 で除し、$v_1 = V_1/x_1$、$v_2 = V_2/x_2$ とし、該当するところに投入係数 a_{ij} を代入し、両産業の価格 p_1、p_2 について整理すると、

$$(1-a_{11})p_1 - a_{21}p_2 = v_1$$
$$-a_{12}p_1 + (1-a_{22})p_2 = v_2 \quad \cdots\cdots\cdots (16)$$

となる。ここで、v_1、v_2 は産業1、産業2の産出量1単位当たりの付加価値、すなわち**付加価値率**であり、図7-1までもどってみれば、その意味がはっきりしよう。これを与えられた数値とすれば、p_1、p_2 について解くことができる。その解はつぎのようになる。

$$p_1 = b_{11} v_1 + b_{21} v_2$$
$$p_2 = b_{12} v_1 + b_{22} v_2 \quad \cdots\cdots\cdots (17)$$

ここで、前節の(13)式の係数とくらべてみればわかるように、b_{12} と b_{21} の位置が変わっているだけで、あとは b_{ij} の数値はおなじになるのである。ここでも、前節の行列乗数の数値がつかえることになる。

表7-3の産業連関表では、v_1 は0.4、v_2 は0.5である。この数値と行列乗数の数値をつかって計算すれば、p_1 および p_2 はそれぞれ1（誤差はあるが）になることが確認できよう。とにかく、p_1 および p_2 は1であるとして投入係数を計算したのだからこの結果は当然である。ここで、v_1 が0.4から0.3に下がったとしよう。このとき、(17)式をつかって計算すると、p_1 は0.85に、p_2 は0.96に下がる結果をえる。

これは、どういう意味をもつのだろう。ここで、もう一度付加価値（国内総生産あるいは国内総所得）の内容（表7-2）を思い出してほしい。それ

は、「雇用者報酬」「営業余剰・混合所得」「固定資本減耗」「生産・輸入品に課される税－補助金」からなっている。これらは、生産コストを構成すると考えることができる。そして、それぞれの項目を産出量で除した値を加えたものが v である。だから、産出量単位当たり「雇用者報酬」を節約できれば、v が低下し、コスト（価格）が下がる。単位当たりの「生産・輸入品に課される税」が下がれば、v が低下し、コスト（価格）が下がる。単位当たりの「補助金」が増えれば、やはり v が低下する。「営業余剰・混合所得」についてもおなじように考えることができる。

そして、付加価値率 v が下がれば、価格が低下するのだが、それは当該産業の生産物価格だけではなく、他産業の生産物価格にも影響がおよぶ。この点については理解がえられるようになっていると思う。すなわち、産業1の生産物価格が下がれば、産業2はより安い財を中間財として利用できるのだからその分コスト（価格）がさがり、またその財をつかう産業1のコスト（価格）もさがるとの波及がつづくのである。

ここで、単位当たり雇用者報酬はつぎのように書くことができる。

雇用者報酬／産出量＝雇用者数×1人当たり賃金／産出量
$$= （雇用者数／産出量）×1人当たり賃金 \quad \cdots\cdots (18)$$

雇用者報酬／産出量は**労働生産性**（産出量／雇用者数）が高まるほど、1人当たり賃金が安くなるほど小さくなるのがわかる。経済成長の過程で生産の効率化がすすんだ（生産性が上昇した）。その過程で1人当たり賃金の上昇という形で、人々は経済成長の成果を享受できたのである。もちろん、労働生産性の上昇以上に1人当たり賃金が上昇すると、雇用者報酬／産出量が上昇し、産業ごとの生産物価格の集合である物価の上昇を引き起こす原因になってしまう。

営業余剰・混合所得／産出量の値は、競争条件によって変化する。競争がはたらかなければ多くの利益がえられるが、参入がおこなわれると超過利益が縮小してしまうことは、5章で説明した通りである。したがって、規制緩和等による競争条件の整備は、営業余剰・混合所得／産出量の値を下げることになって、物価を低下させるのである。また、競争の激化は、企業の効率

化の動機を高め、労働生産性の上昇を通じて、物価を下げるようにはたらくことになる。との筋道が理解できたことだろう。

練習問題

1. 表7-3の産業連関表を前提にしたとき、産業1にたいする最終需要が2増えたとき、産業1、産業2の産出高はいくら増えるか計算せよ。
2. また、産業2の付加価値率が0.5から0.4に下がったときに、産業1、産業2の価格である p_1、p_2 はどのような値になるか計算せよ。

第8章

貯蓄の理論と金融の役割

8.1 なぜ貯蓄をするのか

リスにクルミを与えてみよう。リスは大好物の餌を口いっぱいにほおばるが、それをすべて食べることはしない。一部は巣穴に持帰って、敷き藁の下にしまいこむ。からだの小さなリスは寒い冬を乗り切るために、栄養満点のクルミを大切に保存しなければならないことを本能的に知っているのだ。まったく同じように人間もまた働いて得たものを、すべて使ってしまうことはしない。むかし人や物の行き来が今ほど簡単でなかった時代には、雪国の秋は冬支度に追われていた。たわわになった柿の実を収穫して干し柿にしたり、大根や白菜を漬物にするのも雪深い農村の生活の知恵であった。また冬場に海が荒れて漁に出ることができない地域では、捕れた魚を干物にすることもおこなわれ、正月の縁起物の新巻鮭はその名残であろう。

やがて時代は移り変わり、地域間の交流が盛んになると、もはや雪国とて陸の孤島ではなくなった。冬になっても他地域からの商品の流入は途絶えることもなく、スーパーの店頭には真冬と言えども新鮮なイチゴやマグロの刺身が豊富に陳列されている。むかしの雪国の生活の知恵も、もはや食糧の貯蔵という本来の役割を思い出すことすら難しい。しかしながら季節のサイクルのみを前提に木の実を蓄えるリスとは異なり、人はこれ以外の目的でも物

を蓄える知恵を身につけてきた。数年に一度の飢饉に備えて米を備蓄する習慣もそのひとつかもしれない。またいつ起きるかわからない地震に備えて乾パンや飲料水を備蓄している自治体も多いであろう。

　このように物を蓄える習慣はリスと同様、人にとっても本能的なものかもしれない。やがて貨幣経済に移行した今日では、単に食糧などのモノを備蓄するのみならず、貯金をする習慣も広く観察される。子供の頃、10円玉や100円玉を貯金箱に入れた経験を持つ人も少なくないであろう。やがて小学生ともなればお年玉を貯金するという行動も見られ、小学館の「お年玉に関するアンケート」(2007年)によれば、小学生の31.7パーセントはお年玉を「すべて貯金する」と回答している。これは貯金する時点では将来の使途が未定という回答であることを勘案すると、きわめて興味深い結果である。貯金にはもともと具体的な目的など必要ないのかもしれない。

　金融広報中央委員会がおこなっている『家計の金融資産に関する世論調査』(2006年)によれば、3つまでの複数回答で貯蓄の目的を尋ねたところ

表8-1　家計があげた貯蓄の目的(複数回答)

順位	目的	割合(%)
1	病気や不時の災害のときに備えるため	67.4
2	老後の生活資金にあてるため	56.0
3	こどもの教育資金にあてるため	29.0
4	とくに目的はないが、貯蓄していれば安心なため	27.6
5	住宅(土地を含む)の取得または増改築などの資金にあてるため	16.0
6	旅行、レジャーの資金にあてるため	15.5
7	耐久消費財(自動車、家具、家電等)の購入資金にあてるため	13.0
8	こどもの結婚資金にあてるため	8.7
9	納税資金にあてるため	5.2
10	遺産として子孫に残してやりたいから	3.0
	その他	3.4

資料)『家計の金融資産に関する世論調査』*(2006年)より筆者作成。
注)　*2007年より『家計の金融行動に関する世論調査』に名称が変更。

表8-1のようになっている。1位は「病気や不時の災害のときに備えるため」で67.4パーセント、2位が「老後の生活資金にあてるため」で56.0パーセントであるが、この2つの合計だけですでに100パーセントを超えており、家計が必ずしも貯蓄の目的をひとつに限定していないことが窺われる。ちなみに各回答選択肢の割合の合計は244.8パーセントとなっており、各家計とも上限の3個もしくは2個の選択肢を貯蓄の目的として回答したことを示している。また選択肢の中には「とくに目的はないが、貯蓄していれば安心なため」という項目も設けられており、4分の1を超える27.6パーセントの家計がこれを選択している。

8.2 貯蓄の理論

8.2.1 現在財と将来財

　経済学の歴史を振り返ると、貯蓄の理論は常に消費の理論の影に隠れていたといっても過言ではない。これはそもそも経済学では、

$$貯蓄＝所得－消費$$

で定義されており、所得に対する消費の割合が決定されれば、貯蓄は残余として自動的に決定されるからにほかならない。このような中で、貯蓄を決定する理論としてよく知られているのが、**現在財**と**将来財**の配分に注目したアービング・フィッシャーの貯蓄理論である。3章では家計消費における複数の財の選択を表現する図式として、消費の無差別曲線を取り上げた。そこでは現在の所得を与えられたものとして、これを2つの財に配分する理論を説明した。フィッシャーはこの2つの財を現在財と将来財という抽象概念に置き換えて貯蓄を説明しようとしたのである。

　図8-1がフィッシャーによる貯蓄の決定図式である。この図の横軸には架空の現在財が、縦軸にはこれも架空の将来財が目盛られている。図中に描かれた曲線は**無差別曲線**であり、それぞれ同じ無差別曲線上の点は、家計にとって同じ好ましさをもつ。また右上にある（原点から遠い）無差別曲線上の点は、左下の（原点に近い）無差別曲線上の点よりも、家計にとってより

図8-1 現在財と将来財の選択

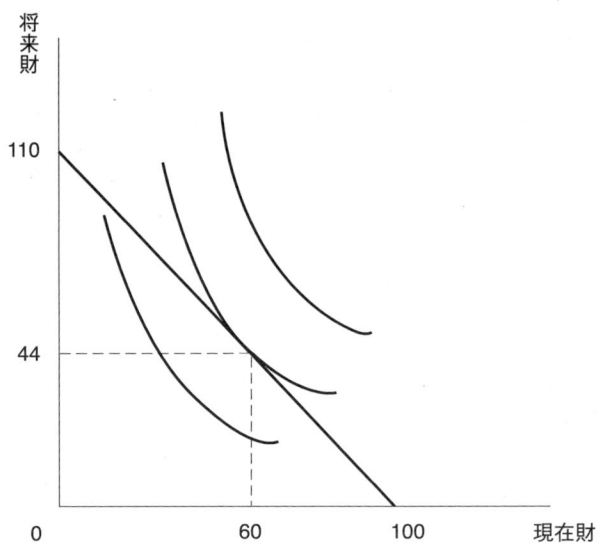

好ましい。一方で図中の直線は予算線である。この予算線の右下端の横軸座標は100であり、これはこの家計の現在（今年）の所得が100万円であることを示している。また予算線の左上端の縦軸座標は110であるが、これは現在の100万円を将来（この例では来年）に持ち越せば10パーセントの利子が加わって110万円になることを示している。言い換えれば、もし現在（つまり今年）の所得をすべて消費に充てるとすると、100万円分の買い物しかできないのに対して、もしこのお金をすべて将来（来年）の消費に回すとすると、110万円分の買い物ができることを示している。

いまこの図では予算線がもっとも右上の無差別曲線に接する点の横軸座標は60、縦軸座標は44である。これは現在100万円の手元資金をもっているこの家計にとって、もっとも好ましい資金の配分は現在（今年）60万円分の消費をし、将来（来年）44万円分の消費をすることであることを表している。ここで注目すべきことは利子率が10パーセントであり、将来（来年）に資金を持ち越せばより多くの消費ができるにもかかわらず、現在（今年）により

図8-2 ライフサイクル仮説

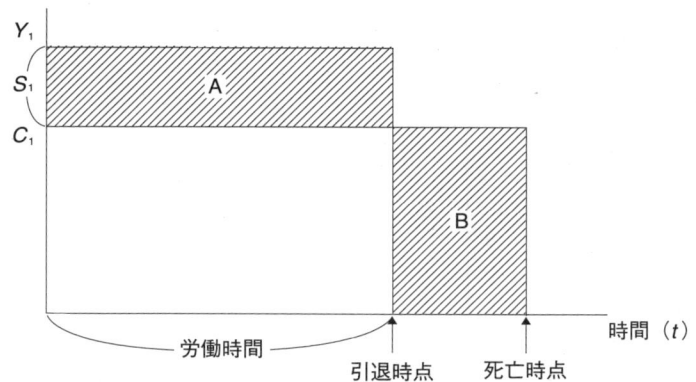

多くの消費をすることを選択していることである。これはこの家計が、将来のことよりも現在のことにより大きな比重をおいて行動した結果であり、このような行動を**時間選好**と呼ぶことがある。同じ予算制約の中でより多くの資金を現在財に配分することを時間選好率が高いと表現する。

8.2.2 ライフサイクル仮説

　貯蓄とは将来の消費であると考えられるが、人生には就職、結婚、退職といった大きな節目がいく度か訪れる。特に退職というのは、3章で述べたように消費が所得に依存するのならば、生活に大きな変化を与える出来事だといえる。大抵の人ならば退職して所得がなくなっても今までどおりの生活水準を維持したいと考えるであろう。これを貯蓄の大きな動機として理論化したのが、フランコ・モジリアニとリチャード・ブランバーグによる**ライフサイクル仮説**である。ライクサイクル仮説は図8-2（図中の Y_t、C_t、S_t は、それぞれ t 時点における所得、消費、貯蓄を示す）に示されているように、人生を労働期間と引退期間の2期間に分けて、引退の時点から死亡時までの消費（図のB部分）を過去の蓄積（図のA部分）でまかなおうというものである。つまりAとBの面積が等しくなるように人々は貯蓄をおこなうと考えている。もちろん人がいつ死ぬのかはわからないので、いくら貯蓄があ

図8-3 金融資産・負債で捉えたライフサイクル

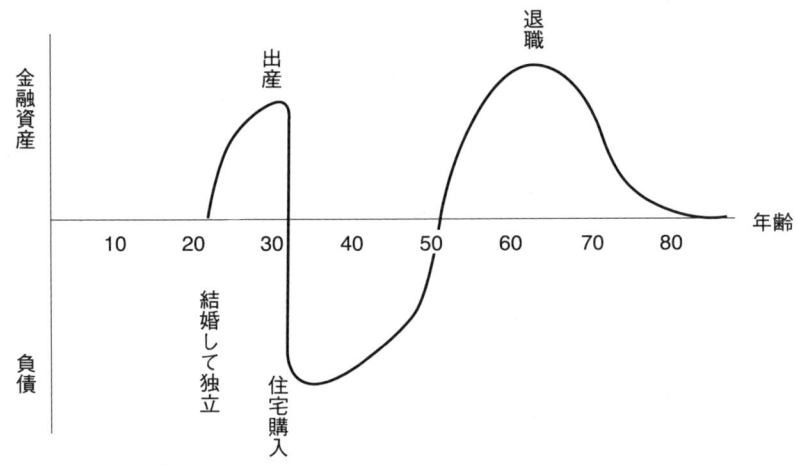

っても不足だと感じるのかもしれないが……。

このほかにも将来、病気や事故が起こるかもしれないという、まさかの事態に備える予備的貯蓄や、住宅や車を購入したいという目標貯蓄、子孫に遺産を残したいなどといった理由が貯蓄動機として考えられる。

8.2.3　家計の金融資産・負債残高

家計の貯蓄は自分の一生をどう設計するのかということと非常に密接に関わってくるので、最も実感として理解しやすい話題ともいえよう。前節のライフサイクル仮説では貯蓄という毎期のフローに注目していたが、今度は毎期の貯蓄の累積であるストックに注目してみよう。一般に人生で経験する出来事を金融資産と負債で模式的に捉えると図8-3のように表すことができる。親のもとで暮らしていた子供はやがて独立して家庭をもつ。結婚しても最初は夫婦共稼ぎで貯金をし、これを金融資産として積立てる。やがて子供が生まれると妻の就業機会が減少し、出費もかさんで貯蓄のペースは一気に落ちる。そればかりか広い生活空間を求めて住宅を購入する必要に迫られ、ローンで大きな負債を背負い込むことになる。30代、40代は消費を切り詰め

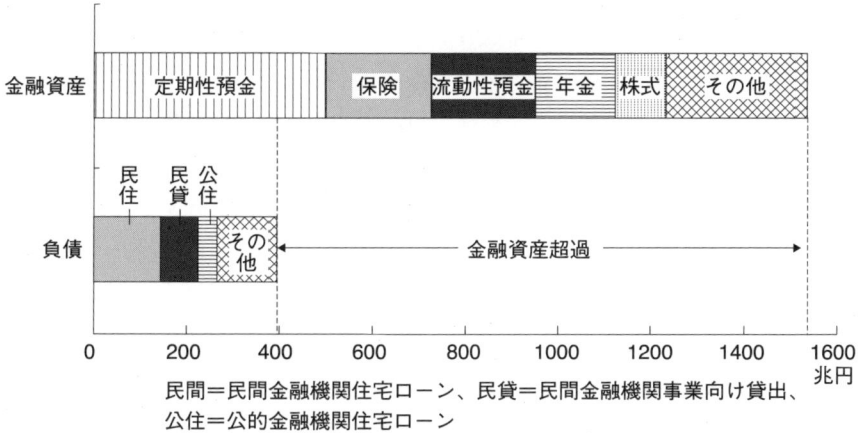

図8-4　家計の貸借対照表（2007年3月末）

民間＝民間金融機関住宅ローン、民貸＝民間金融機関事業向け貸出、
公住＝公的金融機関住宅ローン

出所）日本銀行「資金循環統計」より筆者作成。

てローンの返済に追われ、負債は徐々にではあるが減少していく。住宅ローンを完済して一息つく暇もなく、今度は老後の生活を心配するようになる。子供が独立し余裕が生まれる50代、60代はせっせと貯蓄をし、引退後は少しずつこの金融資産を食いつぶして一生を終える。

　これは1家計を例として取り上げた図であるが、このように個別の家計で見ると、住宅購入などにより負債超過となる時期もある。しかし、全期間を平均してみると金融資産超過である場合が多く、全国4000万家計を集計したマクロデータでみると家計は金融資産超過主体となっている。2007年3月末の**資金循環統計**において、家計の保有する金融資産合計は1533兆円となっており、負債の3.8倍にも達している。この内訳をみたのが図8-4で、これによると金融資産のうち32.5％を定期性預金で保有しており、低収益でも安全確実（ローリスク・ローリターン）な資産に人気がある様子がうかがえる。次いで病気・事故や老後への備えとなる保険、年金の割合が高くそれぞれ14.9％、11.3％となっている。さらに急にお金が必要になったときのために流動性の高い流動性預金が14.7％あり、高収益ではあるが危険も大きい（ハイリスク・ハイリターン）株式は7.1％程度となっている。

一方で負債の合計は395兆円に過ぎず、金融資産に比べればはるかに小さい。この両者の差が金融資産負債差額であり、金融資産が負債を上回る場合を金融資産超過、逆に負債が金融資産を上回る場合を負債超過とよぶ。家計の場合は1138兆円もの金融資産超過を抱える主体となっており、日本経済の資金供給を一手に担っている。負債項目の内訳は民間金融機関または公的金融機関からの貸出がほとんどで、特に住宅貸付が両者を合わせて47.3%を占め、家計の負債のおよそ半分が住宅投資に充てられていることがわかる。

8.2.4　公的年金のしくみ

すでに述べたように、人生にはある一定のライフサイクルがあり、とくに退職後の生活設計は重要な問題である。昔は老後といえば悠々自適な生活というイメージであったが、近年は様々な状況の変化によってこの引退後の生活に不安を抱く人が多くなってきた。その最大の問題は少子高齢化である。総務省によると2007年9月15日現在の65歳以上（高齢者）人口は2744万人で、総人口に占める割合は21.5%、また80歳以上人口は713万人にも達している。2006年の**簡易生命表**によれば、65歳の日本人の**平均余命**は男性が18.5年、女性が23.4年である。つまり仮に65歳で退職したとして、それから約20年は無職で生きてゆかねばならない。持ち家の夫婦が2人で1ヶ月の生活を20万円で賄うとしても、20万円×12ヶ月×20年=4800万円は必要となる。実際のところ家計調査によれば高齢者世帯の消費支出は月額20万円を大きく上回っているし、そうでなくてもより長生きをすれば、これにさらに上乗せしたお金が要ることになる。

ひと昔前には、高齢者の扶助は子供の義務と考えられていた時代もあるが、そもそも扶養世代の子供の数が減っているという問題もある。6章で学んだ合計特殊出生率は、1970年代初頭までは2を越えていたが、2006年には1.32にまで低下している。かつては複数の子供で2人の親を支えるのでそれほど負担ではなかったが、1人の子供で2人の親を支えるのは大きな負担となる可能性が高い。そうなるとこれを家計内の問題として放置するわけにもいかない。このような老後の不安を払拭するために、年金制度という仕組みがつ

図8-5 公的年金制度の体系

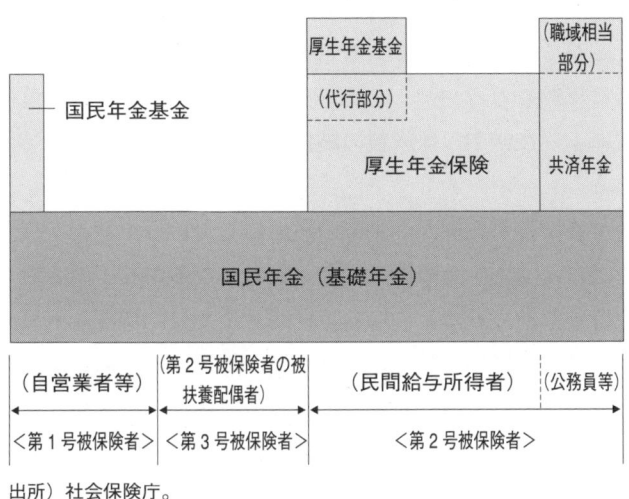

出所）社会保険庁。

くられている。大きくは国民全員が必ず加入しなければならない**公的年金**と、これを補うものとして各自の計画に合わせて自分の意思で加入する**私的年金**に分けられる。ここでは日本に住むすべての人に関わりのある公的年金のなかの、とくに**国民年金**について取り上げる。

日本の公的年金制度は、1985年の改正により全国民共通の基礎年金が導入され、厚生年金や共済年金はその上乗せとして報酬比例の年金を支給する制度に再編成された。現行では図8-5のように全国民に共通した国民年金（基礎年金）を土台に、さらにより豊かな老後を保障するものとして民間企業の給与所得者には**厚生年金保険**等、公務員には**共済年金**等が上乗せされる仕組みになっている。わかり易いように学生から出発して年齢を追って考えてみよう。まず就職していない人が20歳になると、学生であるか否かにかかわらず第１号被保険者となる。日本に住む全ての人が20歳から60歳になるまで国民年金に加入することになっており、その間国民年金の保険料を納めなければならない。具体的に考えやすいように数値を提示すると、社会保険庁の発表では2007年度の保険料額は１ヶ月14100円で（この金額は毎年度280円ずつ

引き上げられ、2017年度以降は16,900円に固定される予定となっている。)、20歳から40年間全期間納めた場合、65歳から月に66,008円の老齢基礎年金を受け取ることができるとされている(未納がある場合は減額、納期が25年に満たなければ支給されない)。ただし学生については保険料の負担が大きいので、申請により在学中の保険料の納付が猶予される学生納付特例制度が設けられている。

　学生生活が終わると、個人の就業の形態にしたがって状況が異なってくる。自営業者の場合は国民年金の第1号被保険者となるから、引き続き国民年金の保険料を自分で納めることになる。民間企業や公的機関などに勤めて厚生年金保険や共済組合に加入している場合は、国民年金の第2号被保険者となり、国民年金の保険料を自分で直接納めるのではなく、厚生年金保険や共済組合が加入者に代わって国民年金に必要な費用を負担する。第2号被保険者に扶養されている配偶者の場合も、厚生年金保険や共済組合が加入者に代わって国民年金に必要な費用を負担するので、国民年金の第3号被保険者と呼ばれ区別されている。

　単純に国民年金のみを考えると、保険料という形態で14,100円×12ヶ月×40年＝676万8000円を積み立てるということになる。ただしこれがそのまま自分に返ってくるわけではない。現行の老齢基礎年金をもとに計算して、もし20年間給付を受けるとすると、その総額は1584万円あまりとなり、積立額を大きく上回ることになる。この仕組みを理解するために、積立方式と賦課方式という年金制度の財政方式について説明しよう。**積立方式**は将来の年金給付に必要な原資を、あらかじめ保険料で積み立てていく財政方式であり、**賦課方式**はそのときに必要な年金給付の原資を、そのときの現役世代の保険料でまかなう財政方式である。どちらの方法にも、それぞれ長所と短所がある。積立方式の場合、加入者や受給者の年齢構成が将来見通しどおり推移する限り、高齢化が進んでも保険料は影響を受けない一方、保険料の運用収入を見込んで保険料を決めるため、金利の変動など経済的要因の影響を受けやすい。賦課方式の場合は、保険料率は基本的に年金受給者と現役加入者の比率によって決まるため、人口の高齢化が進むと保険料は影響を受けるものの、

積立金を保有していないため、金利の変動などの影響は受けない。現行の制度ではある程度の積立金を有し、積立方式の要素をもちつつも、国庫負担を加味した賦課方式を基本とした財政方式になっている。

いずれにしても、現行の国民年金制度における老齢基礎年金の支給額は、高齢者が自活するのに決して十分とは言えない。したがって自営業者であれば事業用資産の運用や売却で賄うか、国民年金を補完する国民年金基金にみずから加入することになる。一方で、給与所得者であれば厚生年金や共済年金による付加的な給付に頼ることになる。これらの年金の給付額は就業期間や、配偶者や子供の有無などによっても異なるし、職場や職域によっては厚生年金基金による加算を受けられる場合もある。これで不足する部分については、就業期間中に自助努力で貯蓄するなどしなければならないわけで、自分がどれほどの年金を受け取ることができるかを予めよく調べておこう。

8.3 企業の資金調達

企業はものを生産して利益を得る主体であることは4章に解説したが、ものをつくるためには土地や建物、機械といった資本設備がまず必要である。たとえば新たに航空会社を興したいと思ったら、当然飛行機や燃料が必要であるし、パイロットも雇わなければならない。これらを入手するための資金を元々持っている人は稀で、ほとんどの人はなんとか資金が余っている人から調達しなければならない。したがって企業は一般に多額の負債をかかえており、もし過去の利益の積立である内部留保（企業にとっての貯蓄）をもっていたとしても、負債が貯蓄を上回る**負債超過主体**となっているのがふつうである。この不足した資金を調達する方法としては金融機関からの借り入れや、債券または株式の発行が考えられる。

たとえば株式会社を新たに設立するときには、その設立資金を銀行借入によりまかなうことはできない。株式会社を設立するには、まず発起人がみずから出資し、もしくは出資者を募り、発行株式に対する払込を受けることになる。株式会社はこうして得た資本金を元手に、建物や機械といった資本設

備への投資を行い、また労働者を雇い入れて賃金を支払うことになる。出資に応じて株式を取得した者、もしくはこれを譲り受けた者は株主と呼ばれ、その企業にとって法的には所有者と位置付けられる。小さな企業では発起人が最大の株主となり、経営責任者である取締役を兼ねている場合が少なくない。しかしながら株式会社の本来の特徴は**所有**と**経営の分離**にあり、株主の意思決定機関である株主総会により選任された取締役が取締役会を構成し、代表取締役を選任して経営の責任者とするのが、より規模の大きな企業では一般的である。このように株主が株主総会で議決に参加し、取締役の選任といった意思決定に関与する権利を**共益権**と称する。また一方で株主は企業の利益を配当として受け取ったり、その解散にあたっては残余財産の分配にあずかることができ、このような権利を**自益権**と総称する。

　こうして株式会社が設立され、経営も軌道に乗ってくると、より多くの資金を調達し事業を拡大したいと考えるだろう。この場合に、もっとも簡便な方法は利益の一部を配当せずに**内部留保**とし、これを事業拡大資金に当てる方法である。もしこの方法で株価を引き上げることができれば、株式分割により発行済み株式数を増加させ、その一部を新たな株主に売却することにより、設立時に出資者としてのリスクを冒した株主は、創業者としての利益（創業者利得）を手にすることができる。しかしながら内部留保の累積を待たずに事業を拡大するためには、別の手段を考えなければならない。その第一の方法は当初の出資者に新たな資金の拠出を仰ぐか、もしくは新規の株主を募って追加的に株式を発行する方法で、新株の発行と呼ばれる。

　第2の方法としては会社が債券を発行して資金調達をすることもでき、社債の発行とよばれる。株主への配当が利益の分配としての性質を有するのに対し、債券の保有者に対しては利益の多寡にかかわらず利子が支払われる。また株主が会社の所有者であり、経営に参画する権利を持つのに対し、債券の保有者はこの権利をもたない。したがってもし創業者が経営権の保持にあくまでこだわる場合には、新株の発行に代えて社債の発行を選択するだろう。また一方で事業拡大のリスクを軽減し、固定的な利子の支払をきらうなら、株式による資金の調達が選択されることになる。社債には純粋に債券として

の性質を有する普通社債のほかに、新株予約権付社債もあり、とくに社債券の償還資金をもって新株払込金に代える場合には、株式と社債の双方の特徴をそなえる。このような新株予約権付社債は、株価上昇時にはこれにつれて値上がりし、株価下落時には同じ条件の普通社債と同様の価格で取引される。

　第3の資金調達方法である銀行借入は、社債の発行と同様に固定的な利子の支払義務を発生させるが、手続が面倒な社債の発行に比べて機動的に資金を調達できるのが特徴である。一方で銀行は資金の貸出に際して種々の条件を付し、また万が一にも利払いや元本の返済が滞った場合には、会社の経営に介入する場合も多く、株主による経営の自由を損なう場合も少なくない。しかしながら銀行借入は比較的短期の資金調達が可能であること、小企業にも手軽な資金調達方法であることから、証券市場が発達した現在でも、企業にとって主要な資金調達手段であることにかわりがない。なお一定規模以上の企業では銀行借入に代わる短期の資金調達手段として、短期の社債ともいえるコマーシャル・ペーパー（**CP**）も広く利用されている。

8.4　銀行の役割と金融市場

8.4.1　銀行の業務

　すでに述べたように、金融資産超過主体である家計と負債超過主体である企業の間をうまく取り持つ役割を担うのが銀行である。**銀行**とは本来は株式会社として組織され、預金の受入れ業務を行う金融機関を指し示す用語であるが、同じ役割を果たしている信用金庫や信用組合など組合金融機関も同様に考えることができる。銀行の基本的な機能として貯蓄手段の提供機能（預金の受入）、資金の供給機能（資金の運用）、資金決済機能（為替業務）の3つがあげられる。まず預金の受入であるが、これは他の金融業者には認められていない銀行固有の業務である。主な預金の種類としては、いつでも預入れと引出しが自由にでき、公共料金の自動引落しの機能などを付加した普通預金や、公共料金の引落しなどができないかわりに利率の高い貯蓄預金などがあり、これらは**流動性預金**とよばれている。また一定期間を事前に定めて、

この間は払い戻しをしないことを条件に、さらに利率を高く設定した定期預金もあり、この種の預金を**定期性預金**とよんで区別することがある。

預金は原則として他人に譲り渡すことが認められていないが、定期性預金の一種の譲渡性預金（CD）ではこれが認められており、大口顧客の資金運用に利用される。また銀行は資金が不足したときに、みずからCDを発行して他の金融機関や投資家に買い取ってもらうことにより資金調達手段としても利用している。この他の預金としては主として企業が利用している**当座預金**がある。銀行の承認を得て当座預金勘定を持つと、小切手や手形を振出す（発行する）ことができる。小切手は現金に代わる支払手段であり、小切手に金額を書き入れ、署名することにより振出すことができる。小切手を受け取った人はこれを銀行に持参し、銀行は振出人の当座預金勘定からこれを支払うことになる。手形には主として**海外との取引**にもちいられる（外国）**為替手形**（12章参照）と、国内で用いられる**約束手形**とがあるが、後者は支払期日を繰り延べできることを除けば小切手とよく似ている。

世の中では、毎日多数の小切手や手形が流通しており、その資金決済は銀行の**為替業務**として重要な役割を果たしている。手形はもちろん、小切手でも券面の右上に2本の線を引いた横線引小切手を受け取った場合には、原則として受取人の取引先の銀行に資金の取立をしてもらうことになる。したがって銀行間では多数の小切手や手形を受け渡す必要がある。これを組織化したのが**手形交換所**であり、東京手形交換所のような大規模なものから、銀行の応接室に集まって数人で行われるものまで、全国各地に数百が点在している。銀行の為替業務にはこの他にも**振込**がある。これは銀行の窓口や現金自動預け払い機（ATM）を利用して、第三者の銀行口座に一定金額を入金してもらう取引である。各銀行は全国銀行協会が運営する内国為替機構に参加しており、銀行間で振込の情報を交換し、当日の取引終了後に支払と受取の差額を清算する仕組みになっている。

ところで銀行は預金として集めた資金を、何らかの形で運用している。次章に述べるように一部の資金は**準備預金**として無利子で日本銀行に預金されるが、利子を支払って預金を集めている以上、これを運用しないわけにはい

かない。銀行のもっとも基本的な運用手段は貸出であり、手形の割引、手形貸付、証書貸付などの種類がある。手形の割引は期限到来前の手形を銀行が買い取ることにより、手形所持人に資金を融通するものである。この場合の手形は、商品の買取代金として発行された商業手形であり、商品の売主と買主の双方の署名があることから複名手形ともよばれる。手形貸付は主として短期の貸出に利用されており、資金の借主が支払の約束の証として手形を振出す。この手形には借主の署名しかないため単名手形とよばれる。証書貸付は比較的長期の貸出に利用されており、住宅ローンにみられるように、不動産などの担保がつけられることが特色である。

8.4.2 債券市場と株式市場

　銀行は、かならずしもすべての資金を貸出として運用しているわけではない。最近ではとくに国が発行する**債券**である国債を多く保有する傾向にある。国債は国が借金の証文として発行するものであり、**償還期間**（元本が返済されるまでの期間）に応じて、半年から1年の短期割引国債、2～5年の中期利付国債、20～30年の超長期利付国債などがあるが、代表的なものは期間10年の長期利付国債である。すでに全面電子決済に移行しているものの、もともと利付国債の証券は元本の返済を示す本体に、クーポンとよばれる小さな券片が多数附属していて、半年ごとにこのクーポンを切り離して持参することで、毎回一定の利息が支払われる。この利息と元本との比率は表面利率もしくはクーポンレートとよばれ、たんにクーポン××パーセントということもある。利息の支払額はすでに発行時に決まっているため、発行後に流通市場で国債が値下がりすれば、この利息と国債価格との比率である**利回り**は上昇し、国債が値上がりすれば利回りが下落するという性質をもつので注意が必要である。これを裏返してみれば利付国債のような**確定利付債**の場合、金利下降期には債券価格が上昇する一方、金利上昇期には債券価格は下落する。したがって満期を待たずに債券を売却する場合には、元本割れの危険があることを十分に認識する必要がある。ただし我が国の変動金利型個人向け国債のような**変動利付債**では、半年ごとに支払われる利息が市中の利回りに連動

して変化するため、債券価格が変動することはない。また**割引債**にはクーポンが付けられておらず、償還差益（発行価格と券面に表示された元本との差額）が利息に相当するものと考えられるが、この場合には確定利付債と同様に債券価格が市中金利を反映して変動する。近年では償還期間10年の変動金利型に加え、償還期間5年の固定金利型の個人向け国債も発行されており、個人が直接、国債を保有する機会も増加している。

　国債は銀行や郵便局の窓口でも販売されているが、株式を買うためには証券会社に行かねばならない。もちろん証券会社の窓口では国債以外にも地方自治体が発行する地方債や、企業が発行する社債も取引されている。債券の取引では、窓口となる証券会社や銀行が直接に投資家を相手に債券の売買に応じるが、株式では証券会社は顧客の注文を受けて**証券取引所**で売買を成立させる。したがって顧客は「××商事の株を550円で1,000株売りたい」とか「△△運輸の株を700円で3,000株買いたい」といったように注文を出すことになる。このように売買希望価格を顧客が指示する注文を**指値注文**というのに対し、「○○百貨店の株をいくらでもよいから2,000株売りたい」といった注文を**成行注文**とよんでいる。また株式購入資金を十分に持っていない人に、資金を貸し付けて株式を購入してもらう制度もあり、**信用取引**とよばれている。これは信用取引の買いであるが、信用取引には売りもあり、これを利用すると株式を借りて売却し、後日これを買い戻して返却することも可能である。一般に株式をまず買って、後日これを売却する場合には株価が値上がりしないと利益を得られないが、信用の売りを利用すれば、借りた株式をとりあえず高値で売却し、後日になって安値でこれを買い戻すことで、株価の下落時にも利益を得ることができる。信用取引は個人にとっては危険な賭けであるが、米国のヘッジファンドとよばれる組織は、このようなしくみを利用して多額の利益をあげていると言われている。

　ところで株価は毎日、刻一刻と変化している。しかも債券の価格は市場の金利を反映して銘柄にかかわらず同方向に動く性質があるのに対して、株価は株式を発行している企業の業績などを反映して銘柄ごとに値上がりするものもあれば、値下がりするものもある。したがって市場全体の値動きを示す

平均株価が上昇していても値下がりする銘柄がある反面、平均株価が下落していても値上がりする銘柄があるのが一般的である。また当然のことではあるが、企業が倒産すれば株価はゼロになる。したがって株式投資をする場合には、幅広い銘柄に投資するのが望ましい。しかしながら日本では単元株制度により株式の最小取引単位が定められていることもあって、個人が多数の銘柄に分散投資することは難しい。このような問題を解決してくれるのが株式投資信託である。株式投資信託では多数の投資家から資金を集めて、これをあらかじめ定められた範囲の銘柄に分散投資をすることでリスクを少なくすることができる。**投資信託**には株式投資信託のほかに債券や土地を投資対象とするものもある。我が国では証券会社の店頭で気軽に買えるMMFの人気が高いが、上述の米国のヘッジファンドなども投資信託の一種である。近年では、銀行の窓口でも一部の投資信託を販売するようになり、個人にとっても身近な投資対象となっている。

8.5 金融資産負債差額にみる各主体の特徴

以上みてきたように、本源的な**貯蓄超過主体**（資金の供給者）である家計は資産を預金や保険で運用し、家計から資金を預託された金融機関は資金需要者、とくに最大の**投資超過主体**となっている民間非金融法人企業に資金を融通している。このように経済全体を資金が流れていく様子は、図8-6のように表すことができる。

図8-6ではフローの概念で金融市場を捉えており、1年間と期間を区切ってみれば、家計のように投資より貯蓄が多い主体（貯蓄超過主体）と、企業のように貯蓄よりも投資が多い主体（投資超過主体）がある。家計は貯蓄超過分を金融資産として運用することで、資金を金融市場に供給し、企業は投資超過分を金融市場で調達し、これが負債となる。この際、家計が企業の発行する株式や債券などの本源的証券を直接に保有することを**直接金融**、銀行などを通して間接に保有することを**間接金融**と呼ぶ。いずれにしても、実物市場と金融市場は表裏一体の関係にあり、両者の接点となっているのが各

図8-6　資金循環の図

経済主体の**貯蓄投資差額**の状況である。これは金融取引の資金需給行動に対応していて、実物取引の貯蓄投資差額は金融取引の**資金過不足**に概念上一致する。実物取引で投資超過であることは金融取引からみれば資金不足といえるし、逆に実物取引で貯蓄超過が生じていることは金融取引からみれば資金余剰ということができる（図8-7参照）。

　これを過去の累積であるストックでみると、金融資産と負債の差額が**金融資産負債差額**となる。実物経済との関係を考える上で重要な金融資産負債差額にはどのような特徴があるのか、各主体の経済活動との関わりから見てみよう。金融資産負債差額の大きさは主体によって（1）金融資産より負債の方が大きい主体、（2）負債より金融資産の方が大きい主体、（3）金融資産と負債がつりあっていて差額がほぼゼロに近い主体の3通りに分けられる。一般に（1）の主体は資金の借り手つまり投資超過主体であり、逆に（2）は資金余剰が発生している主体つまり貯蓄超過主体であると見なすことができる。両者の中間にあたる（3）は一般的には資金の貸し手と借り手を仲介する主体であると考えられるが、投資と貯蓄のいずれをも同程度行う主体も含まれる。

　表8-2に日本銀行が作成した資金循環統計が示されている。表頭には金融機関、非金融法人企業（金融機関以外の企業）、一般政府（地方公共団体を含む）、家計、対家計民間非営利団体、海外といった経済主体（制度部門）がならんでいる。また表側には現金・預金、貸出、債券（投資信託等を含む）、株式、保険・年金準備金、対外債権債務（対外直接投資、証券投資など）、その他という金融取引項目が掲げられている。それぞれの主体の列が、貸借対照表となっており、右側の列が負債（資金調達）を、左側の列が資産（資金運用）を示している。資産合計から負債合計を差し引いた値が金融資

図8-7 貯蓄投資差額と資金過不足の関係

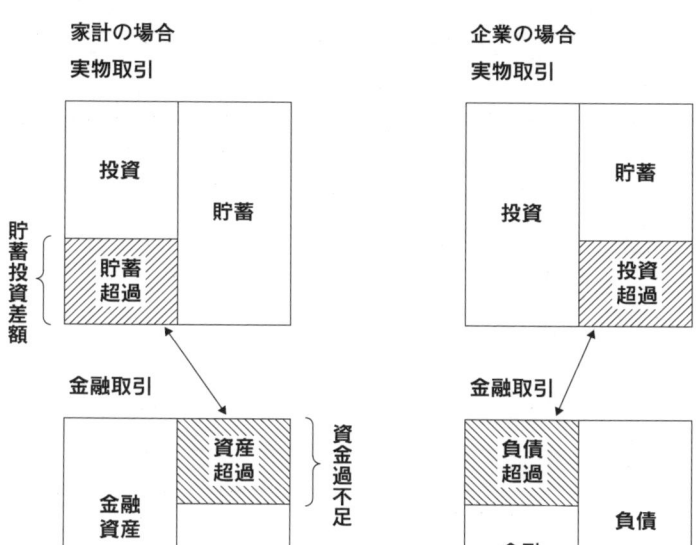

産負債差額として下から2行目の負債の列に記入されている。この数字がプラスの値であれば金融資産超過（貯蓄超過）、マイナスの値であれば負債超過（投資超過）である。

2007年3月末の資金循環統計における金融資産負債差額は図8-8のようになっている。ここで貯蓄超過主体に該当するのは家計でその金融資産超過額は1138兆円となっている。資産運用の内訳をみると現金・預金に50パーセント、次いで保険・年金準備金に26パーセント、残りを株式などで保有している。ちなみに保険・年金準備金は生命保険や企業ごとの厚生年金基金に積立てられた資金であり、公的年金は一般政府の金融資産負債差額に計上されている。投資超過主体として非金融法人企業、一般政府そして海外があげられ、それぞれの負債超過額は565兆円、433兆円、216兆円となっている。海外は日本の対外取引を計上するために特別に設けられた部門であり、この負

表 8-2　日本銀行発表の金融資産・負債残高表

2007年3月末

	金融機関		非金融法人企業		一般政府	
	資産(A)	負債(L)	資産(A)	負債(L)	資産(A)	負債(L)
現金・預金	1712546	12166951	2055824	0	460789	0
貸　出	13337171	4751681	464356	3951057	293978	1913372
債　券	7628472	2247343	127715	764645	1246027	7171749
株式・出資金	2383933	1828510	3103543	7929049	959536	169592
保険・年金準備金	0	4010783	0	0	0	0
対外債権債務	2193810	143158	1010958	41509	1206662	4460
その他	2379107	4002405	3363711	3090999	1061043	298578
金融資産負債差額	0	484208	0	−5651152	0	−4329716
合　計	29635039	29635039	10126107	10126107	5228035	5228035

出所）『資金循環統計』より筆者作成。

債超過額は我が国の対外資産にほかならない。最大の投資超過主体である非金融法人企業の資金調達の内訳をみると株式・出資金が50パーセント、借入（金融取引項目としては「貸出」）が25パーセントとなっている。それに次ぐ政府は、国債が75パーセント、借入（「貸出」）が20パーセントとなっている。差額がほぼゼロの主体には金融機関、対家計民間非営利団体がある。金融機関は資金を仲介する役割を担っており、資金の調達額と運用額がほぼ釣り合っている。対家計民間非営利団体には学校法人、社会福祉法人、宗教法人等特別の法律に基づいて設立された法人と家計に対する非営利性のサービスを提供する法人（民法上の社団法人、財団法人の一部）とが含まれているので、借金をしてまで投資をすることはないが利潤を追求しないので余剰資金がないという状況が観察される。

　表 8-2 を横方向に行を単位にみると、各金融取引項目ごとにどの主体が資金運用者で、どの部門が資金調達者であるかを知ることができる。たとえば債券の行で最大の負債を持っているのは一般政府であり、717兆円という

資金循環統計

単位：億円

家計 資産(A)	家計 負債(L)	対家計民間非営利団体 資産(A)	対家計民間非営利団体 負債(L)	海外 資産(A)	海外 負債(L)
7700416	0	224408	0	70741	57773
287	3267881	42221	169779	838457	922700
380339	0	211962	0	589222	0
1859042	0	1066	0	1620031	0
4010783	0	0	0	0	0
94995	0	0	0	189127	4482074
1287816	685904	19369	29013	219808	223955
0	11379893	0	300234	0	−2159116
15333678	15333678	499026	499026	3527386	3527386

負債の大部分を占めているのが国債で、残余は公募地方債などである。この債券を資産として運用している最大の主体は金融機関であり、一般政府の負債をもしのぐ762兆円あまりを保有している。国債は金融機関相互の取引や、日本銀行からの借入の担保として利用されることが多く、金融機関が積極的に購入するため、大量に発行されているにもかかわらず売れ残ることもない。一方で株式・出資金は、非金融法人企業や金融機関が資本調達のために利用しており、両者の負債項目の数字をみると、それぞれ793兆円と183兆円となっている。しかし同じ行の資産側の数字をみると、これも非金融法人企業が310兆円、金融機関が238兆円であり、この数字は家計の186兆円や海外の162兆円と比較してもはるかに大きい。つまり株式・出資金は企業間の持ち合いによる比率が高く、1500兆円を超える家計の資産の受け皿には必ずしもなっていないことがわかる。

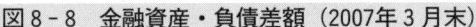

図 8-8　金融資産・負債差額（2007年3月末）

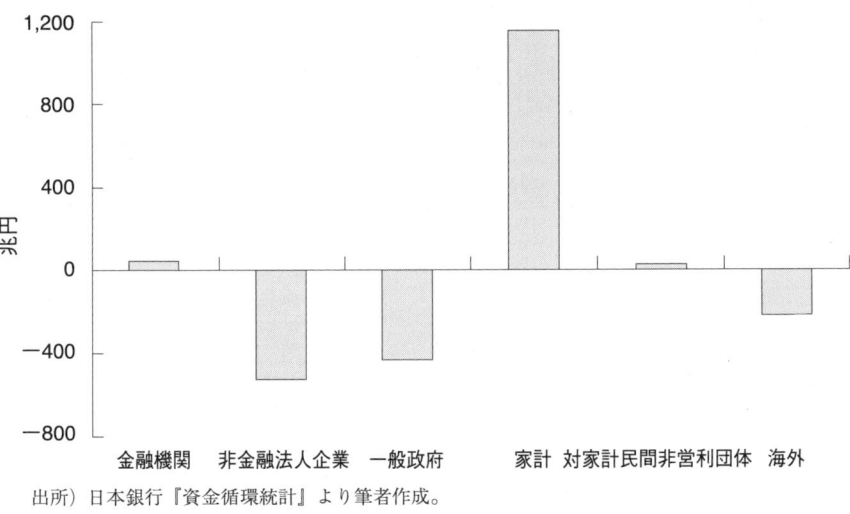

出所）日本銀行『資金循環統計』より筆者作成。

練習問題

1. 利子率3％（年利）で1000万円（元本）を借り、10年後に返済したとしよう。単利の場合と複利（1年複利）の場合では返済額（元本と利息）の合計はそれぞれいくらになるだろうか。ただし単利とは、元本のみが利息を生み出し、複利とは元本に加えて利息もまた利息を生み出すというものである。元本をB、利子率をr、借入れ期間をt年とした場合、返済額は単利は$B\times(1+rt)$で、複利は$B\times(1+r)^t$で計算できる。

2. 横軸に債券の売買価格を、縦軸に利回り（単利をパーセントで表示）をとり、以下の関係式から両者の関係をグラフにすると、どのような図が描けるだろうか。ただし、額面を100円、年間利払額を3円とし、償還までの残りの年数である残存期間は1年の場合と10年の場合の2通りを考えるものとする。

$$利回り = \frac{年間利払額 + \dfrac{額面 - 売買価格}{残存期間}}{売買価格} \times 100$$

第9章

物価と金融政策

9.1 物価の変動

　1980年当時、Aさんの初任給は10万円であった。それから30年後、息子のBさんは初任給18万円を受取ったとしよう。AさんとBさんの初任給を比べてこの30年で生活は豊かになったといえるだろうか？　所得が1.8倍になったのだから当然豊かになった……といえないのがここで取り上げる**物価**の問題である。仮にAさんもBさんも肉まんが大好きで、肉まんを食べられる量で豊かさをはかるとするとしよう。肉まんの価格が1980年から今日にかけて60円から120円と約2倍に値上がりしたとすると、初任給で食べられる肉まんの数はAさん1,666個に対して、Bさんは1,500個である。したがってその意味ではAさんの方が豊かであったということになる。このようにいくら所得が増えても、それ以上に物価が上昇してしまうと生活は豊かにならないのである。これは肉まん1財の単純な例であるが、世の中には実際のところ数え切れないくらいの財が存在し、それぞれ違った価格変動をしている。図9－1には親子丼の材料である米、鶏卵、鶏肉、たまねぎ、しょうゆ、それぞれの価格の推移が2005年を100として描かれている。項目をみないでどの線がどの財か当てられるだろうか？　すべての財が1965年当時に比べ値上がりしていることがわかる。特に1973年から74年にかけては、第4次中東戦争で

図9-1 価格の変動（2005年＝100）

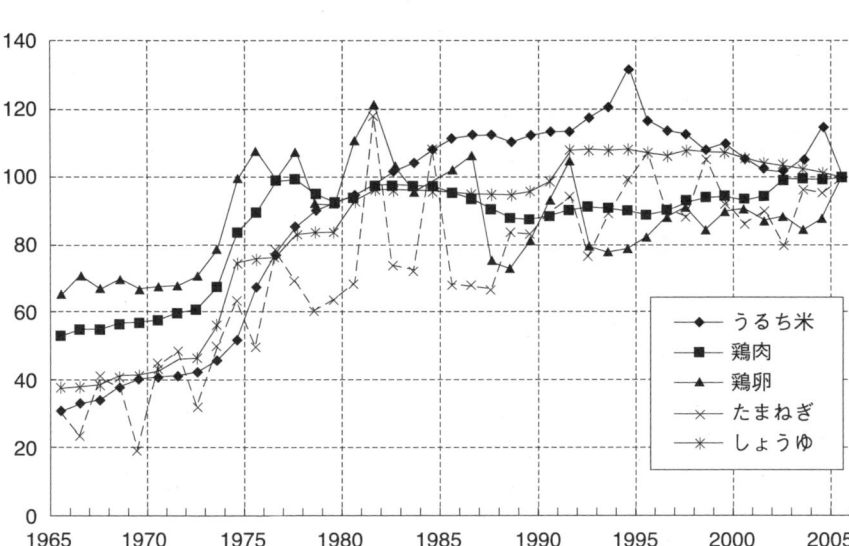

出所）総務省統計局「消費者物価指数」より筆者作成。

　原油の供給がとどこおった第1次石油危機の影響で、石油製品以外の財も極端に値上がりしている。米や鶏肉、しょうゆに比べて保存のきかない鶏卵とたまねぎの価格は、毎年の収穫高に応じて上下に大きく変動していることもわかる。

　一口に物価といっても財によって高くなったり安くなったり個々に別々の動きをする。そこで様々な財を集計して、平均的な物価変動の傾向をみられるように**物価指数**がつくられている。先の米、鶏卵などは、集計して食料品という分類でみることができる。図9-2には消費者が購入する様々な財を10費目に分類して、それぞれの費目に含まれる財ごとに価格を集計した物価指数の推移が描かれている。この物価指数がどのように作られるのかについては次節で解説しよう。

　今までみてきた価格は小売店が消費者に販売するときの小売価格であり、これを集計してつくった指数を**消費者物価指数**（CPI: Consumer Price Index）とよんでいる。この他に**企業物価指数**（CGPI: Corporate Goods

図9-2 物価指数の推移（10費目、2005年＝100）

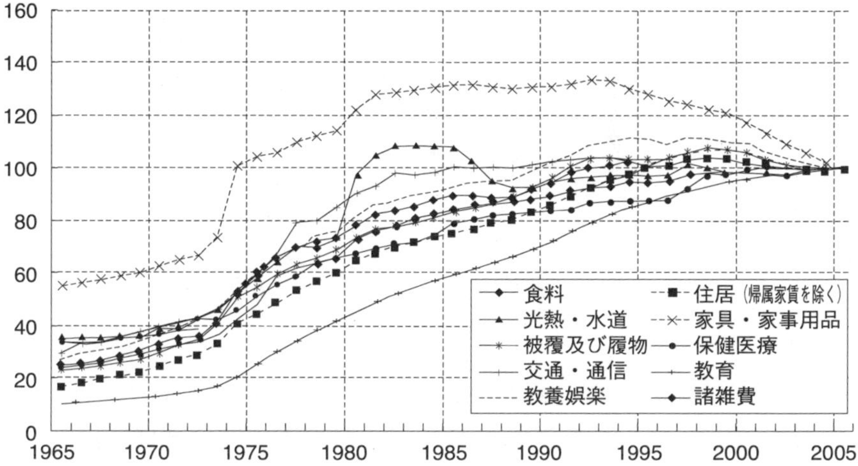

出所）総務省統計局「消費者物価指数」より筆者作成。

Price Index）があり、これは製品を出荷するときの生産者価格や卸売業者が小売店などに販売するときの卸売価格を集計して作成される（図9-3）。企業物価指数には小売店の利益に相当する小売マージンが含まれていないほか、生産のための原材料や機械など消費者が直接には購入しない財が含まれており、消費者物価指数とは動きが同じでないことに注意しよう。

9.2 物価指数の作り方

1つのバスケットの中におにぎり2個、りんご1個、缶ジュース2本、板チョコ3枚、タオル1枚を詰めて出かけるところを想像してみよう。去年このバスケットの中身を買い揃えるためにかかった金額は、表9-1の2列目にあるそれぞれの単価を用いて、$110 \times 2 + 130 \times 1 + 120 \times 2 + 100 \times 3 + 500 \times 1$ という数式により合計1,390円と計算される。

もしこれと全く同じ中身を今年も買い揃えるとしたら、金額はいくらになるだろうか。この1年で、おにぎりとりんごが値上がりし、板チョコとタオ

図9-3 価格と価格指数の関係

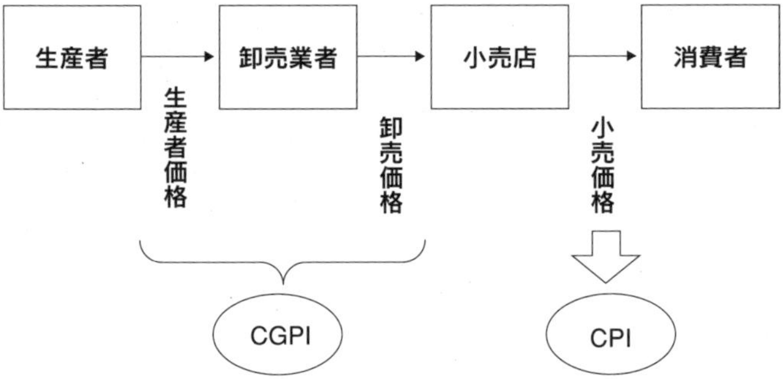

```
生産者 → 卸売業者 → 小売店 → 消費者
      生産者価格  卸売価格    小売価格
      ────────┬────────   ───┬───
              CGPI              CPI
```

ルが値下がりして、単価は表9-2の2列目のようになったとする。先ほどと同様にして、購入金額の合計は120×2＋140×1＋120×2＋90×3＋480×1＝1,370円となり、同じ財を同じ数量ずつ買い揃えるのに、昨年よりも20円安くすむことになる。

去年の1,390円を100とすると、今年の1,370円は比例計算より (1370÷1390)×100＝98.56となる。これが去年を基準にした今年の消費者物価指数を簡単に示したものである。実際にはもっと多種多様な商品があり、バスケットのなかに経済全体で消費者が1年間に購入したものを全てつめこみ、その**マーケット・バスケット**全体の金額が小売物価の動きによっていくらに変化したかを指数で表すことで消費者物価指数がつくられる。

以上に解説した物価指数の求め方を次の記号を用いて式で示していこう。p は財の価格を q は財の数量を表している。下付きの i はおにぎり、りんごなどの財の種類を示し、1から n まで n 種類あるとする。また (0) は基準時点を、(t) は比較時点を示している。

$$P_{0t}^L = \frac{\sum_{i=1}^{n} p_i(t)q_i(0)}{\sum_{i=1}^{n} p_i(0)q_i(0)} \times 100 = \frac{p_1(t)q_1(0)+p_2(t)q_2(0)+\cdots p_n(t)q_n(0)}{p_1(0)q_1(0)+p_2(0)q_2(0)+\cdots p_n(0)q_n(0)} \times 100$$

この算式で求められる P_{0t}^L が物価指数になる。これは1864年にドイツの経済学者が考案した算式で、発案者の名前にちなんで**ラスパイレス算式**とよばれ

表 9-1　去年のバスケット

品　目	単価(円)	数　量	購入金額(円)
おにぎり	110	2	220
りんご	130	1	130
缶ジュース	120	2	240
板チョコレート	100	3	300
タオル	500	1	500
合　計			1,390

表 9-2　今年のバスケット

品　目	単価(円)	数　量	購入金額(円)
おにぎり	120	2	240
りんご	140	1	140
缶ジュース	120	2	240
板チョコレート	90	3	270
タオル	480	1	480
合　計			1,370

ている。数量 q が先ほどのマーケット・バスケットの中身を表しており、基準年におけるバスケット $q(0)$ を固定して、基準年と比較年での金額の比率を計算している。分母が基準年の価格ではかった金額であり、分子が比較年の価格で測った金額となっている。上述の消費者物価指数の作成には、実際にこのラスパイレス算式が用いられている。

指数の算定方式はこのほかにも多くの人々によって提唱されてきた。なかでも実際によく使われる主要なものとしてパーシェ算式とフィッシャー算式があげられる。**パーシェ算式**は次のように表される。

$$P_{0t}^{P} = \frac{\sum_{i=1}^{n} p_i(t) q_i(t)}{\sum_{i=1}^{n} p_i(0) q_i(t)} \times 100 = \frac{p_1(t)q_1(t)+p_2(t)q_2(t)+\cdots p_n(t)q_n(t)}{p_1(0)q_1(t)+p_2(0)q_2(t)+\cdots p_n(0)q_n(t)} \times 100$$

ラスパイレス算式と似ているが、違いは金額の計算に際して比較時点のマーケット・バスケット $q(t)$ を用いる点である。したがって、取引金額をパーシェ指数で割り算することによって、数量の目安となる実質値を計算したい

場合に便利である。この考え方から、名目 GDP と実質 GDP の比率である GDP デフレーターの作成にも用いられ、基準年を毎年更新する連鎖指数としている。つまり消費者物価指数のように価格の変化そのものに注目する場合にはラスパイレス算式を、実質 GDP のようにむしろ数量の変化に注目する場合にはパーシェ算式を利用すると都合がよい。そこで両者の折衷案として提案されたのが、ラスパイレス算式とパーシェ算式の幾何平均をとった、以下の**フィッシャー算式**である。

$$P_{0t}^F = \sqrt{P_{0t}^L \cdot P_{0t}^P}$$

フィッシャーの算式は、財務省が発表している貿易指数のように価格指数と数量指数の双方を必要とする場合に利用されており、両者の積が金額指数になるという便利な性質をもっている。

9.3 日本銀行の役割

　前節では物価の変動や物価指数のつくり方についてみてきたが、経済において物価を安定させることは重要な課題のひとつとなっている。供給より需要が多ければ財やサービスの価格は上昇し、逆に需要より供給が多ければ価格は下落する。したがって需要に供給が追いつかないような状況では、一般に物価は上昇する。物価が上昇することを**インフレーション**といい、極端な例では第1次世界大戦後のドイツで物資不足が生じ、パンを1個買うのに山のような札束が必要であった例や、第1次オイルショック後の日本で消費者物価上昇率が年率23パーセントにも達した例などがあげられる。また供給は十分あるものの、消費者が一向にモノを買わず需要が少ないときには物価は下落する。物価の下落を**デフレーション**とよび、不況時にはこういった状態が続く。

　大幅なインフレーション、デフレーションが生じて経済が混乱しないように物価の安定を管理しているのが日本銀行である。日本銀行法第2条には「日本銀行は、通貨及び金融の調節を行うに当たっては、物価の安定を図る

ことを通じて国民経済の健全な発展に資することをもって、その理念とする」と明示されている。以下、本節では日本銀行の役割について解説していこう。

9.3.1　中央銀行の3つの役割

　世界各国には英国のイングランド銀行など、いわゆる**中央銀行**とよばれる組織が存在する。我が国においては日本銀行がこれにあたる。中央銀行には一般に3つの役割があると言われる。まず第1は**発券銀行**としての役割である。日本で言えば福澤諭吉の肖像がついた1万円札など、いわゆる銀行券を発行していることである。第2は**銀行の銀行**としての役割である。西欧主要諸国にはいずれも**準備預金制度**とよばれるシステムがあり、銀行はその受け入れた預金の一定割合を中央銀行に預け入れることが義務付けられている。第3の役割は**政府の銀行**としての役割であり、**国庫金**と呼ばれる政府の手許現金を一手に取り扱う。日本銀行は、これら3つの役割のいずれをも受け持っており、その意味では世界を代表する中央銀行の1つといえる。それでは日本銀行は経済のなかで、一体どのような役割を果たしているのであろうか。日本銀行の果たす役割について貸借対照表を通して見ていこう。

　表9-3は日本銀行の貸借対照表を簡略化した概念図である。ただし資産は金融資産のみを考えている。表9-3の負債の部をみると、日本銀行は銀行券、当座預金、政府預金などによって資金調達をしていることがわかる。これらはそれぞれ日本銀行の役割である、発券銀行、銀行の銀行、政府の銀行を象徴している。銀行券は日本銀行法第46条第1項に定められた「日本銀行は銀行券を発行する」、同条第2項「前項の規定により日本銀行が発行する銀行券（以下「日本銀行券」という）は、法貨として無制限に通用する」という条文に基づいて発行され、政府が発行し日本銀行を通じて流通する貨幣（100円玉などの硬貨）とともに決済手段として幅広く利用されている。日本銀行は主として日本銀行券を発行することで資金調達をしており、これはあたかも国が国債を発行して資金調達することと類似の行為と考えればわかりやすい。

表9-3 日本銀行の貸借対照表（概念図）

資産の部 （資金運用）	負債の部 （資金調達）
国　　債	銀 行 券
手　　形	当座預金
貸 出 金	政府預金

　当座預金は民間銀行の準備預金に該当する。1957年に制定された準備預金制度に関する法律第3条によって、銀行などの指定金融機関は受け入れた預金に対して定められた比率の支払準備を準備預金の形で日本銀行に預けることが義務付けられている。一般に銀行は利子を支払って預金を集めていることから、これを無利子の日銀当座預金として運用すれば逆ざやとなってしまう。したがって通常の状態では、準備預金として必要な金額を超えて日銀当座預金をもつことはしない。しかしながら利子率が限りなくゼロに近づくと、リスクの少ない**日銀当座預金**の魅力が増し、準備預金をはるかに超えて増加する場合もある。

　政府預金は文字通り政府の預金である。日本銀行法第35条は「日本銀行は、我が国の中央銀行として、法令で定めるところにより、国庫金を取り扱わなければならない」としている。国庫金とは政府が日々の支払のために保有する手許現金であり、会計法第34条第2項は「国庫金は、政令の定めるところにより国の預金とする」と規定している。銀行の窓口に納付された税金は、一定の期日を待って日本銀行に移納されて国庫金となるし、公共事業の資金などは国庫金から支払われることになる。もちろん一方で国債を発行して利子を支払っている政府が多額の政府預金をもつことはないが、当座の支払資金として常時一定額以上を保有している。

　それでは、日本銀行はこうして調達した資金を、どのような形で運用しているのであろうか。表9-3（貸借対照表）の左半分をみると、代表的な資産として国債と貸付金が計上されている。これらは日本銀行が金融市場調節を行う際の手段であり、具体的には国債を売買したり、貸出を行ったりすることで市場の資金量を調節している。金融市場調節については次節で詳しく

解説していこう。

9.3.2 日本銀行の金融政策

前節では日本銀行がいかにして資金を調達し、運用するかを概観した。このような資金の調達と運用は広い意味でいうと、すべて日本銀行の**金融政策**のあらわれと見なすことができる。一般に経済政策の手段と目的はいくつも存在しているので、政府は多くの国民に支持されるような政策目標を立案し、それを実現するための最適な政策手段の組み合わせを実施しようとする。そのようななかで金融政策は、日本銀行が公定歩合操作や公開市場操作（オペレーション）、預金準備率操作などの政策手段を用いて、「物価の安定を図ることを通じて国民経済の健全な発展に資する」ために行う政策として位置付けられている。先に述べた日本銀行法第2条では「通貨および金融の調節」という表現で規定されている。

もっとも金融政策は明示されている目標のほか、意図するかどうかにかかわらず適度の経済成長、資源の最適配分など経済発展ないし経済効率にかかわる政策目標にも影響を及ぼしている。政策目標は、時代によって国によってその具体的な内容に変化が見られる。したがって、金融政策もそれにあわせて様々に変化してきた。景気が過熱した場合には金融引締めにより総需要を抑制し、景気が停滞した場合には金融緩和により総需要の拡大を促進するのである。言うまでもなく、金融政策の運営は景気変動と関連して臨機応変に行われるべきものである。金融政策を具体的にどのように運営していくかについての基本方針は、**日本銀行政策委員会が金融政策決定会合**を開いて決定している。

公定歩合操作

伝統的に金融政策の柱として重要視されてきたのが**公定歩合操作**である。公定歩合とは日本銀行が銀行等の金融機関に、貸付先からの借入れ申込みを受けて資金を貸し出すときに適用される利子率である。このように実際に取引に適用される利子率のことを、しばしば金利ともよんでいる。公定歩合が

銀行間で行われている資金貸借の金利（**コールレート**）よりも低い場合には、銀行は日本銀行から資金を借入れたほうが有利である。したがってこのような状況で公定歩合は、銀行間の貸借金利にも大きな影響を与える。公定歩合の引き上げは経済全体でみて金利の上昇要因になるから、おカネを借りてでも投資をしようという意欲が薄れて景気鎮静効果をもつ。また公定歩合の引き下げは経済全体でみて金利を下降させるから、おカネを借りてでも投資しようとする意欲が高まって、景気浮揚効果をもつ。日本でも長年にわたって金融政策の中心的な地位を占めていた公定歩合操作であるが、1990年代半ば以降、公定歩合が銀行間の貸借金利を上回る事態が続いており、公定歩合も銀行間貸借金利の上限としての象徴的意味を持つに過ぎなくなっており、現在この名称は公式には使われていない。

金融市場調節

　金融市場調節とは、金融政策決定会合で決まった金融政策運営の基本方針（＝金融市場調節方針）を実現するために、**公開市場操作**（中央銀行が民間金融機関を相手に市場で行う債券の売買や、これらを担保とする貸付）などを用いて**短期金融市場**における資金の総量を調整することで、日本銀行金融市場局が実務を担当している。つまり、金融政策は日本銀行が物価の安定を実現することを通じ、日本経済の健全な発展に資することをその目的として行う政策全体をさし、金融市場調節は金融政策を実行するための手段のひとつとなっている。

　この金融市場調節の根幹をなすのが公開市場操作（オペレーション）であり、略してオペと称されており、短期国債売買オペ、国債現先オペ、共通担保オペなど様々な種類がある。これらはすべて日本銀行と民間金融機関との間で債券の売買やこれを担保とする貸付等を行う取引であり、これらのオペを日本銀行が行うことで金融市場の資金量、具体的には民間金融機関の日銀当座預金の総量が増減する。次項に説明するように、日銀当座預金の残高が増えれば金融機関の資金繰りが楽になるし、残高が減れば資金繰りが苦しくなり、これが企業などへの貸出し態度に反映されるわけである。

準備預金制度

　既に述べたように、銀行などの金融機関は日本銀行に当座預金勘定を開設している。一方で準備預金制度に関する法律第3条により、これらの金融機関は、受入れた預金の一定割合を法定準備預金として日銀当座預金のかたちで積立てなければならない。これは万が一、多数の預金者がこぞって預金を引き出す取り付けがおきた場合の備えとして、日銀当座預金が**第一線支払準備**としての役割を期待されているからである。したがって日銀当座預金の残高は、民間金融機関にとって重大な関心事であるばかりでなく、金融市場調節を担当する日本銀行にとっても重要な目安となっている。日銀当座預金の残高は日々変化しているが、その要因は**銀行券要因**と**財政等要因**に大別される。

　このうち銀行券の発行額は個人や企業の行動を映す鏡ともいわれている。銀行は毎朝、顧客との受け払いのために必要な金額の銀行券を日本銀行窓口で受取り、営業終了時点で余分があればこれを日本銀行の窓口に返納する。1週間を単位としてみれば、週末の金曜日などには銀行券が増発され、週明けの月曜日などにはこれが日本銀行に還収される。また1ヶ月を単位とすれば、月末には集金などが増えることで銀行券が増発され、これが月初に還収される。1年中で最も多くの銀行券が市中に出回るのは、クリスマスから大晦日にかけての数日間である。クリスマスプレゼントを買い求めたり、正月の準備に食料品を買いだめしたり、帰省のための準備をしたりで現金が必要となるからであろう。とくに銀行の年内最終営業日である12月30日には、銀行券の発券高が普段より5兆円も増加することになる。銀行は日本銀行券が必要な場合には、みずからの日銀当座預金を取り崩してこれを手当てするわけである。このように日本銀行券の増発により日銀当座預金の残高が減少することを**資金不足**とよぶ。反対にこれらの日本銀行券が還収されることで日銀当座預金の残高は増加し、これを**資金余剰**と呼んでいる。

　もちろん日銀当座預金の増減がすべて日本銀行券の発行や還収によるものではなく、財政等要因による場合も多い。すでに述べた国庫金の取り扱いは日本銀行が一元管理する一方、税金の納付や年金の支払いは銀行などの金融

機関を通じて行われるからである。たとえば我が国では大多数を占める3月決算の企業では、5月末日までに法人税を納付しなければならない。銀行は納付された税金を日銀当座預金に入金し、これが6月2日に引落されて国庫に移納されることになる。したがって6月2日には数兆円もの日銀当座預金が引落されることになるので、これも大きな資金不足の要因となる。一方で偶数月の15日には高齢者への年金の定時払いのための資金が国庫から支払われるために、日銀当座預金が積み増され、これが資金余剰の要因となる。

　銀行などの金融機関は準備預金が減少すれば、他の金融機関から資金を調達してこれを積み増そうとするから、金利の上昇要因になる。また準備預金が増加すれば余剰分を運用しようとするために、金利の下落要因になる。これを放置しておけば、金利が資金過不足により乱高下しかねない。もともと日本銀行の金融市場調節は、銀行の資金過不足をならす目的で行われているといっても差し支えない。

　資金不足日には日本銀行は債券を銀行から購入したり、これを担保に貸付をし、その資金を日銀当座預金に入金することでこれを増加させる。これとは反対に資金余剰日には、日本銀行は手形を売却するなどして日銀当座預金の残高を減らそうとする。もしこの結果、日銀当座預金の残高が法定準備預金額を上回る日が続けば、金利は徐々に低下していく。これが**金融緩和**である。逆に日銀当座預金の残高が法定準備預金額を下回る日が続けば、金利は徐々に上昇する。これを**金融引締め**と呼ぶわけである。

預金準備率と信用創造

　ところで銀行が受入れた預金に対する法定準備預金の比率である**預金準備率**は、そうしばしば変更されることはない。しかしながら景気が悪化して資金繰りに困る企業が続出するような場合には、日本銀行は預金準備率を引き下げて民間への貸出しが増加するように促す。また景気が過熱して極度なインフレーションが起きたり、地価や株価が高騰するような場合には、日本銀行は預金準備率を引き上げて民間への貸出しを抑制する。

　ここで預金準備率がどのような役割を果たしているかを、簡単な数値例で

考えてみよう。最初にある銀行に1000万円が預けられたとする。ここで預金準備率を10パーセントとすれば、残りの900万円が貸出になる。この900万円がとりあえず別の銀行に預けられたとすると、ここで新たに900万円の預金が発生する。この900万円に対する準備預金は90万円であるから、残りの810万円が貸出しに充てられ、これがまた預金としてどこかの銀行に預けられたとしよう。このプロセスは、**信用創造**ともよばれ、数字を万円単位で表わせば、次のような式によって表される。

$$1000+1000\times(1-0.1)+1000\times(1-0.1)^2+1000\times(1-0.1)^3+\cdots\cdots$$
$$=\frac{1}{0.1}\times 1000 = 10\times 1000 = 10000$$

この数値例では結局、当初1000万円の預金が究極的に預金1億円を創造することができる。預金準備率は式のなかでは0.1と表現されており、この逆数である $\frac{1}{0.1}=10$ が**信用乗数**とよばれる。もちろん現実の経済では、土地などの実物資産への投資を目的に借入を行うことも多いから、信用乗数はひとつの目安にすぎない。それでも預金準備率の引き下げが信用乗数を拡大し景気浮揚効果を期待できることや、預金準備率の引き上げが信用乗数を縮小して景気鎮静効果をもつことは容易に想像できるだろう。

しかしながら、預金準備率を操作するという金融政策はいつの時代にも万能なわけではない。もともと預金準備率操作が意味をもつのは、銀行が法定準備預金ぎりぎりの日銀当座預金しか保有していないという前提にもとづくものである。これは日銀当座預金が無利息であり、銀行が必要最小限の日銀当座預金しかもたない場合にのみ有効となる。金利が限りなくゼロに近づくと、銀行は無利息でもリスクが少ない日銀当座預金を増加させようとする。このような状況下では法定準備預金を超えて日銀当座預金が積み増されるので、もはや預金準備率操作が意味をなさないこともある。

練習問題

1. りんごの価格と生産量が以下のようであったとする。t 年から $t+1$ 年にかけてのりんごの価格指数をラスパイレス算式とパーシェ算式それぞれ

でつくってみよう。

りんごの種類	t 年の価格 (円)	t 年の生産量 (個)	t＋1 年の価格 (円)	t＋1 年の生産量 (個)
ふじ	110	2,000	130	1,800
つがる	100	1,500	100	1,500
おうりん	90	1,200	100	1,000
ほくと	120	800	115	900

2．日本の預金準備率は、受入れている預金の残高を区分に応じて分割し、それぞれの部分に適用される準備率がそれぞれ異なる超過累進制となっている。預金準備率が下記の表のように定められているとき、預金残高1兆円、2兆円、3兆円の銀行の法定準備預金額を計算してみよう。

預金残高	預金準備率(パーセント)
2兆5,000億円を超える部分	1.20
1兆2,000億円を超え2兆5,000億円までの部分	0.90
500億円を超え1兆2,000億円までの部分	0.05
500億円以下の部分	0.00

第10章
財政のしくみと経済政策

10.1 国の予算

　家計は無限に欲しいものを欲しいだけ手に入れられるのではなく、みずからの所得という制約にしばられているということは第3章に触れたとおりである。もし堅実な家計であれば赤字にならないように収入と支出を計画的に管理する人がいて、収入と支出の細かな内訳が家計簿に記されていることだろう。例えば収入側には父親の給与30万円、母親のパート収入18万円、長男のアルバイト代8万円、宝くじの当籤金3,000円など収入の細目が、支出側には米5,000円、牛肉1,980円、ビール960円……というように購入したものとその購入金額が記されることになる。これを1ヶ月単位または1年単位で合計したときに収入の方が多ければ黒字ということでほっとするだろうし、支出の方が多ければ赤字でショックをうけることになる。

　このことは一国全体にもそのままあてはまり、国にも収入と支出が存在する。というのも政府は企業と同様に経済活動を行っているからである。11章で取り上げるように政府は、民間の経済活動にまかせておいては満たされないものの、国民生活に必要不可欠な財・サービスを供給する役割を担っている。消防や警察などが一例で、そのような経済活動をひろく**財政**とよんでいる。一会計年度における一切の収入は**歳入**、同様に支出は**歳出**とよばれる。

財政法第11条では4月1日から翌年の3月31日までの1年間を会計年度としている。この歳入と歳出を管理する家計簿に相当するのが予算や決算である。予算は会計年度前にどこからどれだけの収入が得られ、なににどれだけ支出をするかの見積りであり、決算は会計年度後に作成される収入と支出の実績をまとめた執行報告である。財政は主体が中央政府か地方政府かの違いによって大きく国の財政と地方財政に大別されるが、ここでは国の財政についてとりあげよう。

10.1.1 国庫制度と予算

　国の財政は広範で複雑多岐にわたっているため、財産の管理も一家計のようにはいかない。そこで、財政活動に伴う資金の流れを一括して把握できるように**国庫制度**というものがある。簡単にいえば人々が預金口座をもつように、国にも**国庫金**という資金を保管しておく口座があって、ここから支出分を取り崩したり収入を納めたりするわけである。この出納事務を集中的に管理しているのが日本銀行である。ただし日本銀行は指図に従って実際に現金を収納し支払いを行うのみであり、この指図を出す命令機関が存在する。歳入について命令を出すのが歳入徴収官、国税収納命令官等で、保険料、国税などを徴収する。支出に関しては支出官等がおかれ、この支出の内容を決めているのが国の予算というわけである。予算は大幅な赤字に陥らないように歳入と歳出の使い途を予め見積もるもので、その原案は財務省を中心に作成される。予算の話題は毎年ニュースにも取り上げられるが、予算成立までには様々な段階がふまれる。その経過を大まかにたどると、まず各省庁からの予算要求である概算要求が出される。概算要求を基に財務省が予算の原案を作成して内閣に提出し、これを内閣が政府原案としてとりまとめ国会に提出する。国会で審議され可決されると最終的な予算が成立する。憲法86条に「内閣は、毎会計年度の予算を作成し、国会に提出して、その審議を受け議決を経なければならない」と定められており、予算を国会で可決させることが内閣の重要な仕事となっている。

　先にも述べたように国の財政が大幅な赤字になっては困るので、その意味

では歳入と歳出のバランスがとれているのが望ましい。これに関して**会計年度独立の原則**という予算作成上のルールがある。内容は①各会計年度の歳出は、当該年度の歳入をもってまかなわなければならないということと、②当該年度の歳出予算を他の年度に使ってはならないというものである。ただし、円滑な運営がなされるように一定の理由がある場合には歳出予算の繰越が認められるなど融通が利くようにはなっている。予算はここにこれぐらいのお金を使うという見積りなので、歳入と歳出が一致するように作成されるが、決算においては通常ずれが生じてしまう。というのも歳出予算は支出の限度額を示すもので、実際の歳出が予算を下回ることはあっても上回ることは認められない。一方、歳入予算は経済情勢の予測に基づいて推定されるため、実際の歳入が予算を上回ることも下回ることもあり得るからである。予想よりも税収が少ないと**歳入欠陥**として歳出に支障をきたしてしまう。こういった予見しがたい予算不足に備えて、歳出予算のなかに予備費が計上されている。予備費は他の歳出とは異なり使用部局や目的を定めずに計上され、国会の議決を経て内閣がその責任において使用することができる。

　国の会計は元来ひとつであるが、財政の範囲が多岐にわたり内容も多様化しているため、財政法第13条では歳入と歳出をわかりやすく整理する意味から**一般会計**と**特別会計**に区分している。予算という場合、通常は一般会計予算を指しており、租税や社会保障費、公共事業費など一般的な歳入と歳出が計上される。一般会計の歳入と歳出については次節で詳しくみていこう。一方、特別会計には一般の歳入歳出と区別して経理する必要のあるものが計上されており、表10-1のように国が特定の事業を営む場合や特定の資金を保有して運用する場合があげられる。なお2007年3月に成立した特別会計に関する法律によって、2006年度末時点で存在している31の特別会計を統廃合することにより、2011年度までに17会計にすることとしている。

　また一般会計と特別会計のほかに国会の議決を必要とするものに政府関係機関の予算がある。**政府関係機関**とは特別の法律によって設立された法人で、その資本金が全額政府出資となっているものを指す。2007年度当初現在、国民生活金融公庫、農林漁業金融公庫、中小企業金融公庫、公営企業金融公庫、

表10-1

現行特別会計	統廃合	新特別会計
道路整備	2008年度に統合	社会資本整備事業
治水		
港湾整備		
空港整備		
都市開発資金融通		
厚生保険	2007年度に統合	年金
国民年金		
船員保険	2010年度に統合	労働保険
労働保険		
農業共済再保険	──────────→	同左
漁船再保険及漁業共済保険	──────────→	同左
地震再保険	──────────→	同左
森林保険	──────────→	同左
貿易再保険	──────────→	同左
国有林野事業	──────────→	同左
国営土地改良事業	2008年度に一般会計に統合	

出所）財務省

沖縄振興開発金融公庫、日本政策投資銀行、国際協力銀行の7機関がこれに該当し、これらの機関の予算を政府関係機関予算という。

10.1.2 歳入と税

　国はどこから収入を得ているのか、2006年度一般会計決算における歳入をみてみると、合計約84兆円のうち58.1％が**租税及び印紙収入**で賄われている（図10-1）。所得税、法人税、消費税などの租税によって国家財政が支えられているといえるわけで、われわれは汗を流して働いて稼いだお金が無駄に使われないよう、その使い道を厳しく見守らなければいけない立場にあるといえる。残りの32.5％を建設国債や赤字国債からなる**公債金収入**に依存しており、この割合の高さが近年問題になっている。

特別会計の種類

現行特別会計	統廃合	新特別会計
食糧管理	2007年度に統合	食料安定供給
農業経営基盤強化措置		
自動車損害賠償保障事業	2008年度に統合	自動車安全
自動車検査登録		
特許	────────────▶	同左
国立高度専門医療センター	2010年度に廃止、独法化	
登記	2011年度に一般会計に統合	
特定国有財産整備	2010年度に一般会計に統合	
電源開発促進対策	2007年度に統合	エネルギー対策
石油及びエネルギー需給構造高度化対策		
産業投資	2008年度に統合	財政投融資
財政融資資金		
国債整理基金	────────────▶	同左
外国為替資金	────────────▶	同左
交付税及び譲与税配布金	────────────▶	同左

図10-1 2006年度決算 歳入の内訳

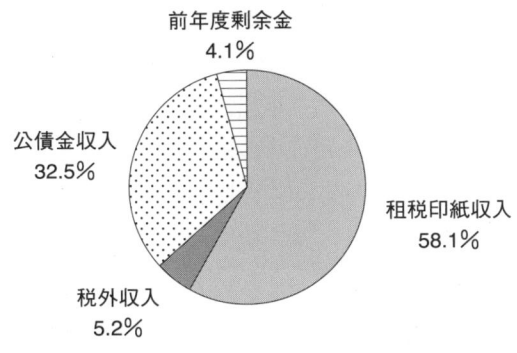

出所) 財務省。

表10-2 主要酒類の酒税等負担率表

区　分		容量 mℓ	アルコール分 %	代表的な小売価格 ①円	酒税額 ②円	消費税額 ③円	酒税等負担率 $\frac{②+③}{①+③}$ (%)
清　酒		1,800	15	1,835	252.9	91.75	17.9
しょうちゅう	甲類	1,800	25	1,370	446.58	68.5	35.8
	乙類	1,800	25	1,564	446.58	78.2	32.0
ビール		633	5	321	140.52	16.05	46.5
ウイスキー		700	40	1,510	286.3	75.5	22.8
発泡酒		350	5.5	145	36.75	7.25	28.9

出所）国税庁「酒のしおり2005年」より引用。
注）1 「代表的な小売価格」は、2003年5月現在のメーカー希望小売価格（消費税抜き）を掲げた。
　　2 ビールの「代表的な小売価格」は、容器保証金（5円）込みの価格である。

　歳入のうち、まず**税**について最も身近な話題からはじめよう。20歳を超え酒やたばこをたしなむようになると、それにつれて納める税金もどんどん増えていく。酒類にかかる税は表10-2のように最も負担率が高いのがビールとなっている。代表的な小売価格321円のビール（633mℓ、アルコール分5％）に対して酒税は140.52円、消費税は16.05円で46.5％を税金として負担していることになる。また、たばこは20本入り270円のうち消費税が12.86円、たばこ特別税16.4円、たばこ税62.52円、地方たばこ税78.92円となっていて63.2％が税金である。缶ジュースや牛乳、チョコレートにはそんなに税金が課されないのにどうしてお酒やたばこの税金は異常に高いのだろうと不満に思う人がいるかもしれない。これが税の持つひとつの役割だといえよう。経済学ではインセンティブという言葉が頻繁に用いられるが、これもそのひとつで酒、たばこなど健康を害するおそれがあるものに対しては消費を抑制すべく元の価格に上乗せして税金がかけられていると考えることもできる。ビールが360mℓ缶120円だったら毎晩2缶飲むところを218円と割高に設定しておけば1缶で我慢するといったところである。たばこは半分以上が税だとしても、医療費が増加したり、他人の健康にも悪影響を及ぼす可能性があるの

で、もっと税率が高くてもよいのではと考える人も多いかもしれない。税をいかに課すかというのは難しい問題で議論がわかれるところである。

　課税の基本原則としては**公平・中立・簡素**の3点がしばしば論じられる。課税の公平性には税を負担する経済力が高いほど租税負担も増えるべきだという垂直的公平と、租税を負担する経済力が同じなら租税負担も同じであるべきだという水平的公平の2通りがある。ただしその具体的な内容は一義的に決まるものではなく、税を負担する経済力をなにではかるかといった点など議論の余地が大きい。中立性とは課税によって経済活動に資源配分上の歪みをなるべく与えないようにすることである。簡素性では徴税者と納税者の双方にとってわかりやすく、手続きも容易で、徴税に費用がかからない税体系をもとめている。

　実際にはわが国の税体系はどのようになっているのだろうか。先に述べた酒やたばこの税は製品やサービスの価額に織り込まれて徴収されるので、納税義務者は生産者であるが、最終的な税の負担者は消費者になる。このように税を負担する人と納める人が異なる税を**間接税**という。反対に税金を負担する人と納める人が同一の税を**直接税**といい、所得税や法人税がこれに該当する。この他の税の区分として、何に対して税金が課されるのかによって所得課税、消費課税、資産課税等という分類がある。**所得課税**とは、所得税や法人税のように、個人や会社の利益（所得）を対象として課税される税金をいう。**消費課税**は消費税や酒税、たばこ税など物品の消費や、サービスの提供などを対象として課税される税金をいう。**資産課税**とは、相続税や固定資産税など資産を対象として課税される税金をいう。また納税先が国か地方公共団体かによって**国税**と**地方税**に分けられ、地方税はさらに都道府県税、市町村税とに分けられる。このような税の分類を一覧にしたのが表10-3となっている。

　2006年度の決算額でみると一般会計の租税及び印紙収入の合計は約49.1兆円で、そのうち14.9兆円が法人税で30.4％、14.1兆円が所得税で28.6％であり、両者で過半を占めている。次いで消費税が10.5兆円で21.3％となっている。そのほか揮発油税、酒税、相続税などに1兆円以上の税収がある。経済

表10-3 税の分類

	国　税	地方税
所得課税	所得税 法人税	個人住民税 個人事業税 法人住民税 法人事業税 道府県民税利子割 道府県民税配当割 道府県民税株式等譲渡所得税
資産課税等	相続税・贈与税 登録免許税 印紙税	不動産取得税 固定資産税 都市計画税 事業所税 特別土地保有税　等
消費課税	消費税 酒税 たばこ税 たばこ特別税 揮発油税 地方道路税 石油ガス税 自動車重量税 航空機燃料税 石油石炭税 電源開発促進税 関税 とん税 特別とん税	地方消費税 地方たばこ税 軽油引取税 自動車取得税 ゴルフ場利用税 入湯税 自動車税 軽自動車税 鉱産税 狩猟税 鉱区税

出所）財務省「わが国税制・財政の現状全般に関する資料（2007年4月）」。

力にともなって税金が課されることから、当然のことながら税収は、景気変動に伴って増減する。図10-2には税収の推移が示されているが、1985年には40兆円に満たなかったものの、好景気を背景に1990年代はじめまで税収は増大し、1990年度は60兆円を超えるに至った。しかしその後バブル崩壊とともに税収も低下し、2002年度には43兆円にまで落ち込み、巨額の政府債務を助長する一因となった。2006年度には、税収は49兆円にまで回復したが、後

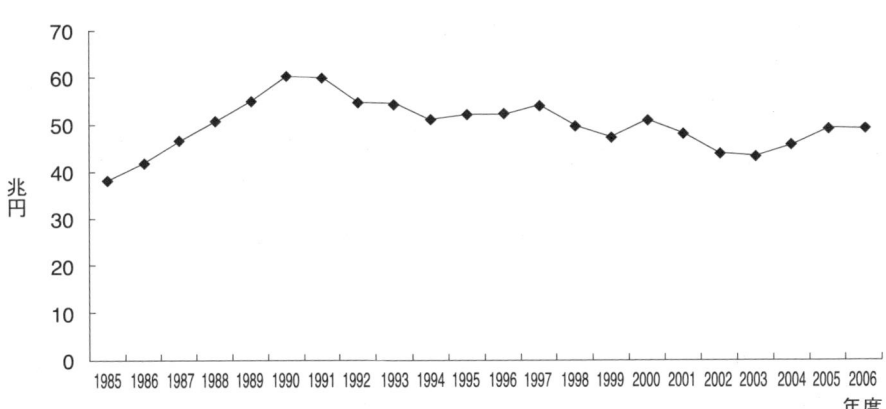

図10-2 一般会計税収の推移

出所）財務省。

述の国債費の増加もあり、政府債務を減少させるには至っていない。

10.1.3 歳出

次に歳出の方に目を転じよう。一般会計歳出から国債の償還や利払に必要な国債費、都道府県や市町村などの地方公共団体に交付される地方交付税交付金等を除いたものを**一般歳出**という。2007年度の一般会計予算は82.9兆円で、国債費が21.0兆円、地方交付税交付金等が14.9兆円であり、残余の47.0兆円（56.7％）を一般歳出が占めている。一般歳出の多くは社会保障関係費、公共事業関係費、文教及び科学振興費、防衛関係費などに費やされている。**社会保障費**は生活困窮者に対する公的扶助を目的とする生活保護、児童・高齢者・障害者等に対する社会福祉、社会保険・年金制度の運営を目的とする社会保険、保健衛生施設・医療供給体制の整備充実を目的とする保健衛生、失業者の救済、雇用機会の提供等を目的とする失業対策の5つに分類される。特に高齢化社会の進展から社会福祉や社会保険の比重が増大しており、両者で社会保障費の8割以上を占めるにいたっている。2000年度と2007年度の内訳を比較しても、一般歳出に対する社会保障費の割合は34.9％から45.0％に

図10-3　一般会計歳出の変化

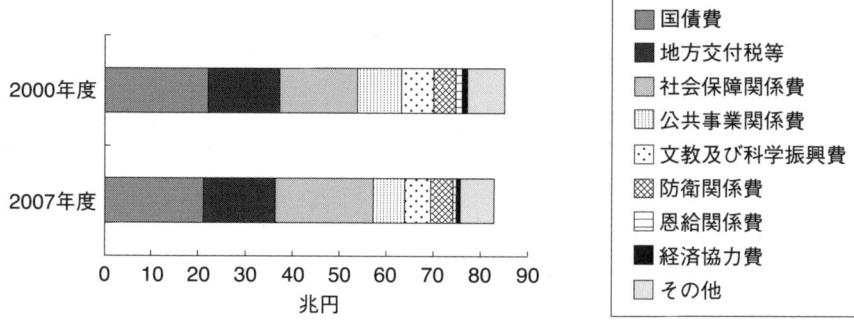

出所）財務省。

増加している（図10-3参照）。

　道路や港湾、住宅や上下水道、河川の堤防やダムなど、経済活動や国民生活、国土の保全の基盤となる施設は**社会資本**とよばれている。こういったものに対して政府が主体となって行う投資が**公共事業**であるが、一般会計では治山治水対策事業費、道路整備事業費、港湾空港鉄道等整備事業費、住宅都市環境整備事業費、下水道廃棄物処理等施設整備費、農業農村整備事業費、森林水産基盤整備事業費、調整費等、災害復旧等事業費の９つを公共事業関係費に分類している。近年、社会資本の整備が進むとともに公共事業の有用性や投資額の使途が不透明であることなど様々な問題が指摘されてきた。このため一般歳出に占める公共事業関係費の割合は、2000年度の19.6％から2007年度には14.8％に減少しており、一部では設備更新の遅れに対する懸念もではじめている。

　一般歳出とならぶ一般会計歳出の柱である**地方交付税交付金**等は、各地域の財源格差を緩和して、一定の行政水準が受けられるように国が交付する税である。地方交付税法第１条ではその目的を、地方団体の財源の均衡化、地方行政の計画的な運営の保障、地方団体の独立性を強化することとしている。地方交付税の総額は所得税、法人税、酒税、消費税およびたばこ税のそれぞれの一定割合とされており、2007年度一般会計歳出の18.0％を占めている。

国債費全体は2007年度予算で約21.0兆円となり、一般会計歳出の25.3％を占めている。**国債費**とは前年度以前の国債発行による元金の返済や利子の支払いを意味していて、このうち利払費は約9.5兆円である。この割合は2005年度を底に再び増大に転じており、積み重なる政府債務は深刻な問題となっている。昨今の低金利のおかげで、利払費は10兆円前後で推移しているものの、今後金利が上昇すればさらに利払費が増えることになる。政府債務の問題については節を改めて詳しくみていこう。

10.1.4 財政赤字の問題

　政府が借金をせずにすむという観点からは、一会計年度でみて歳入と歳出が均衡した状態にあることが望ましいことは、すでに述べたとおりである。「入る（いる）を量って出る（いずる）を制す」を財政のモットーとするべきという考え方も、当然といえば当然である。しかしながら租税収入に多くを依存する歳入は、景気の変動によって年々大きく変化するという性質をもつ。一方で歳出は名目GDPの15パーセント以上を占めるばかりでなく、社会保障費や公共事業費の支払いを通じて、民間の消費や投資にも直接・間接の影響をおよぼすことになる。したがって景気後退で税収が減少したからといって、すぐに歳出を削減すれば、なお一層の景気の落ち込みを招き、より深刻な不況に陥る危険性も考えなければならない。このような状況では、政府はむしろ借金をしてでも歳出を維持し、景気の回復に努めるべきだという意見を、あながち無視することはできない。不況が深刻化してからでは、多少の借金では焼け石に水といった状態になりかねないからである。一方で、景気が過熱気味のときに、税収が増加（自然増収）したからといってただちに歳出を増やせば、これを一層助長させ、生産がこれに追いつかなければインフレーションを加速するといった事態も予想される。このように考えれば、景気後退期には多少の借金をし、景気過熱期にこれを返済するという方法をとることで、景気の波を打ち消すことができるかもしれない。

　そもそも世界中どこの国の政府も多かれ少なかれ、国債を発行するなどして借金をしている。これは政府が行う事業の中には、公共事業などの投資的

図10-4 新規財源債発行額の推移

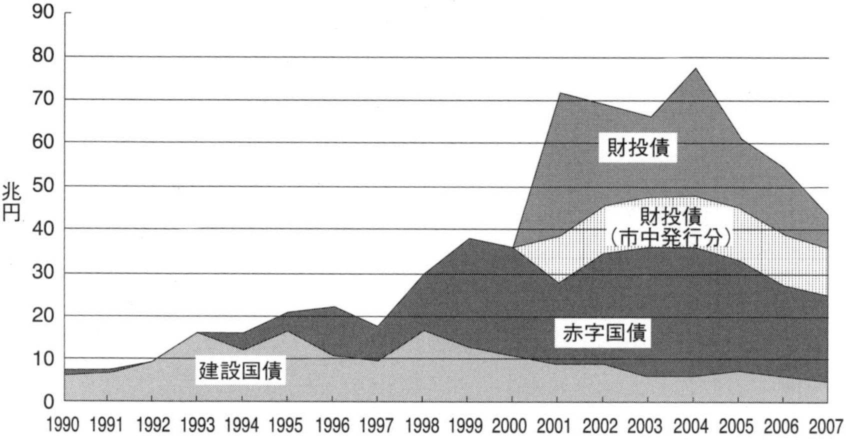

注）2007年度は当初予算予定額。
出所）財務省。

経費が含まれており、その収益の回収が長期におよぶ場合が少なくないからである。道路や空港は一度つくれば数十年は活用できるから、その建設にかかる莫大な経費をなにも1年分の税金ですべてまかなう必要はないことになる。我が国でもこのような考え方にもとづいて**建設国債**が発行されている。また国債の償還期間が公共事業の収益の回収期間より短い場合には、さらに資金の借換えが必要になる。このような目的で発行されるのが**借換債**である。また郵便貯金などで集めた資金を、各種の投資資金や政府系金融機関の融資資金として運用する**財政投融資計画**は、国の**第二の予算**とよばれてきた。しかしながら郵政民営化などに伴う、この資金の不足を補う目的で平成13年度（2001年度）から発行されているのが**財投債**である。このうちとくに建設国債は景気の刺激効果も大きいと考えられることから、景気後退期には発行が増加するのが通例であった。しかしながら近年になって、公共事業費に関して種々の弊害が指摘されるようになり、図10-4に示すようにその新規発行額は減少している。これにかわって、使途をとくに投資的経費に限定しない**赤字国債**が大きな割合を占めている。2007年度当初予算ベースでの新規発行

額をみると、建設国債が5.2兆円、財投債（市中発行分）が18.6兆円であるのに対して、赤字国債は20.2兆円に達しており、見返りのない赤字を後の世代に押し付ける格好になっている。

10.2 財政支出とマクロ経済学

　政府は租税や公債で資金調達をおこない、この資金をもとに国民生活に必要な財・サービスを提供しており、この活動全般を経済の面から捉えたのが財政である。前節までに述べてきた具体的な財政のそもそもの役割やねらいはいくつかあり、主なものとして公共財の提供、所得の再分配、経済の活性化などがあげられる。公共財については第11章でとりあげ、所得の再分配については10.1.3で述べたので、ここでは経済を活性化させるという観点から財政支出の有用性についてみていこう。

10.2.1 古典派とケインズ

　古典派経済学の創始者とされる**アダム・スミス**は『**国富論**』（1776年）のなかで、各個人が利己心にしたがって自由な経済活動を行うことで、最適な資源配分がなされると主張した。これがいわゆる**神の見えざる手**である。したがって国家の機能は国防や司法・警察など、民間では対応が不可能な仕事に限定するという**夜警国家論**が主流であった。その後、この古典派の考えが理論的に整理され、価格メカニズムによって効率的な資源配分がなされるというフレームワークで、限界概念を重んじる**新古典派経済学**に受け継がれていった。そのなかで政府の役割は**市場の失敗**を補うものとして、公共財の提供というように位置づけられてきた。しかしながら、新古典派が描いた理想的な社会とは裏腹に、資本主義の進展後、人々は厳しい現実に直面せざるを得なくなった。失業率の増加、貧富の差の拡大、生活環境の悪化など様々な社会・経済問題が表面化するに至り、社会政策や所得分配の公平のために財政による国家の介入が必要であるという意見がみられるようになった。やがて1929年の金融恐慌を契機とした大恐慌の際に、当時支配的だった古典派理

論を批判する形で**ジョン・メイナード・ケインズ**の『**一般理論**』(1936年)が登場した。ケインズはデフレーションと高失業率という現実の経済問題を的確に捉え、市場の価格メカニズムが十分に働かない「一般的」な状況では、政府の適切な財政・金融政策が経済に重要な役割を果たすと主張し、これが今日でも経済政策の拠り所となっている。ケインズが『一般理論』で主張した内容についてその後様々な解釈がなされたが、なかでもヒックスによる IS 曲線、LM 曲線という図を用いた解釈が最も明快であったために、ケインズの理論は **IS-LM モデル**として世に広まることとなった。ケインズ以来70余年たった今日でも、その現実妥当性について様々な議論がかわされながらなお、不況の経済学としてマクロ経済学のなかで重要な位置を占めている。以下ではまず IS-LM モデルとはどのようなものであるのかを示していこう。

10.2.2 財市場の均衡と IS 曲線

すでに7章で示したように国民総所得を支出面からみれば、(海外との輸出入を無視すると) 恒等的に消費、投資、財政支出の合計に一致する。これを、国民所得を Y、消費を C、投資を I、財政支出を G とそれぞれ記号を使って表わすと、次式のようになる。

$$Y = C + I + G$$

この式はマクロでみた財・サービス市場の均衡を表しており、左辺の Y は総生産もしくは**総供給**、右辺の $C+I+G$ は**総需要**であるといえる。ここで、G は政策変数として自由に選べると仮定する。さらに、所得 Y と消費 C との関係であるが、4章で学んだように所得が増加すれば消費も増加するという法則性が見出せる。したがってここでは所得と消費の関係を最も単純に次のような線形の**消費関数**で仮定しよう。

$$C(Y) = a + bY, \quad 0 < a, \quad 0 < b < 1$$

これが**ケインズ型消費関数**とよばれるものである。この式は図10-5のように表わすことができる。

切片である a が0より大きいということは、たとえ所得が0であっても、

図10-5 消費関数

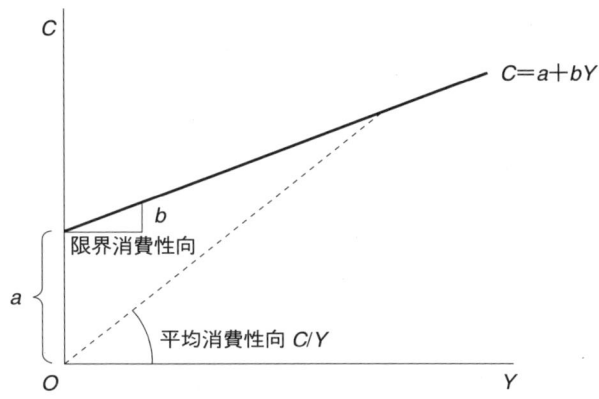

生存していくためには最低限の消費が必要であるということを示している。また消費関数の傾き b は、0より大きく1未満で、所得が増えれば消費が増えるものの、消費が所得以上に増えることはないと考えている。消費関数に付随する重要な概念に平均消費性向と限界消費性向がある。**平均消費性向**とは所得のうちどれだけを消費に充てているのかを示す指標で、C/Y で求められる。図10-5では消費関数上の任意の点と原点とを結ぶ直線の傾きで表わされる。また、**限界消費性向**は1単位所得が増えたときに、どれだけ消費を増やすのかを示す指標で、$\Delta C/\Delta Y$ で求められる（ただし Δ は各変数の増加分を示す）。これは具体的には消費関数の係数 b であり、図10-5の消費関数の傾きに相当する。

ここで仮に I を一定として消費関数を最初の恒等式に代入して整理すると
$$Y = a + bY + \bar{I} + G$$
となる。これを Y について解くと、財・サービス市場が均衡するような国民所得 Y^* が得られる。
$$Y^* = \{a/(1-b)\} + \{1/(1-b)\}\bar{I} + \{1/(1-b)\}G$$
この均衡の決定は図10-6のように理解することもできる。

図10-6では横軸に総供給 Y、縦軸に総需要 $C+I+G$ をとっている。Y に依存して需要が決まるのは消費のみであり、消費関数は図10-5のように

図10-6　GDPの決定

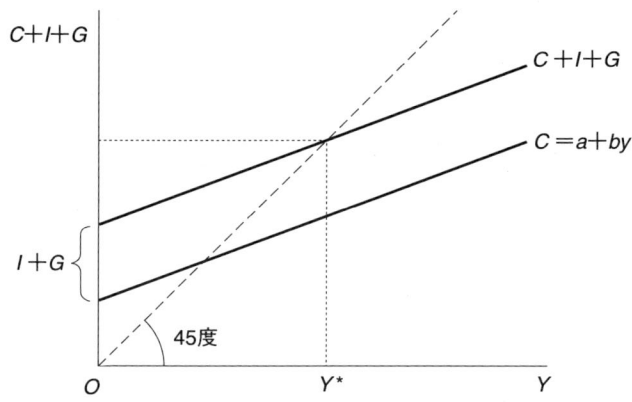

描けるから、右上がりの直線となる。投資 I と財政支出 G は Y とは独立に決定されるので、単に消費関数を上方に平行移動させるだけである。したがって財・サービス市場の総需要と総供給が均衡するような状態は、図中の原点を通る45度線との交点 Y^* で示される。

先ほどの均衡の決定式から、もし投資が ΔI だけ増加したら国民所得は

$$\Delta Y = \{1/(1-b)\}\Delta I$$

だけ増加する。また同様に、もし財政支出が ΔG だけ増加したら国民所得は

$$\Delta Y = \{1/(1-b)\}\Delta G$$

だけ増加する。すなわち、投資や財政支出の増加の $1/(1-b)$ 倍だけ国民所得は増加することになる。ここで b は 1 未満の正の値であるという仮定から、一般に**投資乗数**とよばれる $1/(1-b)$ は 1 より大きくなり、財政支出の増加分よりも国民所得の増加分の方が大きくなることがわかる。これがいわゆる**乗数効果**である。

ところで、先ほど仮に一定とおいた投資支出 I であるが、利子率が低ければ借金をして投資をおこない、利子率が高ければお金を借り控えることから、利子率と投資は反対の方向に動くと考えられる。つまり投資 I は利子率 i に対して減少関数であると仮定することができる。

図10-7　*IS* 曲線

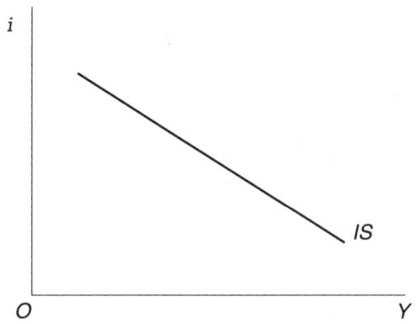

$$I = I(i) \quad (もし\ i' > i\ ならば\ I(i') < I(i)\ と仮定する。)$$

消費関数と同様に**投資関数** $I = I(i)$ も最初の恒等式に代入すると、

$$Y = C(Y) + I(i) + G$$

となる。消費 $C(Y)$ を左辺に移項すれば

$$Y - C(Y) = I(i) + G$$

となる。ここで、所得 Y から消費 $C(Y)$ を引いた残りが貯蓄であり、これを $S(Y)$ で表すと

$$S(Y) = I(i) + G$$

となる。この式は財・サービス市場の均衡における国民所得 Y と利子率 i との間の関係を示しており、国民所得 Y と利子率 i からなる平面にこの曲線を描けば右下がりの曲線、***IS* 曲線**（図10-7）となる。

10.2.3　資産市場の均衡と *LM* 曲線

次に金融資産の需要と供給が均衡する状況を考えていこう。金融資産と一口にいってもお財布に入っている現金、銀行に預けている預金、国債、株式など様々な種類があり、全てを考慮していたのでは分析が複雑になってしまう。そこで、簡単化のために金融資産を貨幣（この場合には銀行券のほか、決済手段としての預金等を含む）と債券の2つであると仮定しよう。家計は貨幣と債券の需要量をそれぞれ決定するわけだが、ここでコインの裏表のよ

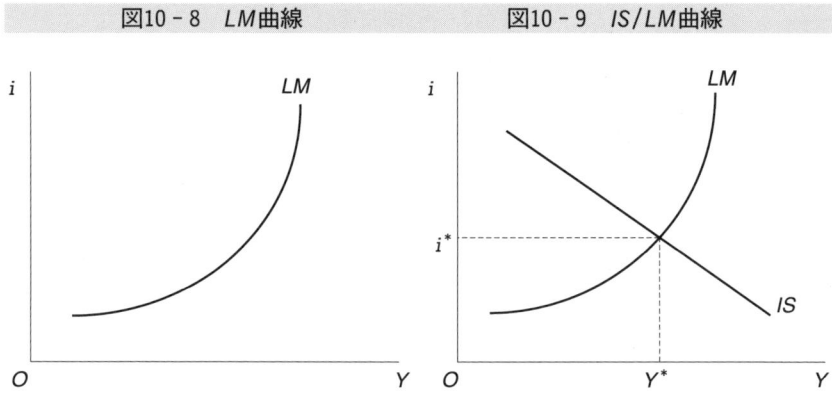

図10-8　*LM曲線*　　　図10-9　*IS/LM曲線*

うに、一方の市場均衡が達成されれば他方の市場均衡も自動的に達成されるという**ワルラス法則**を適用して、貨幣市場にのみ注目していこう。一般に次のような貨幣市場の需給均衡式をまず考える。

$$M = L(Y, i), \text{（もし } Y' > Y \text{ ならば } L' > L \text{ であり、また } i'' > i \text{ ならば } L'' < L \text{ と仮定する。）}$$

左辺のMが**マネーサプライ**つまり貨幣供給、右辺のLが貨幣需要を表しており、この式では貨幣の需要と供給が均衡していることを示している。

貨幣需要の要因として一般に、**取引的動機**と**投機的動機**の二つが考えられる。前者は簡単にいうと、買い物をするのにどれだけの貨幣を手元に必要とするのかということである。通常、所得が多いほど消費も多くなるので、貨幣需要は国民所得Yの増加関数であると仮定される。一方、後者は資金を貨幣で持った場合と債券で持った場合では、どちらがよいかという問題である。利子率が高ければ高いほど債券を保有することでより多くの利子収入を得ることができるので、貨幣を手放してでも債券を手に入れようとする。しかしながら債券には満期を待たずに換金するのが困難であるという性質がある。したがって利子率が低ければ換金の不便さをおしてまで債券を手に入れようとはせず、貨幣で保有することになる。貨幣需要を利子率iの減少関数であると仮定するのはこのためである。したがってマネーサプライ一定のもとで、国民所得Yと利子率iとの平面にこの曲線を描けば右上がりの曲線、***LM***

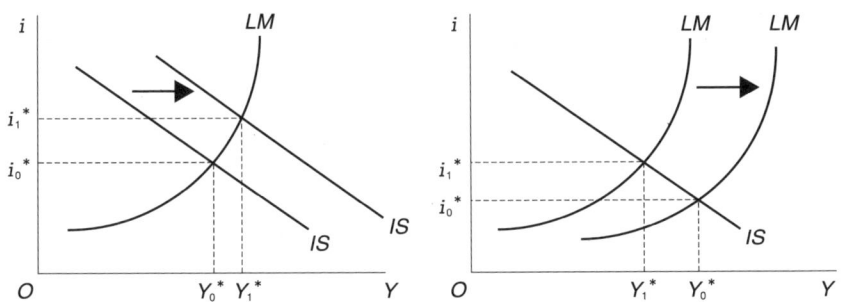

図10-10　IS曲線のシフト　　　　　図10-11　LM曲線のシフト

曲線（図10-8）が導出される。

　今まで述べたことを整理すると、財市場が均衡するためには Y, i の2変数が IS 曲線上になければならないし、資産市場が均衡するためには Y, i の2変数が LM 曲線上になければならない。つまり IS 曲線と LM 曲線の交点でのみ財市場と資産市場は同時に均衡するのである。図10-9の IS 曲線と LM 曲線の交点にある i^* と Y^* がそれぞれ均衡利子率と均衡国民所得を表している。一般に政府がおこなう財政政策や金融政策の有効性についてはこの IS 曲線と LM 曲線を用いた分析で説明がなされている。

10.2.4　クラウディングアウトと流動性のわな

　IS-LM モデルによる財政政策と金融政策の効果については IS 曲線と LM 曲線がシフトすることでごく簡単に図示される。財政政策とは政府が財政支出 G を増やすことによって乗数効果がはたらき国民所得 Y を押し上げるというものである。これが10.1.3で取り上げた財政が経済において重要な役割を果たすひとつの拠り所となっている。図10-10のように財政支出 G が増大すると IS 曲線が右にシフトして、新たな均衡点では金利 i が上昇し国民所得 Y も増加する。

　一方、金融政策とは日本銀行がマネーサプライを調節して利子率の水準を変化させる政策と一般的には説明されている。もしマネーサプライ M が増大

図10-12 財政政策とクラウディングアウト　　図10-13 LM曲線が垂直に近い場合

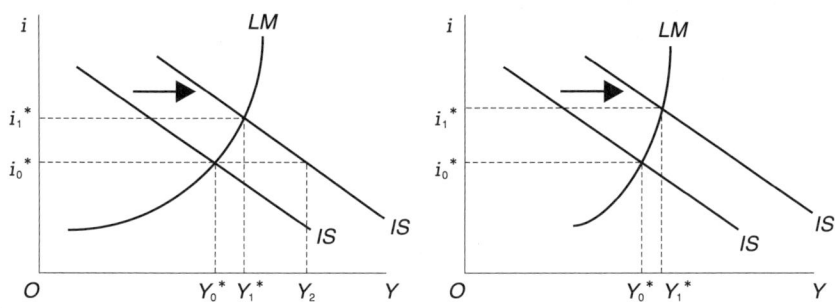

すると図10-11に示されるように LM 曲線が右にシフトして新たな均衡点に達し、以前より利子率 i は下がり国民所得 Y は増加する。つまり金融緩和政策の効果として利子率が下がり国民所得が増加するという効果が期待されるのである。

財政政策と金融政策の有効性が IS-LM モデルを使って説明される一方、その効果は IS 曲線と LM 曲線の形状に依存していて、当然ながら現実には政策がうまく機能しない状況も想定される。その代表的なものがクラウディングアウトと流動性のわなである。このクラウディングアウトと流動性のわなとはどういったものか簡単にまとめてみたい。

クラウディングアウトとは財政支出を行ってもそれが国民所得の増加につながらず、利子率を上昇させるだけに終わる状態を指している。財政支出 G が増加した分だけ国民所得 Y が増え、Y の増加によって消費 C が増え、さらに Y が増加するという乗数効果については財市場の仮定で触れたが、さらに資産市場におよぼす影響を含めると単純に乗数効果が働かなくなる。Y が増加すると LM 曲線上にとどまるために利子率 i も上がらなければならない。利子率が上がると投資関数の仮定から投資 I が減少するのでその分 Y の増加を引き下げてしまう。これを図10-12でみると、まず財市場にのみ注目した場合、財政支出の増大によって Y_0^* から Y_2 に国民所得は増えるが、資産市場へ波及する効果を考慮すると国民所得は Y_0^* から Y_1^* までしか増加せず、

図10‐14 流動性のわな　　図10‐15 流動性のわなにおけるLM曲線のシフト

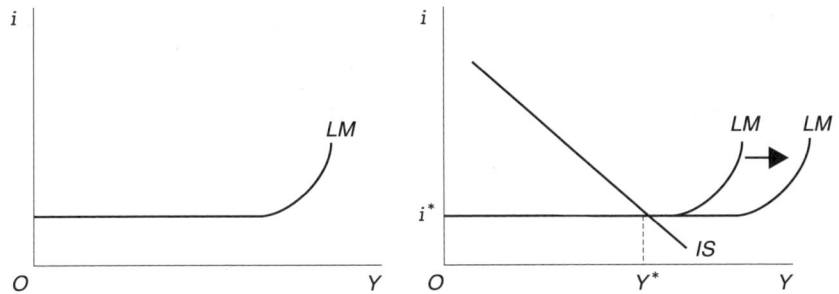

利子率が i_0^* から i_1^* に上昇する。この利子率の上昇によって国民所得の増加が押し戻される分 $Y_2 - Y_1^*$ がクラウディングアウトである。クラウディングアウトの大きさは利子率に対して投資と貨幣需要がどう反応するかによって決まる。利子率が上がると投資が大幅に減少してしまう場合はクラウディングアウトが大きく、逆に利子率が上がっても投資があまり変化しない場合はクラウディングアウトは小さい。また利子率に対して貨幣需要がどう変化するのかは LM 曲線の傾きにあらわれ、図10-13のように貨幣需要が利子率変動の影響を受けにくく LM 曲線が垂直に近い状態である場合、財政支出の増大は国民所得の増加にほとんどつながらず、たんに利子率を上げるだけになってしまう。

次に金融政策が有効でなくなってしまう状況である**流動性のわな**を取り上げよう。一般には利子率が下がると貨幣を保有することによる機会費用、すなわち利子を受け取れないことにより失われる所得が減少するために貨幣需要が増大すると説明される。しかしながら利子率が負の値をとることはないとの前提に立てば、LM 曲線は横軸に近づくにつれてより左側ではこれに添う形で水平にならざるを得ない。このような状態を流動性のわなといい図10-14のように利子率と所得が低いところでは LM 曲線が水平になってしまう。このような LM 曲線が水平になっている部分で IS 曲線と LM 曲線が交わっていると、いくら金融緩和政策を行って LM 曲線を右にシフトさせ

ても全く効果がなくなってしまう（図10-15）。したがって金融政策が実効性を持つのは景気後退の初期に限られ、不況が進行して金利がゼロに近づくような状況では、もはや手遅れということもできよう。

練習問題

1. たばこ1箱の価格は250円で、1年間に160億箱売れているとする。たばこの原価を100円、税金を150円とした場合、1年間にたばこによる税収はいくらになるか。また原価を変えずに増税により1箱の価格を275円としたら、税収はどれくらいになるだろうか。たばこの価格が10％上昇したときに、需要量が5％、10％、15％減少する場合についてそれぞれ考えてみよう。

2. 不況時に消費者が倹約につとめ、図10-5に示したケインズ型の消費関数が下方に平行移動（切片 a が小さくなる）したとしよう。この場合、国民所得と利子率はどのように変化するだろうか。*IS-LM* モデルをつかって分析してみよう。

第11章

政府の役割

11.1 はじめに

　経済学の父といわれたアダム・スミスは、『国富論』の中で**夜警国家論**を説き、政府の役割を警察と国防に限定した。しかし、20世紀後半になると、**混合経済**という考え方が一般的になってきた。そして、政府は市場経済の歪みを是正し市場経済ではカバーしきれない領域を補うために存在する、ということがいわれるようになった。

　具体的には、警察や国防ばかりでなく、**所得の再分配機能**をはたすこと。景気変動を平準化するなど経済の安定化を図ること。また、**市場の失敗**といわれる領域に対処すること（公共サービスの提供はここに含まれる）が重視されるようになった。このような政府の目的を達成する手段として、財政と政府によるルール作りがある。もちろん、せっかくルールを作っても、それを守らなければ役に立たないから、政府は監視と制裁の機能を持つ必要がある。このように経済学で主体の一つとして考えている政府は、狭義の行政府ばかりでなく、立法（国会をはじめとする議会）や司法（裁判所）まで含まれる。

　いま、平成19年度の政府一般歳出概算をみると、総額約46兆9800億円であるが、社会保障関係費が21兆1400億円で、予算総額の45％を占めている。次

に予算額が大きいのは公共事業関係費で、約6兆9500億円になっている。この数字は総予算の15％にあたる。その後には、文教及び科学振興費として5兆2700億円が計上され、この額は一般歳出の11％になる。さらに防衛関係費が約4兆8000億円で、予算の10％を占める。これら上位4項目で総予算の約81％にも及ぶ。

　財政は政府の役割を達成する手段の一つであり、これらの予算項目を見ることによって、政府の役割の一端が窺い知れるであろう。以下の節では、政府の役割について市場経済との関連で説明しよう。

11.2　所得再分配

　本来人間は平等であるべきだということは、近代市民社会の基本的な理念である。しかし、それは市場経済とは相容れない部分がある。市場経済に身をおく企業は、利潤を追求する。それには、有能な人材に力を発揮してもらう必要がある。そのために、賃金という経済的な刺激が必要になる。もしも賃金が平等であれば、どんなに有能な労働者でも、自分の能力に応じた働きはしない。また、企業間でも有能な労働者の取り合いがあり、そのために高い賃金を提示することによって、人材を確保しようとする。すなわち、能力に応じて経済的な報酬が決まる市場の力が働くのである。また、所有資産の多寡も所得格差を生む原因になる。

　このようにしてできた所得の散らばりを示したのが図11－1に示された横軸に所得額、縦軸は個人あるいは世帯数をとった**所得分布**である。一般的には、所得分布は右のすそが長く広がり、分布の山が左に傾いたような形をしている。

　所得分布の散らばりの大きさを示す一つの指数として、**ジニー係数**というものがある。社会全体が5世帯から成り立っている場合の数値例を表11－1に示しながら、いくつか特徴的な所得分布について、ジニー係数を求めよう。ここでは、一つの世帯に国民全体の所得が集中している例、どの世帯の所得も平等な例、さらに現実の社会の例として2つのパターンを提示している。

図11-1 所得分布

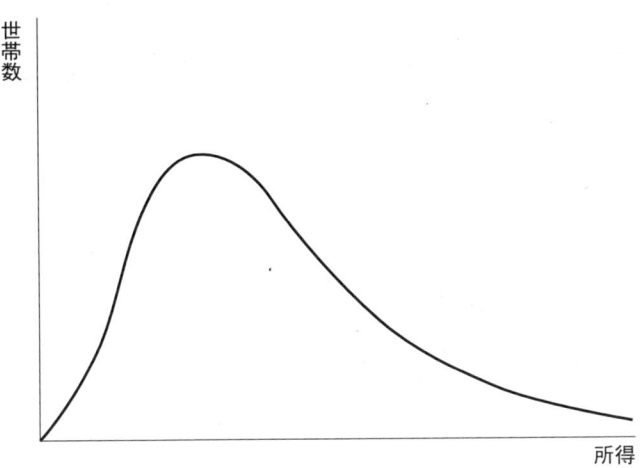

　表11-1に示されているジニー係数を求めるときに役に立つ図が、**ローレンツ曲線**である。それが図11-2に描かれている。これらの図を作るときの手順を表11-2を使って示そう。この表は表11-1の (c-1) に対応している。

　図の横軸は所得の低い世帯から、順番に、高い方へと並べたときの累積世帯数の百分比である。全体で5世帯あるから、それぞれの世帯の全世帯に占める比率は20％である。したがって所得の一番低い世帯（所得は10）の累積世帯比率は20％になり、次に所得の低い世帯（所得は20）の累積世帯比率は40（20＋20）％になる。そして、所得の一番高い世帯の累積比率は100％となることもわかるだろう。一方、縦軸は累積所得比率で、一番低い所得の世帯からある世帯までの所得の合計額を、社会全体の所得総額で割った百分比である。いま、表11-2では社会全体の所得総額は200である。そして、一番低い世帯の所得は10であるから、その百分率は5％（10÷200）、また、第四番目までの世帯の所得は100（10＋20＋30＋40）だから、その百分率は50％である。

　このようにして、表11-1の例をローレンツ曲線として描いたのが、図11-2である。(a) は、1世帯だけが社会全体の富を所有している場合である。

表11-1 所得の不平等とローレンツ曲線、ジニー係数

(a) 一つの世帯に国民全体の所得が集中しているケース

世帯	1	2	3	4	5
所得	0	0	0	0	10

ジニー係数 (1.0)

(b) 完全平等のケース

世帯	1	2	3	4	5
所得	10	10	10	10	10

ジニー係数 (0.0)

(c-1) 現実の社会 (1)

世帯	1	2	3	4	5
所得	10	20	30	40	100

ジニー係数 (0.4)

(c-2) 現実の社会 (2)

世帯	1	2	3	4	5
所得	10	15	30	45	150

ジニー係数 (0.5)

表11-2 ローレンツ曲線の描き方

(c-1) 現実の社会 (1)

世帯	累積世帯数	累積比率	所得	累積所得	累積所得比率
No.1	1	20	10	10	5
No.2	2	40	20	30	15
No.3	3	60	30	60	30
No.4	4	80	40	100	50
No.5	5	100	100	200	100

ローレンツ曲線は、太線で示したように、横軸と右側の縦軸になる。(b)は完全平等の場合で、ローレンツ曲線は図の OZ に一致している。また、(c-1) と (c-2) が世界各国でよく見られるケースで、ローレンツ曲線は左下の O 点と右上の Z 点を固定した上で、そこから糸を張ったような形をしている。このたわみが大きくなると、不平等度が大きくなる。(c-1) と (c-2) を数字で比較すると、(c-1) では最低所得者が全体の所得の5%を占め、最高所得者が全体の所得額の50%を占めている。また、(c-2) では最低所得者

図11-2 ローレンツ曲線、ジニー係数

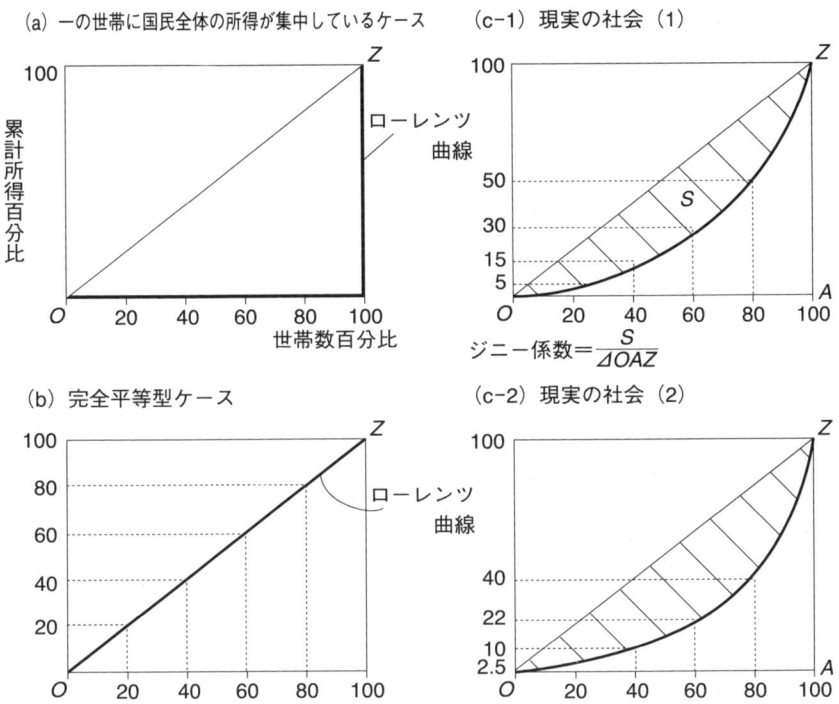

が全体の所得の2.5％しか得ておらず、最高所得者が全体の所得の60％を占めている。まさにローレンツ曲線を見ると、(c-2) はその形状が、(b) よりは (a) に近い。

　不平等度を数字で表したのが**ジニー係数**で、図11-2の (c-1) 上の、たわんだ分の面積と三角形の面積の比で示される。そしてそれは (c) に示されているように $S/\Delta OAZ$ である。数値例によるジニー係数を示すと、(a) の場合には1、(b) では0、(c-1) では0.40、(c-2) では0.50になる。一般に、先進国では、ジニー係数は0.28から0.35程度の範囲にある。

　所得分布が、社会通念から見て、大きく歪んでいると考えられるときに行われるのが、**所得再分配政策**である。政府は税の徴収という手段によって、

表11-3 所得再分配による所得格差是正効果

	当初所得	再分配後所得	
	ジニー係数 A	ジニー係数 B	改善度 $\left(\dfrac{A-B}{A}\right)$
平成 2年	0.4334	0.3643	15.9%
5年	0.4394	0.3645	17.0%
8年	0.4412	0.3606	18.3%
11年	0.4720	0.3814	19.2%
14年	0.4983	0.3812	23.5%

その歪みを是正する。所得税に関しては、**累進課税制度**（所得が上がるにしたがって、税率が上がる制度）が一般化されている。また、相続税などにより、財産所得の源泉となる資産の不平等を是正する手段もとられる。

平成19年度の予算で45％を占めた社会保障費も所得再分配機能を持っている。生活に困っている人に対する生活保護費、失業対策費や高齢者に対する年金、福祉介護費などへの支出は、まさにこの目的に沿っている。また、文教及び科学振興費の一部である学校教育費にも所得再分配機能がある。

ここで、具体的に、所得再分配効果とジニー係数の関係を示した政府の報告書を紹介しよう。厚生労働省で作成した『平成14年所得再分配調査報告書』によると、表11-3のような表が報告されている。

表11-3によれば、税や社会保障による再分配後所得のジニー係数は大よそ0.36から0.38であり（表11-3、B欄）、再分配以前のジニー係数0.43から0.49（表11-3、A欄）に比べ大きく低下していることが分かる。

11.3 経済の安定化

経済全般にインフレとかデフレ傾向がみられる、といったマクロ経済の局面で、政府は景気を調整することがある。財政政策はその手段として使われる。平成14年度予算における公共事業関係費は約8兆4000億円であるが、この

額を増減させることでマクロ需要をコントロールし、IS曲線をシフトさせ、国民所得を増減させることができる点についてはすでに説明した通りである。

また、累進課税制度は、**自動安定化装置**（ビルトイン・スタビライザー）として機能し、景気変動を小さくするように働く。景気が悪くなると所得が減るが、その結果課税される平均所得税率も下がり、それによって可処分所得減少の度合いは小さくなる。一方、景気が良くなると、所得は上がるが、課税される平均所得税率も上がり、可処分所得の増加が抑制される。このようにして、可処分所得の変動が、直接、消費の変動に結びつくから、マクロ経済の景気変動を小さくできるのである。

財政に対する評価の1つとして、均衡財政か否かがある。**均衡財政**では、毎年の収支を均衡させるよう予算を組み、支出（歳出）を行う。赤字財政が認められる理論的根拠は、市場が完全に機能しないことから失業が発生し、資源の効率的な利用がなされていないときに、政府の手で、それを是正するために総需要を引き上げるところにある。そして、国民経済全体の生産量が拡大すれば、税収の増加によって、財政赤字が解消できるというものである。

しかし、このような赤字財政による景気刺激策が恒常化すると、**財政の規律**が失われる。つまり、国債の発行残高が巨大な額になり、金利の支払いに多額の歳入があてられ、政府の本来の目的に使われるべき資金配分に支障をきたすことになってしまうからである。

このような状況をふまえて、財政規律を取り戻すために、将来のある年までに均衡財政を目指すというような制約をかける方法は多くの国で取られている。

このようなマクロ的な部分ばかりでなく、政府は積極的に個々の市場の調整をはかるという役割もはたしている。エネルギーの多くの部分を占める原油の場合、海外からの供給が何らかの理由で止まったり、また供給が制限されると、経済ばかりでなく社会の安全が脅かされる事態が予想される。これに対して、政府の備蓄分を市場に放出しながら価格の高騰を防ぎ、社会的不安をできるだけ小さくすることができる。また、供給超過になりそうな場合には、政府が意図的にそれらの物資を備蓄することがある。

11.4 市場の失敗

市場の失敗とは、市場メカニズムに任せておいたのでは効率的な資源配分ができなかったり、民間の供給主体が生産すると、高コストにつくなど不都合が顕在化してしまうことをいう。具体的な領域としては、(1) 公共財、(2) 規模の経済性が顕著な産業、(3) 正および負の**外部効果**の存在などがある。

(1) 公共財

初めに**公共財**から説明しよう。アダム・スミスも政府の役割として警察と国防を挙げ、市場経済にはまかせられない分野であるといった。まさにこの2つは公共財の代表的な例である。またその他に、公共財には、公衆衛生、道路や義務教育の機会を提供する公立学校などが含まれる。

一般的な公共財の性質として、**非競合性**と**非排除性**が挙げられる。非競合性とは、ある個人がある財やサービスを消費したことによって、別の個人の消費水準が低下するということはないという性質である。

具体的な例として、警察のサービス（社会の安全を確保するサービス）を考えてみよう。国内に住んでいる人々は、区別なくそのサービスを受けることができるし、ある個人がこのサービスを消費したからといって、他の人の安全が損なわれるわけではない。国防についても警察と同様のことがいえよう。

非排除性とは、対価を払わない個人を消費の機会から排除することは、困難だということである。上の警察や国防などの安全確保サービスはまさにそうで、その国に住んでいる限り、自動的にこのサービスを消費してしまう。民間企業がこの性質を持った財を供給しようとすれば、対価を払わない需要主体が多数現れて、コストを回収できなくなってしまう。いわば、**フリー・ライダー**（ただ乗り）の問題が顕在化し、採算性が低下することで供給量が縮小してしまう。それよりも、政府が無料でサービスを供給し、コストは財

政資金でまかなったほうが合理的なのである。

(2) 規模の経済性が顕著な産業

公共財という性質を持たない財であっても、公共的主体によって供給される場合がある。これが、規模の経済性が顕著な産業の場合である。第4章でも説明したように、規模の経済性が働く場合には、例えば電力産業のように広範囲に送電網を必要とする産業では、どれだけ多くの需要主体をカバーできるかが供給コストと密接に関係してくる。したがって、このような産業では、設備投資をして、送電網を含めた装置の規模を拡張すればするほど効率がよくなる。そこで企業は、他の企業との競争に勝つために、こぞって装置規模の拡大をする。そして、企業間の価格競争の結果、最終的には最も大きな規模の装置を持った供給主体が市場を独り占めしてしまう。規模の経済性が顕著なのは、電力やガスなど、公益事業と呼ばれる産業である。そして、現在ではこの種の公益事業には**地域独占**を認めている。それと同時に、価格や供給の仕方などを政府がコントロールし、独占の弊害を顕在化させないようにしている。

(3) 外部効果

外部性とは、主体Aの行動が（公害問題の例では、企業が大気を汚染する）、他の主体Bの行動（地域の消費者の健康が損なわれることによる、医療に対する需要の発生）に影響を及ぼすが、主体Bは、直接、主体Aからその影響による対価を支払われることはない（公害企業からの医療費負担はなく、消費者が自分で負担）、という現象である。外部性には**正と負の外部性**がある。

そこで、いくつか、具体的に外部性のある分野を説明しよう。初めに正の外部性がある社会資本の分野から説明しよう。社会資本の一例として、輸送サービスのネットワークを形成する鉄道網、港湾設備、空港設備、高速道路網、また通信サービスのネットワークなどがある。

需要主体にとって有益なネットワーク・サービスが提供されるためには、

同一の基準でできた通信網が、全国あるいはかなり広範な地域に敷設されていなければならない。そしてネットワークに参加する相手がふえればふえるほど、需要主体にとっての利便性が向上するが、これは**ネットワーク外部性**とよばれている。

　教育の発達などによる社会全体の知識水準の向上もまた、正の外部効果を持つ例である。社会全体での教育水準の向上によって、社会全体の生産力が高まり、人々はその効果を享受することができる。また、近隣地域に公園ができ、緑が豊かになったことによる住環境の改善とそれにともなう近隣住宅地の値上がりという第三者の利益なども、正の外部性とよばれる。

　負の外部効果の代表的なものは、大気汚染や水質汚濁などの公害である。また、大都市で起こる道路や交通機関の混雑などの例もある。このような場合には、政府は法的な規制によって、公害発生を禁止したり、また、新たに社会資本を増やして、負の外部性を緩和することがある。

　これら市場の失敗と呼ばれる分野でも、社会的効果や費用を無視した供給は、排除されるべきものである。例えば、政府による治山治水、道路整備、港湾空港鉄道等整備、住宅都市環境整備などには税金が使われる。そして、お金をかければかけるほど環境は良くなるだろうが、予算は無限にあるわけではない。予算を有効に使うには、どの事業を優先するのかを客観的に決める必要がある。これには、個々のプロジェクトごとに評価する基準がいるが、**費用−便益分析**をはじめいくつかの評価基準が知られている。費用−便益分析では、個々のプロジェクトごとにその費用と便益を計算し、便益が費用を越えるプロジェクトが優先的に実施に移される。ここで費用や便益が会計ベースや経済ベースで合理性を持った値として算出できることが望ましいが、現実には、正確に測定することが難しいプロジェクトも少なくない。特に長期計画などでは、便益を推定するための需要予測を間違うケースもある。最近ではこのような弊害を除去するために、社会資本の整備に対して、民間のノウハウを導入し効率性を重視した方法が考えられている。

　近年、市場の失敗とともに、**政府の失敗**ということが言われだした。政府は、市場の失敗に対応するために、いくつかの政策をとっているが、そのた

めに必要なルール変更のタイミングが遅れがちになったり、採算を考慮しない供給体制を変更することが難しい、などという問題が目立ってきている。

11.5 政府によるルール作り

　政府の役割を達成する手段としてルール作りがある。いま、ルールのない社会を想定すれば、国民一人一人が安心して、高い満足が得られる生活が不可能になることは容易に理解できよう。これは経済活動に限ってもそうである。

　多くの国には独占禁止法がある。この法律では、独占禁止法の適用除外を認められた場合を除き、事業者の過度の集中を認めないというルールを定めている。このルールの趣旨は、独占市場になれば、競争市場と比べて市場価格が高めに設定され、消費者の利益を阻害することになるから、これを排除することにある。株式上場企業は、ルールによって、毎期の損益計算書と貸借対照表を公表することが義務付けられている。投資家は、それらの資料を使いながら、企業の現況や将来の収益性について判断し、投資の意思決定をする。もしこのようなルールがなければ、投資家は投資先の比較判断ができなくなるから、株式市場は衰退してしまうだろう。

　個人にとっても、日常の取引に関するルールがあればこそ、安心して買い物ができるのである。例えば、ある商品を購入したが、自分の意図した商品とは別のものが送られてきたり、買おうと思っていなかった商品を買わされた、などのケースに遭遇するだろう。もし消費者を保護するルールがなければ、買物をする際に不都合を覚悟しなければならず、それだけ買物が慎重になって、消費を控えることになるだろう。

　経済は生き物である。経済環境が変われば、新たな政府の目的が顕在化し、それを達成するには、ルールの変更を迫られるのが普通である。景気が悪くなれば、景気対策として税制というルールを変えて、需要を喚起する。所得税減税によって、消費をふやしたり、投資減税によって投資を刺激したりする。

それぞれの経済法や各種の経済的な規制は、その時代に適合した形で作られるのが普通であり、その時代の経済環境に大きく影響される。1950年代以降の経済成長の結果、日本の一人あたり所得水準は大幅に増え、その結果、経済構造が大きく変わってしまった点については第2章で説明した。そして、経済環境が変われば、従来のルールが現状にそぐわなくなる場合が出てくる。そのときには、生き物である経済を法律の枠に押さえ込んでしまうのではなく、法律そのものを変更する方が、多くの場合、国民の生活水準向上にとって望ましい結果となる。

　その例として、1980年代の国鉄民営化について説明しよう。明治以来、国鉄の日本経済に果たした役割は大きく、国鉄による鉄道網がなければ、近代化も不可能であっただろう。しかし、1970年代になり、国営企業であるが故に、経営体のコスト意識の欠如が目立ってきた。また、莫大な累積赤字による国民負担増の懸念が表面化した。そして、鉄道の敷設が全国に広がり、在来線の新規開拓という必要性が低下した。これらいくつかの理由によって、国鉄の**民営化**が行われ、それが十分に成功したのである。

　国鉄からJRへの変化という、国営企業から民営化へというルールの変更は、社会資本整備という政府の役割にひとつの教訓を与える。政府の役割として社会資本の整備を上げたが、社会資本は、その国の経済発展の段階や時代環境、さらには財政状況によって、その範囲を変える。鉄道についてみれば、明治時代には重要な社会資本のひとつで政府の専断事項といってもよかったが、1980年代に入ると民営化によって市場の失敗の領域から市場の領域に移行したのである。国鉄民営化は、時代にそぐわないルールを見直した成功例になっている。

　1980年代の国鉄民営化が当時の大きな改革であったとすると、21世紀における郵政民営化は大きな制度改革であった。郵政民営化では、2007年までに窓口サービス、郵便、郵便貯金、簡易保険という従来の郵政公社の機能を分割し、それぞれを民営化した上で、郵便局株式会社、郵便事業株式会社、株式会社ゆうちょ銀行、株式会社かんぽ生命保険に4分割するというもので、平成16年（2004年）に閣議決定された。

さらに、経済法の一つとして位置付けられる「独占禁止法」が改正され、平成18年（2006年）1月4日から施行された。この改正の主旨は、「21世紀にふさわしい競争政策を展開する」ということであった。まさに経済のグローバル化にあって、公正かつ自由な競争を守るための法律改正であった。

全般的な傾向として、公正かつ自由な競争を阻害する行為に対して従来以上に適用範囲を明確にし、罰則を強化した点に法律改正の方向性があった。例えば、公正でない取引に関する罰金に関して、従来は300万円以下であったものが改正後は3億円以下となり、上限額が100倍にもなったのである。

また、時代にそぐわない不必要なルールを廃止する場合もある。例えば、小売市場の競争促進を阻害していた大規模小売店舗法の廃止があり、国民の主食であるお米の流通ルート、価格、備蓄や生産調整に関する規定を決めた食糧管理法の廃止がある。

11.6 大きい政府と小さい政府

一般的には、**大きい政府**の背景には、市場に任せる領域を狭め、社会保障や教育など比較的競争原理に乗りにくい分野に十分な予算をつけることによって、社会の安定を促そうという理念がある。一方、**小さい政府**の背景には、政府が介入する部分をできるだけ少なくし、市場原理を十分に活用することによって、経済のダイナミズムを維持しようという理念がある。

大きな政府と小さな政府には、それぞれに短所がある。大きい政府の短所は、ダイナミズムの欠如による社会の停滞をもたらすところにある。しかし小さい政府が主張するダイナミズムだけを追求すると、貧富の差が増大し、それによる社会不安が増大するという懸念もある。2つの政府に関する理念は、相手の欠けている点を補完する、と考えてよいだろう。

大きい政府を主張するとはいっても、完全に市場を拒否するわけではない。また、小さい政府を主張するといっても、あらゆる分野が市場経済でよいといっているわけではない。

このような相反する考え方が出てきた背景を歴史的におってみよう。イギ

リスでは第二次大戦後、労働党が政権をとり、石炭、鉄鋼、鉄道など基幹産業の国営化をはじめ、多くの分野で国営化政策をとった。しかし、国営化は、慢性的な赤字経営や経済的に非効率な経営組織の存続などの弊害によって、1970年代から問題化してきた。フランスでも、当時の社会党政権が主要な企業の国有化を行ったが、その結果はイギリスと似たものであった。イギリスのサッチャーリズムやアメリカのレーガノミックスの登場など、各国で行われた一連の**規制緩和政策**は、まさに、大きな政府とは正反対の政府を志向したものである。国営企業の非効率に伴う国際競争力の低下が顕在化したばかりでなく、財政負担に耐え切れなくなった当時の政府が、その打開策として、個人や企業のインセンティブを重視した市場メカニズムの活用に踏み切ったのである。

近年になり、日本でも、大きな政府か小さな政府かという議論がさかんになってきている。そこでは、政府の領域をどこまでに取り、従来政府が担当してきた領域をどこまで市場化するのかということが議論され、見直されている。現に、国鉄、電電公社、専売公社の民営化などが1980年代以降に行われている。

大きい政府と小さい政府の選択は、最終的には、経済学が決めるのではなく、国民一人一人の意思による。仮に、一人一人が市場メカニズムを通じたダイナミズムを必要としていると考えていれば、国民全体として、小さい政府を選択する余地が高くなる。また、社会保障や教育などの社会的サービスに不満があると国民一人一人が考えていれば、国民の総意として大きな政府を選択する余地がでてくる。そして、このような選択は、選挙を通じて行われることになる。このようにして、民主主義社会における選挙の役割は、市場の担当範囲を決める、という重大な選択をすることになる。

練習問題

1. 次頁の数値は平成11年全国消費実態調査における年間収入5分位階級別年間収入である。この数値を使って、ローレンツ曲線を求め、ジニー係数を計算しなさい。

世帯	I	II	III	IV	V
所得（千円）	3026	4941	6670	8853	14461

2．規模の経済性が顕著な、電力やガスなど、公益事業では、価格や供給の仕方を政府がコントロールし、独占の弊害を顕在化させないようにしている。図書館やインターネットなどでその具体的な方法を、調べなさい。

第12章

国際間取引

12.1 日本の輸出入

　身の回りに持っている財、たとえばバッグ、靴、パソコン、シャープペンシルなどを仔細に眺めてみると、made in China とか made in Italy といったその商品が生産された場所を示す表示を見つけることができる。自分が持っているいろいろなものを調べてみて、一体どれくらい made in Japan または日本製と書かれたものを見つけることができるだろうか。現在では国産品を見つけるのがなかなか大変なぐらい、日本には外国から多くの財が輸入され、われわれはそれを意識的にあるいは無意識に消費している。逆に海外を旅行すると、日本企業のブランドがついた自動車やカメラなどをよく見かける。このように交通・通信手段が発達したおかげで、日本国内にいながら外国製品を手にしたり、海外で日本製品が愛用されるなど、国際間で財の取引が活発におこなわれるようになった。図12-1で1985年から2006年にかけて日本の輸出入額がどのように推移してきたのかをみてみると、輸出入ともに近年になって急激に増加したことがわかる。

　外国と陸続きで国境を接していない島国の日本にしてみると、外国からモノを運ぶためには船か飛行機に頼らざるを得ず、運送料も余計にかかって非常に不便である。なぜそのような苦労をしてまで海外からまたは海外へモノ

図12-1　日本の輸出入額の推移

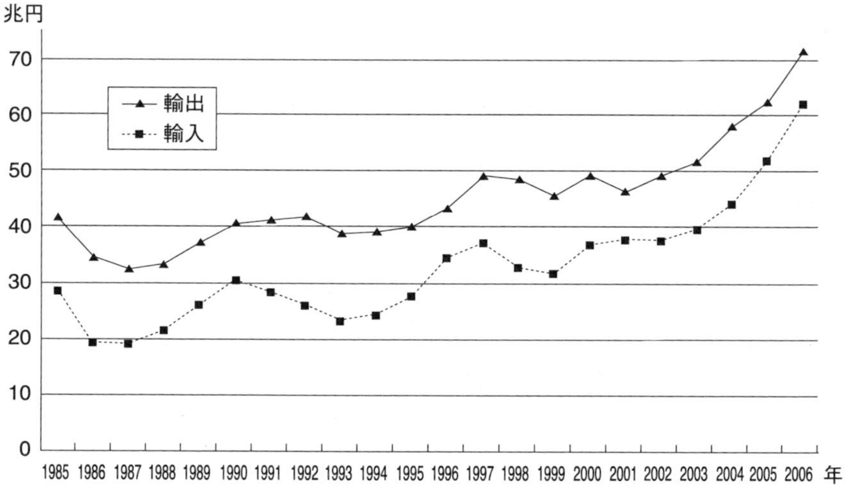

出所）「国際収支表」

を運ぶ必要があるのだろうか。財によっても輸入する理由は様々あるので、読者にもあれこれ考えてほしい。

輸入について考えてみると、ひとつには日本に存在しないまたは乏しい財を、それを豊富に持つ外国からの輸入で補うという理由がまず考えられる。典型的なのが原油、鉄鉱石、大豆といった天然資源、原料品である。また日本にも十分供給力がある財でも、外国から輸入した方が安いという場合もあり、牛肉やしいたけ、タオル、衣服といった財がその典型であろう。特に中国などアジア諸国は、安価な人件費によって低価格で財を供給することができ、輸入する際の運賃や保険料を含めても国産品より安く、国内産業を圧迫するという状況を招いている。もうひとつ、人間は目新しいものや手に入れにくいものを欲しがる傾向にあるという理由も考えられる。たとえば同じ自動車でもデザインの違う輸入車に乗ってみたかったり、外国製のチョコレートやおもちゃにあこがれたりする。

では、どのような財が輸出入されているのか、2006年の商品別、地域別輸

第12章●国際間取引　205

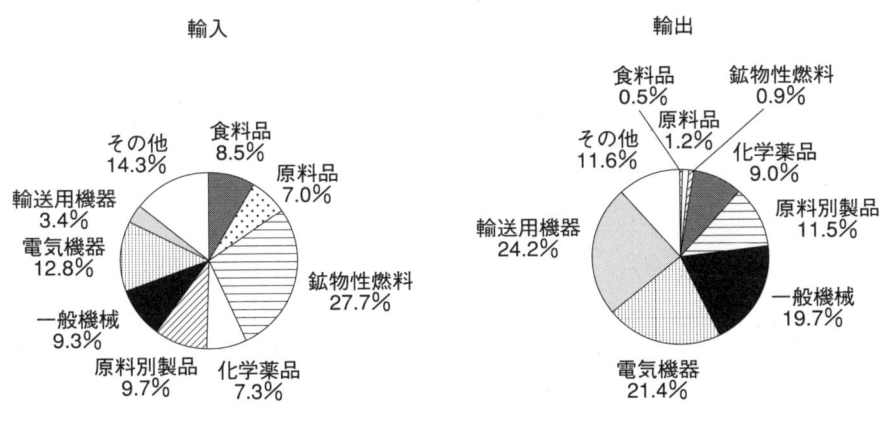

図12-2-1　商品別輸出入の比率（2006年）

出所）財務省

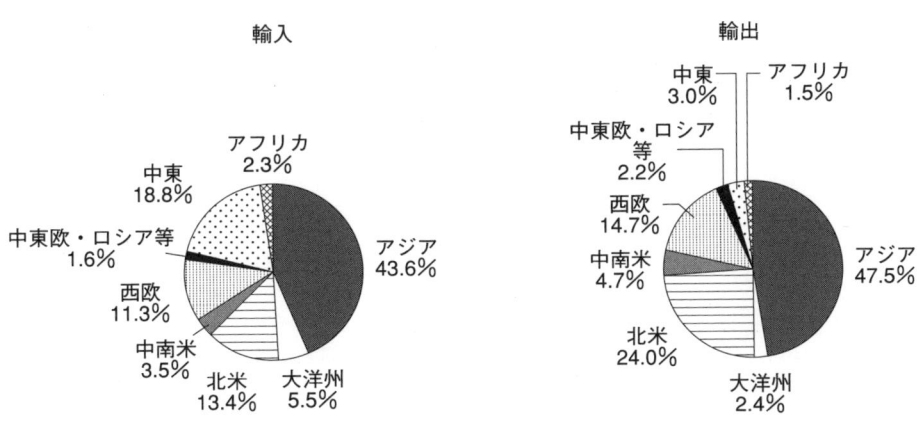

図12-2-2　地域別輸出入の比率（2006年）

出所）財務省

出入額をみてみよう（図12-2）。輸入品で最も多いのは原油などの鉱物性燃料で輸入金額全体の27.7%を占める。次いでICなどの電気機器が12.8%、非鉄金属などの原料別製品が9.7%、パソコンなどの一般機械が9.3%などの順となっている。また輸出品で多いのは、自動車などの輸送用機器が24.2%、

ICなどの電気機器が21.4％、エンジンなどの一般機械が19.7％などとなっている。これを貿易相手国の地域別に見ると、輸入ではアジアが43.6％と他の地域を圧倒しており、このほか中東が18.8％、北米が13.4％などとなっている。輸出の場合にもやはりアジアが最大のパートナーで47.5％を占め、次いで北米が24.0％、EU等の西欧が14.7％の順である。

　貿易の理論としてもっとも名高いのは**デヴィッド・リカード**の**比較生産費説**である。たとえば1年前からアルバイトをしているA君はハンバーガー1個を作るのに2分かかり、フライドポテト1袋を作るのに3分かかる。同じ店で新たにB君が一緒にアルバイトすることになった。B君はハンバーガー1個を作るのに3分かかり、フライドポテト1袋に4分かかる。どちらを作っても熟練しているA君のほうがだんぜん速い。これをA君はどちらの財に対しても、B君に対して**絶対優位**にあるという。このように2人で同じものを生産するのに要するコスト（この場合では時間）に違いがある場合には、お互いに「相対的」に得意な分野に特化することにより**分業の利益**が得られる。この単純な例では、A君がハンバーガーを作るのに要する時間はフライドポテトの3分の2、これがB君では4分の3となっている。ここで、

$$\frac{2}{3} < \frac{3}{4}$$

となっており、これをA君はB君に対してハンバーガーで**比較優位**をもつといい、その裏返しとして、B君はフライドポテトでA君に対して比較優位をもつという。この場合に店長は、A君にハンバーガーを、B君にフライドポテトを作ってもらえばよい。つまり、それぞれが比較優位をもつ財の生産に特化することにより、双方は分業の利益を享受できるわけである。リカードはこの原理を国際貿易に応用して、**自由貿易**が各国の利益につながると結論付けたのである。

　これが自由貿易を推し進める理論的根拠になっていることに、すでに読者は気づいたことだろう。現在、**WTO**（World Trade Organization、世界貿易機関）が中心となって、貿易の障害となる**関税**（輸入品にかける税金）、国内産品に対する補助金や輸入数量制限などの**非関税障壁**の撤廃を話し合っ

ているのも、自由貿易が分業の利益を得るための最善の方法と考えているからに他ならない。しかしながら、先のハンバーガーの例からも容易に想像できるように、B君もアルバイトに慣れれば、当然2人の相対的な作業時間は変わることが予想される。B君の潜在的な能力まで考えれば、実はB君のほうがハンバーガーで比較優位をもっているかもしれない。しかしながらB君が初期時点でフライドポテトに比較優位をもっているからといって、ハンバーガーを作る機会を与えなければ、2人はB君の潜在能力を生かすチャンスを永久に失ってしまう。

　この問題は国際貿易にも当然あてはまり、先進諸国が工業製品に比較優位をもち、発展途上国が農産物に比較優位をもっているからといって、これが潜在能力のあかしである保証はまったくない。たとえば赤道直下にあるシンガポールが、工業国として立国しているのは、そのよい例であろう。その意味では、関税などで国産品を保護することにより、短期的に発展途上国にキャッチアップする（追いつく）機会を与えることも、世界経済全体からみればきわめて重要であることを忘れてはならない。

12.2 貿易とその決済

　前節に述べたような商品の輸出入に派生して、国際間で資金の決済がおこなわれる。たとえば日本から米国に自動車が輸出される場合には、モノである自動車は日本から米国に運ばれる。一方、その裏側では自動車の代金つまりカネが米国から日本に支払われる。ではこのモノとカネの一連のやりとりが、異国間ではどのようになされるのか、日本の企業A社が米国の企業B社から商品を輸入する場合を例に考えていくことにする。図12-3をみてみよう。ここでは輸入元のA社は輸入代金をいつでも支払える状況にあるとする。その場合でも輸出元のB社にとってみれば、A社と過去に取引実績があればともかく、A社を容易に信用して取引をおこなうことはしない。というのは、モノを日本に送った後でその代金を支払ってもらえないと、B社は大損をするわけだし、裁判を起こすにしても外国での裁判の勝手を知らねばならず、

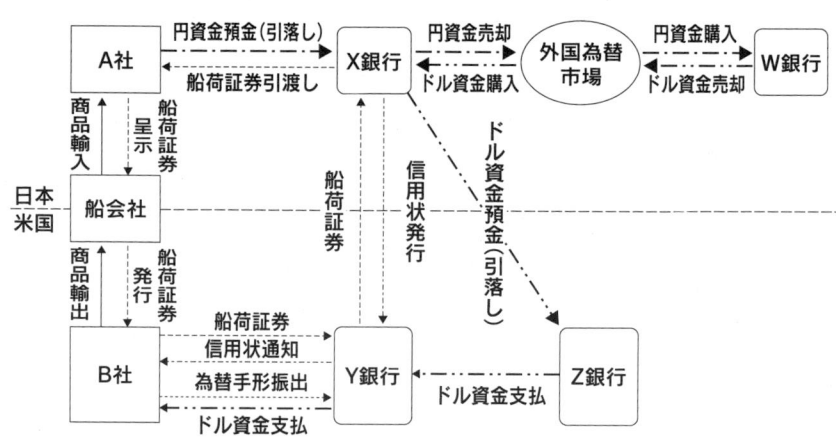

図12-3　貿易決済

費用もかかってしまうからである。もちろんA社にとってみれば代金を払ったのにモノが送られてこないというような詐欺にあうリスクもあるわけである。こういった相互のリスクを軽減するために、銀行は取引の仲介役となって手続きを容易にする役割を担っている。

　日本の銀行は外国の銀行と**外国為替業務**に関して協力し合うという契約を締結しており、この契約を**コルレス契約**（correspondent agreement）という。コルレス契約を結んだ相手の銀行が**コルレス銀行**（correspondence bank）であり、このうち特に預金勘定を開設している場合を**デポ・コルレス銀行**（depository correspondence bank）とよび、この預金勘定を利用して外国で代金を引き落としたり、受け取ったりする。世界各国と取引を円滑におこなうためにはデポ・コルレス銀行を沢山もっているほうが望ましいわけだが、預金勘定を開設したり維持するための費用がかさむことから、すべてのコルレス銀行に預金勘定を置いているわけではない。預金口座のないコルレス銀行を**ノンデポ・コルレス銀行**（non-depository correspondence bank）とよぶ。

　ここでは依頼人（applicant）であるA社が輸入代金を日本のX銀行にあらかじめ預金し、これを担保にX銀行に支払い承諾（支払いの保証）を求め

るとする。A社から依頼を受けたX銀行ではコルレス銀行である米国のY銀行に対し、当該輸入代金の支払い承諾をする旨の通知書を発行する。この通知書を一般に**信用状**（Letter of Credit, L/C）とよんでおり、X銀行を**発行銀行**（issuing bank）、Y銀行を**通知銀行**（advising bank）と称する。信用状を受け取ったY銀行は、その旨を輸出元のB社に通知する。このB社を**信用状の受益者**（beneficiary）とよぶ。これを受けてB社では輸出商品の船積みを行い、運送人である船会社から船積みが完了した旨を記した**船荷証券**（bill of loading）を受け取る。

次にB社では、B社を振出人、Y銀行を受取人、日本のX銀行を引受人兼支払人とする**為替手形**（請求書）を発行し、これに船荷証券を添付してY銀行に買取りを依頼する。Y銀行はこの**荷付為替手形**（船荷証券が添付された為替手形）と引替えに輸出代金を自行の米ドル資金により支払い、割引料を徴収する。そして買い取られた為替手形と船荷証券は日本のX銀行に郵送される。ただし一般に為替手形は米ドル建であり、その場合には為替手形の引受人兼支払人は日本のX銀行ではなく、米国のY銀行とすることが多い。すなわちX銀行の委任を受けてY銀行が米ドル資金を支払うわけである。もしY銀行が為替手形を引き受け、支払いに応じたときには、Y銀行はこの資金の支払いをX銀行が預金口座を開設しているデポ・コルレス先のZ銀行に対して要求する。この場合、Z銀行は**補償銀行**（compensation bank）とよばれ、同行のX銀行の口座からY銀行に米ドル資金を支払い、その旨がX銀行に通知される。

このように為替手形が米国内で決済された場合、Y銀行からX銀行へ郵送されるのは船荷証券のみである。X銀行ではこれを受け取りしだい、輸入元のA社に通知し、A社はX銀行にすでに預金してある輸入代金の円資金と引替えに、船荷証券を受け取る。A社がこの船荷証券と引替えに運送人である船会社から輸入商品の引渡しを受けることは当然である。

この結果、X銀行は一方で円資金を受け取り、他方でZ銀行に開設した預金口座から米ドル資金を支払ったことになる。X銀行が決済用のドル資金を当初から保有していれば問題は生じないが、もしX銀行が米ドル資金をもっ

表12-1 国際収支表

	経常収支								資本収支
		貿易・サービス収支					所得収支	経常移転収支	
			貿易収支			サービス収支			
				輸出	輸入				
2000年	128755	74298	123719	495257	371537	−49421	65052	−10596	−94233
2001年	106523	32120	84013	465835	381821	−51893	84007	−9604	−61726
2002年	141397	64690	115503	494797	379294	−50813	82665	−5958	−84775
2003年	157668	83553	119768	519342	399575	−36215	82812	−8697	77341
2004年	186184	101961	139022	582951	443928	−37061	92731	−8509	17370
2005年	182591	76930	103348	626319	522971	−26418	113817	−8157	−140068
2006年	198488	73460	94643	716309	621665	−21183	137457	−12429	−124665

出所)「国際収支表」

ていない場合にはどうしたらよいであろうか。この場合にX銀行は、日本の輸出企業C社から上述のような為替手形を円資金と引替えに買い取ったW銀行を見つけて取引を申し込む必要がある。W銀行は為替資金を米ドル建で受取ることになるため、X銀行とW銀行は相互に円資金と米ドル資金を交換すればよいわけである。

これをマクロの視点でみれば、日本企業が輸入代金として銀行に支払った円資金と、米国企業が輸入代金として銀行に支払った米ドル資金とが銀行相互間で交換されるわけである。そしてこの異通貨の資金を銀行間で交換する市場を一般に**外国為替市場**、またその交換比率を外国為替相場あるいは為替レートとよんでいる。これについては後述しよう。

12.3 国際収支表

前節では、輸出入を中心に我が国の対外取引をながめてみた。ここではこのような対外取引がどのようにおこなわれているのかを、表12-1に示す**国際収支表**とよばれる統計資料をもとに考えてみたい。一国の輸出と輸入は常に均衡しているとは限らない。輸出金額から輸入金額を差し引いた値を**貿易収支**とよび、この値がプラスならば貿易収支は黒字、マイナスならば赤字と

(単位：億円)

投資収支					その他資本収支		外貨準備増減	誤差脱漏
	直接投資	証券投資	金融派生商品	その他投資		資本移転		
−84287	−25039	−38470	−5090	−15688	−9947	−9160	−52609	18088
−58264	−39000	−56291	1853	35175	−3462	−2933	−49364	4567
−80558	−28891	−131486	2630	77189	−4217	−3371	−57969	1348
82014	−26058	−114731	6074	216728	−4672	−2637	−215288	−19722
22504	−25032	23403	2590	21542	−5134	−4677	−172675	−30879
−134579	−47400	−10700	−8023	−68456	−5490	−4460	−24562	−17960
−119132	−66025	147961	2835	−203903	−5533	−4663	−37196	−36627

なる。貿易収支は財の国際間取引である輸出入を、港で船積みして引渡すときの **FOB**（Free On Board）価格で計上している。基礎データは財務省が税関の書類をもとに作成する貿易統計である。ただし、貿易統計では、輸出はFOB建てであるが、輸入は運賃・保険料込みの **CIF**（Cost, Insurance and Freight）建てとなっている。したがって国際収支表では輸入についても、運賃・保険料等を控除してFOB建てに修正している。

　対外取引というとモノを連想することが多いが、実際にはサービスの取引も盛んに行われている。モノの輸出入に付随してサービス取引が発生する場合もあり、船舶や航空機による「輸送」サービスなどはその一例である。もちろん輸送には旅客輸送も含まれ、国際間の移動に外国の船舶や航空機を利用するとサービスの支払いとなり、逆に外国人が日本の航空会社を利用した場合などにはサービスの受取りとして計上される。また日本人が旅行で外国に滞在して食事をしたり、おみやげを購入するとこれは「旅行」サービスの支払いとなる。同様に外国人が日本に滞在して新幹線を利用したり、宿泊したりする場合にはサービスの受取りとして計上される。国際収支表にサービスとして計上されるものは、この他にも国際通話料、特許使用料などさまざまあり「その他」サービスとして計上されている。サービスの受取りが支払いを上回れば**サービス収支**は黒字、反対に支払いが受取りを上回ればサービ

ス収支は赤字となる。

　以上の貿易収支とサービス収支に、利子の支払いなどの所得収支、海外への無償資金援助（道路建設など投資的なものを除く）や国際機関への拠出金などの経常移転収支を加えたものが**経常収支**である。我が国の場合には、サービス収支と経常移転収支は赤字となることが多いものの、貿易収支と所得収支は黒字となっているため、全体として経常収支は黒字となることが多い。

　経常収支はいわばフローの取引の帳尻であるが、対外取引にはこれ以外にも資産や負債などストックの増減にかかわる取引があり、これらを**資本取引**と総称している。このうち**直接投資**とよばれるものには、日本企業が海外に子会社を設立する場合や、海外の企業が日本の企業の株式を取得して経営権を握るなどの例が含まれる。

　1980年代には市場を求めて米国に進出する日本企業が多かったが、1990年代後半になると豊富で廉価な労働力を求めて中国などアジア地域に生産拠点を置く日本企業が増加し、さらに近年では通貨統合後のヨーロッパでの現地生産に踏み切る企業も少なくない。とくに円高が進行し、輸出価格が高騰した後に日本から海外への直接投資が増加する傾向が見られ、**産業空洞化**の問題として我が国の雇用の喪失が懸念されている。日本企業が海外に進出することで資金が流出する分（対外直接投資）と、海外企業が日本に進出することで資金が流入する分（対内直接投資）を比較して、前者のほうが大きければ直接投資は赤字、後者のほうが大きければ黒字となる。円安と日本の株価の低迷で1990年代末以降、対内直接投資には急激な増加がみられるものの、過去一貫して対外直接投資が優勢で、直接投資収支は常に赤字となってきた。

　直接投資とならんで対外資本取引に重要な位置を占めているのが**証券投資**である。1980年代ごろまでは日本の対外証券投資といえば、米国債投資の代名詞のように言われてきたが、1990年代後半になると世界的な株高も手伝って、経営権の取得を目的としない株式投資が増加した。また地域別でも通貨統合の影響を受けてヨーロッパ向けが堅調に推移しているのが注目される。日本への対内証券投資は株価や債券価格の影響をもろに受けるため年々大きな変動を見せているが、金額をみればまだまだ対外証券投資におよばない。

しかしながら債券や株式の取引では、相場の展開次第で買いもあれば売りもあるのが通例である。したがって全体からみれば我が国から海外への資金流出が大きく、証券投資の収支は赤字基調にあるが、年によっては海外からの資金流入が資金流出を上回って証券投資収支が黒字ということもある。

直接投資と証券投資に、先物取引やオプション取引などの金融派生商品の取引や、預金・貸付などの金融機関の取引を加えたものを、国際収支表では**投資収支**とよんでいる。また投資収支に、道路建設など投資的な無償資金援助や石油採掘権の売買といったその他資本収支を加えたものを**資本収支**とよぶ。我が国の場合、経常収支が常に黒字なのに対して、資本収支は常に赤字であり、結果として世界でも有数の膨大な**対外資産**を保有している。

国際収支表の最後の項目は外貨準備増減である。**外貨準備**とは一般に通貨当局（日本では政府と日本銀行）の管理下にある対外資産の総称である。第2次世界大戦直後の日本のように、1ドル＝360円というように予め外国為替相場が決められている**固定為替相場制**のもとでは、経常収支と資本収支を黒字はプラス、赤字はマイナスとして合計した値が正であれば外貨準備が積み増され、この値が負であれば取り崩されるという関係にあるため、外貨準備は一国経済にとってきわめて重要な指標であった。しかしながら外国為替相場が日々刻々と変化する**変動為替相場制**のもとでは、経常取引や資本取引による資金の受取りと支払いの金額の比率を反映して為替相場そのものが変化するために、外貨準備の金額そのものが大きな意味を持つことはなくなっている。現在では為替相場の極端な変動を抑制するために、通貨当局が円売りドル買い介入などの**為替平衡操作**を行うことで外貨準備が増減する部分が大きい。

経常収支と資本収支に外貨準備増減を加えると、これが恒等的にゼロになるように国際収支表は作成されている。つまり対外取引を全体としてみれば、資金の支払いと受取りは常に等しい。これは日本がモノの輸出超過で得た利益（カネ）を、海外に預金として積み立てていると考えればわかりやすい。したがってモノをたくさん売れば預金残高も増えるし、モノが売れなければ預金残高も増えないわけで、この預金残高に相当するのが我が国の対外資産

ということになる。もちろん、この値がマイナスであれば借金状態を意味する対外負債となるので、両者を合わせて**対外資産負債残高**とよぶこともある。

12.4 外国為替市場と外国為替相場

先に述べた輸入の決済はもちろん、外国通貨建の債券の取得などには外国通貨建ての資金、すなわち**外貨**が必要とされる。一方で輸出の決済や、株式の海外への売却などで外貨を受け取る機会も多い。現行の外国為替及び外国貿易法は、外貨の売買に特段の制限を設けているわけではないが、一般の企業や個人は、みずから外貨を必要とするときは銀行を相手方として、円資金と引換えに外貨を受取るのが一般的であろう。また外貨を日本の通貨である円資金に転換したい場合には、やはり銀行を相手方として、外貨と引換えに円資金を受取ることになる。この場合に銀行からみて外貨の支払いと受取りが一致すれば問題は生じないが、特に短期間に注目すれば、このようなことはむしろ稀であるといわねばならない。そこである銀行は余分の外貨を放出して円資金を取入れ、また別の銀行は円資金を見返りとして外貨を調達することになる。このような銀行相互間の外貨の売買取引を制度化したものが銀行間外国為替市場であり、たんに**外国為替市場**といえば、この狭義の市場を指すものと理解して差し支えない。

この外国為替市場の重要な役割のひとつは、外貨の売買を一元化することによって、市場の需給を均衡させるような適切な**外国為替相場**を形成することである。外国為替相場（為替レート）とはある通貨と別の通貨の交換比率を指すものであり、たとえば1ドル＝120円といったものである。日本をはじめ米国、スイスなどでは、為替レートが情勢に応じて時々刻々変動する変動為替相場制をとっており、貿易決済はもちろん、海外旅行で外貨を購入する際の為替相場も、銀行間の為替相場を反映して日々変化することになる。しかしながら為替相場の変動は輸出企業の利潤に大きな影響をおよぼすばかりでなく、海外から輸入する食料品の価格が変動するなど、消費者にとっても大きな問題である。そこでヨーロッパの多くの諸国では、フランスはフラ

ン、ドイツはマルクといった古来の通貨の使用を一切やめて、2002年1月から新しい統一通貨**ユーロ**に全面的に切り替えた。

外国為替相場を1ドル＝120円というように、外国通貨1単位に対して自国通貨がいくらかを表す場合を自国通貨建（**邦貨建**）という。また逆に自国通貨1単位に対して外国通貨がいくらかを表す場合を外国通貨建（**外貨建**）といい、1円＝0.008ドルというように表示する。自国通貨建ての場合、1ドル＝120円というのは1ドルと交換するために120円必要であるということを表している。もし1ドル＝100円となったら以前より少ない円で1ドルと交換できるので、相対的に円の価値が上がったと見なすことができ、これを**円高**になったという。円高になると日本の輸入企業や海外旅行者にとって、外国製品は国内製品に比べ相対的に安くなるため、輸入や海外旅行が増加する。逆に1ドル＝150円となったら1ドルを得るために150円も必要となり、円の価値が下がったことになるので**円安**という。円安は自動車や電気機械等の輸出産業にとっては追い風で、相対的に安価な日本製品に対する需要が増え輸出が伸びることになる。

12.5 外国為替相場の決定理論

外国為替相場がどのように決まるのかについて、決定的な理論があるわけではない。もし為替がどの方向に動くかわかっていたら、為替操作ひとつで大儲けできるわけである。ここではよく知られている**購買力平価説**と、10章で学んだ IS-LM モデルを多国間モデルに拡張したマンデル・フレミング・モデルを説明しよう。

購買力平価説

長期的に為替レートがどのように決まるのかということについて、スウェーデンのグスタフ・カッセル（1866-1945）が唱えた購買力平価説（Purchasing Power Parity Doctrine; PPP）がある。これは、自国通貨と外国通貨の購買力の比率によって為替相場が決定されるという理論で、財やサービ

スの取引を自由におこなえる市場では、同じ商品の価格は1つに決まるという**一物一価の法則**を前提としている。例えば日本とアメリカどちらにもある等質な財としてハンバーガーがある。両国のハンバーガーはパン、ハンバーグ、トマト、レタスからつくられており、どちらの国で食べても似たり寄ったりであるとする。ハンバーガー1個の価格は日本で120円、アメリカで1ドルだとすると、一物一価の法則が成り立っているならばハンバーガーの価格は1ドル＝120円ということになる。これが両国における購買力の比率であり、為替レートは1ドル＝120円と計算される。つまり、ある等質な財について日本での価格を P^J、アメリカでの価格を P^U とした場合、購買力平価（PPP）は次のようにして求めることができる。

$$PPP = \frac{P^J}{P^U}$$

実際には資本取引など種々の要因があり、外国為替相場が購買力平価を忠実に反映するものとはなっていない。むしろ購買力平価はモノの経済の視点から、外国為替相場が適切な水準にあるかどうかを判断する基準と考えればわかりやすい。

マンデル・フレミング・モデル

10章で解説した **IS-LM モデル**を一国経済だけでなく、対外取引を含む開放経済へと拡張したものに**マンデル・フレミング・モデル**がある。モデルでは、まず IS-LM モデルと同様に財市場の均衡と、貨幣市場の均衡を考える。財市場の均衡式は IS 曲線を説明した際に提示した式に純輸出（NX）が加わる。ちなみに純輸出とは輸出から輸入を引いた値である。

$$Y = C(Y) + I(i) + G + NX(e)$$

ここで e は外国通貨建ての為替レートをあらわしている。もし e の値が大きくなる、つまり円高になると輸出は減少して逆に輸入が増加するので、純輸出は減少するという関係にある。また貨幣市場の均衡は LM 曲線を導出する際に用いた式をそのまま受け継ぐ。

$$M = L(Y, i)$$

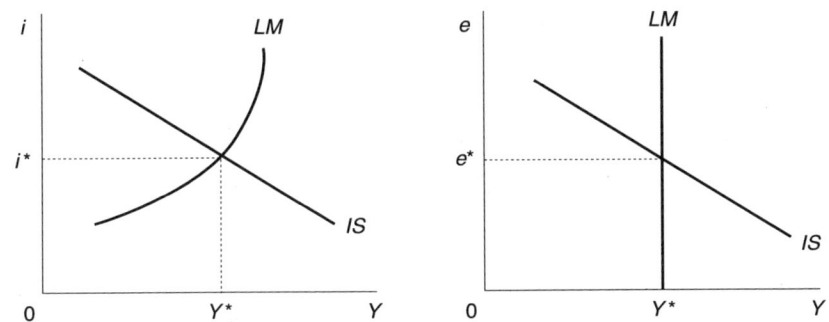

図12-4　IS-LM曲線　　　図12-5　為替レートを考慮したIS-LM曲線

　この両式から財市場の均衡と貨幣市場の均衡を同時に満たすような利子率と国民所得の関係は図12-4のように描くことができる。

　これを今度は縦軸を為替レートに変えて、財市場の均衡と貨幣市場の均衡を同時に満たすような為替レートと国民所得の関係を描くと図12-5のようになる。IS曲線は、外国通貨建て為替レートの値が小さいほど、純輸出が増加して国民所得が増大するという関係を表している。一方、LM曲線は為替レートの影響を受けないので縦軸に平行な直線となる。

　さらに新たに加わる仮定として利子率iがどのように決まるのかという問題がある。ここではまず、国際資本移動が自由で世界利子率i^wと自国利子率iの間で**金利裁定**（利子率の平準化）がはたらいている状況を考えよう。この場合、自国の利子率が世界の利子率に影響を与えないような小国を考えるとすれば、自国の利子率iは世界利子率と等しくなるはずである。

$$i = i^w$$

もちろん大国を想定し、自国の利子率が世界の利子率に影響を与えると考えるならば、利子率がどのように決まるのかを記述する式が必要となるが、ここでは簡単な小国の場合についてのみモデルの帰結を考えてみよう。

財政政策

　財政支出が拡大されると、10章で述べたように**IS曲線**が右へシフトして、利子率と国民所得がともに増大する（図12-6）。しかし、自国の利子率が上

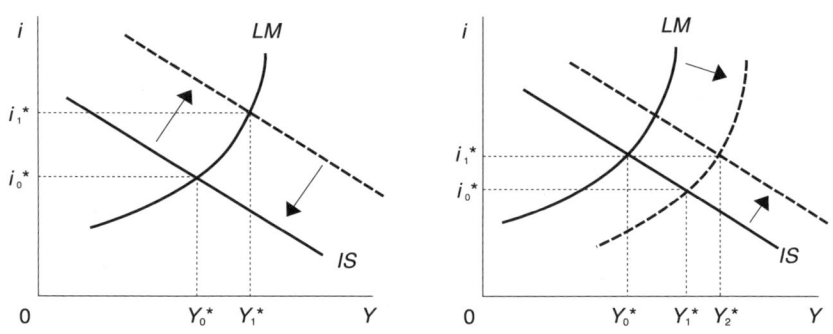

図12-6　財政政策の効果　　　　図12-7　金融政策の効果

昇する一方で外国の利子率は変わらないので、国際間で利子率の格差が生じることになる。すると利子率の高い自国で資金を運用する方が有利なので、海外から自国に資金が流入することになる。したがって、自国通貨に対する需要が増大し、為替レートは自国通貨が高くなる方向に動く。この結果純輸出が減少するので、IS曲線は左にシフトすることになる。この自国利子率の低下と国民所得の減少は自国利子率と世界の利子率が等しくなるまで続く。つまり財政支出増大の効果は、自国為替レートの上昇に伴う純輸出の減少によって相殺され、国民所得と利子率が最終的には以前の水準にまで戻ってしまう。このように変動為替相場制のもとでは財政政策が無効であるというのがマンデル・フレミング・モデルの帰結である。実際に対外取引が自由におこなわれるような状況では、自国の財政支出を増加させても、その**乗数効果**の少なくとも一部が海外に漏出することもあって、**財政政策**の効果が減殺されることはしばしば経験するところである。

金融政策

次に金融緩和政策がとられた場合を考えよう（図12-7）。ここでは10章に述べたように、貨幣供給量が増大するので**LM曲線**は右側にシフトする。これにより自国利子率が低下するので、資金は相対的に利子率の高い外国に流出することとなる。自国利子率が世界の利子率と等しくなるまで為替レートは自国通貨が安くなる方向に動くので、純輸出は増加する。したがって

IS 曲線が右側へシフトする。つまりマンデル・フレミング・モデルでは、変動為替相場制における金融政策は自国の国民所得を増加させ、政策が有効であるという帰結が導かれる。しかしながら対外取引が自由におこなわれるような状況では、他国の金融政策が自国に与える影響を考慮する必要もあり、為替レートの動きを注視しつつ自国の金融政策を決定せざるを得ないのが実情で、目標どおりの経済運営をすることはきわめて難しい。

練習問題

1. A君はラーメン1杯を作るのに5分、餃子1皿に4分かかる。またB君はラーメン1杯に6分かかり、餃子1皿に5分かかる。ラーメンに比較優位をもつのはA君、B君のいずれだろうか。本章の説明を参考に調べてみよう。

2. 現在の為替レートが1ドル120円、国内の金利（年利）が1％、海外（ドル）の金利が5％であるとする。現在手元にある100万円を国内で運用した場合と海外で運用した場合では、それぞれ1年後円建てでいくらになるだろうか。1年後の為替レートが110円になった場合と130円になった場合を考えよう。

第IV部

経済の今日的課題

第13章

サービス経済

13.1 サービスは「もの」とどうちがうのか

　第三次産業を一般に「**サービス産業**」というが、2章で示したように、第三次産業のウェイトは上昇の一途をたどってきた。この現象を**サービス経済化**とよんでいる。そして、2005年における第三次産業のウェイトは就業者ベースで67.3％にもたっしているのだ。さらに、米国（78.4％、2004年）や英国（76.9％、2004年）のように、すでに70％を大きくこえている国も存在する。このように、他国の経験からいっても、「サービス経済化」は今後も進行していくと考えてよかろう。

　一方、第一次産業と第二次産業は、「もの」を供給するという意味で、「もの」産業とよばれることがある。サービス産業のウェイトが高まってきたということは、「もの」産業のウェイトが小さくなってきたことを意味する。この理由はあとで説明するとして、まず、サービスと「もの」のちがいをはっきりさせる必要がある。

　洗濯機は汚れものを洗う機械である。これは「もの」である。また、洗濯には洗剤と水を使う。これらも「もの」である。一般の家庭では、洗濯機、洗剤、水という「もの」を購入して洗濯をやっているわけだ。私たちにとって、洗濯の手段はこれだけではない。クリーニング店に汚れものをもってい

って、洗濯を依頼する手がある。この場合は「もの」はいらない。「洗濯」という機能だけを買ったのである。この機能が**サービス**である。クリーニング業はサービスを供給する典型的産業である。

実は、私たちはサービスだけを購入することで生活が可能なのである。食事は外食産業ですまし、睡眠・休息はホテルでとり、衣服・身の回り品・レジャー用品はレンタルを利用し、子供が生まれればすぐベビーホテルに預け、学齢に達すれば、全寮制の小学校に入学させる。もちろん、レジャーサービスはレジャー産業から購入する。このとき、「もの」は必要ないし、住居すらいらないのである。

こう説明すると、なぜ「もの」を購入するのかの理由が見えてくる。そう、サービスを家庭で自給するためなのだ。洗濯というサービスを自給するために、洗濯機、洗剤、水という「もの」を使うのだ。ただ、「もの」を作るために「もの」を使うことがある。日曜大工用具は「もの」をつくるための「もの」である。しかし、それでできあがった「もの」たとえばテーブルといすは、家庭で食事サービスを自給するために使われることになる。

もちろん、クリーニング店でも、洗濯機、洗剤、水という「もの」をつかう点では同じである。このとき、洗濯機のように洗濯のたびごとになくならない「もの」を資本財、洗剤や水のように、洗濯のたびに消費されてしまう「もの」を中間財というのであった。これは、家庭での自給の場合もまったく同じである。ただ、家庭で使う「もの」は、洗濯機のように「資本財」にあたるものであっても「消費財」とよんでしまっているだけである。

昔は、生活に必要な「もの」やサービスの多くを家庭で自給していた。ところが、今日、料理をのぞけば、家庭で「もの」を生産することはほとんどなくなってしまった。その料理にしても、工場で加工されたものを買ってきて、ちょっと手を加えて食べられるようになっている。昔は、かつお節は家庭で削り、たくわんは家庭で漬けていたものだが、そんなことをしなくなる過程で、「もの」を作るための道具は家庭から姿を消していった。

一方、サービスはちがう。たしかに、教育では学校のサービスを利用するし、病気になれば医者にかかる。大都市の勤労者の多くは通勤電車で勤務先

に通う。しかし、掃除、洗濯、保育、食事にかかわるサービスの多くはなお家庭で自給している。「もの」を作る道具が家庭から消えていっても、サービスを効率的に自給する道具はどんどん増えてきたのである。

それでは、なぜ、サービスは「もの」とくらべて、自給の程度がこれほどまでにちがうのだろうか。そして、サービスの場合は、自給サービスと外から購入するサービスをどのような基準でつかいわけるのだろうか。これは、質に差がない状況では、基本的にコストの問題になる。

工業製品は外でまとめて作ったほうがはるかに効率がよい。「規模の経済性」がはたらくような加工技術が進歩して、趣味の場合を除けば、家庭で作るメリットが消失していったのである。サービスだって、外でまとめて供給したほうが効率がよい点では同じである。しかし、サービス供給の場合、「きわめて」というほどの差があるわけではないし、それほど自動化が進んでいるわけではない。外食産業の食事サービスの供給のし方と家庭での供給のし方を想像すれば理解できるだろう。

それでも、外で専門家がまとめて供給したほうが効率がいいことには変りがないのだから、外部のサービスを利用してしまうような気がする。

実は、外部のサービス利用には、別のコストがかかる理由があるのだ。それが、サービス供給者のところまでいって帰ってくるコストである。これを**利用コスト**という。外部のサービス利用には、往復で1時間かかるとすれば、**機会費用**（その時間を仕事など別の用途につかえばえられるであろう収入額）が1,000円の人は、1,000円分の利用コストがかかることになる。このコストを加えれば、自給したほうが全体としてのコストは安くなる場合がある。すなわち、コスト差が小さくて、「利用コスト」がかさむサービスでは自給を選ぶほうが合理的なケースがでてくるのだ。

もちろん、「もの」を手にいれるには、小売店まで出向かなければならないという「利用コスト」がかかる。しかし、「もの」は都合のよいときに、まとめ買いができるから、単位当たりの「利用コスト」はずっと安いのである。

自給と外部サービスのコスト差が大きくなる原因として、サービス供給に

多額の固定費がかかることがある。医者の能力を身につけるにはたいへんな時間とお金がかかる。鉄道サービスを可能にするには巨額な投資が必要になる。これを、家族だけのためにつかったのでは、一回当たりのコストが莫大になってしまうために、外部サービスを利用するのである。

13.2 サービスの特殊性と市場

「もの」とサービスに本質的違いがなければ、ここでわざわざ「サービス」の章を設ける必要はない。実は、「もの」とサービスは本質的に違っており、それが、市場の特性を根本的にかえてしまうのである。

「もの」には実態が存在する。ところが、サービスは機能であるため実態がない。経済用語でいえば、「もの」は在庫が存在するが、サービスそれ自身の在庫は存在しないのである（情報はちがった性質をもち、ここでは対象外とする）。飲食店の冷蔵庫には食材という在庫は存在するが、あれは、飲食店をやっていく上で必要な原材料の在庫にすぎない。場所を提供し、食事をさせるという飲食店としてのサービスの在庫は存在しえないのである。都市ガス会社には、都市ガスという在庫は存在するが、都市ガスを需要者に配分するというサービス産業としての商品の在庫は存在しえないのである。

サービスの在庫が存在しないということは、同時に、輸送が不可能であることを意味する。農産物や工業製品などの「もの」は在庫という実態が存在するのだから、それを運ぶことは可能である。ところが、実態が存在しないサービスそれ自身の輸送はできない。

ただ、サービスのなかには、「もの」に体化するサービスがある。クリーニング業のサービスは洗濯された衣服に体化されているから、その衣服を運ぶことはできる。工業製品は運ぶことができるが、あれは「労働サービス」が体化したものである。これが、「サービスそれ自身は」という表現をとった理由である。

このとき、**サービス市場**は「もの」とは大きくちがった性質をもってくる。米は秋に収穫される一方、需要は年間を通じて平準化した形で存在する。こ

のままだと、秋には供給過剰が生じて価格の低下が、他の季節には需要超過が生じて価格の高騰がおこってしまう。しかし、このままではすまない。ぬけめのない人があらわれて、秋に安い米を大量に買いつけて倉庫にしまっておき、他の季節に市場にだして儲けようとするだろう。結果として米の価格は年間を通じて平準化してしまうのである。これは、米の在庫ができるから可能なのであって、在庫ができないサービスの場合はこうはいかないのだ。現実に、テニスコートやゴルフ場の料金は平日と休日では大きくちがうのである。

新潟県では米の収穫量はたいへん多いが、人口はそれほどではないので、このままでは新潟県で米の価格が安くなってしまう。一方、東京では米はほとんど採れないが、人口はたいへん多いから、需要供給の関係からすれば米の高騰がおこってしまう。これではおわらないで、ぬけめのない人があらわれ、新潟県で安い米を仕入れ、東京まで運んできて販売し儲けようとするだろう。結果として、地域間で、米価の平準化がおこるのだ。これが、できるのは米の輸送が可能だということによる。輸送ができないサービスではこうはいかず、地域間で大きな料金格差が現に存在している。テニスコートやゴルフ場の地域間料金格差を見ればすぐわかることである。

これまで財の市場調整の話をするときは、右下がりの需要曲線と右上がりの供給曲線を書いて、その交点で価格と需給量が決まるとしてきた。そして、需要曲線と供給曲線についてなんらことわりをしなかった。あのときは、「もの」を対象にしたからうまく書けたのである。「もの」は在庫と輸送ができるから、在庫可能期間が密接にかかわるある期間にわたって、また、制度（輸入制限など）や輸送可能性によって制約をうけるが広域的地域にわたって（全世界あるいは一国）需要曲線と供給曲線が書けるのである。まさに、時間と空間の制約をうけることが少なく一つの市場の成立が可能なのだ。だから、このなかで一つの価格が成立するような形で説明ができたのである。

在庫と輸送ができないサービスではこうはいかない。時間帯によって、場所によってちがった価格が実現しているのだから、それぞれにべつべつの市場が成立していると考えざるをえない。このような状態を、「サービス市場

は時間と空間によって分断されている」というように表現するのである。

　第6章で、労働市場の話をしたが、サービス市場と似ているとの印象をもった人がいるだろう。そう、労働サービスそれ自身は在庫がきかないし、地域間の需要供給を結びつけるには人間の移動を必要とし、これには**移動コスト**がかかるのであった。だから、労働の質など他の条件が同じとしても、時間帯によって、場所によってちがった賃金が実現するのである。

　さて、サービス市場が時間と空間で分断されていても、その個々の市場をつなぐものがないわけではない。それが、需要者である。どの時間帯の市場にも参加できるし、どの地域のサービスも利用できる。とすれば、価格差があれば、需要者が安い時間帯や安い地域を利用することによって、価格差は埋められてしまうように思える。現実はそうはなっていない。これは、需要者の行動には制約があるからなのだ。

　どの時間帯のサービスも選べるのだが、需要者にとってはもっとも都合のよい需要時間帯がある。余暇活動をおこなうには、休日が都合がよい。仕事があるときにゴルフをしたのでは、会社での評判が悪くなり、ボーナスが減らされるかもしれないというコストを覚悟しなければならないのだ。これでは、そうやすやすと安くて空いている時間帯を選ぶわけにはいかない。

　どの地域のサービス供給者も利用はできるのだが、これにもコストがともなう。東京住人が、新潟県のゴルフ場を利用しようとすれば、新潟県まででかけなければならない。これには、交通費と時間コストがかかる。新幹線を利用するとすれば、交通費だけで2万円近くかかってしまう。これでは、安いからといって簡単にでかけるわけにはいかない。

　このように、需要者による分断された市場をつなぐ力には限界があるからこそ、多様な価格が実現するのである。

　もちろん、「サービス貿易」ということばがあるのだから、空間的な制約が少ない性質をもったサービス財の存在がうかがえる。それはどのようなものなのか考えてほしい。

図13-1 需要の時間的分布と供給能力

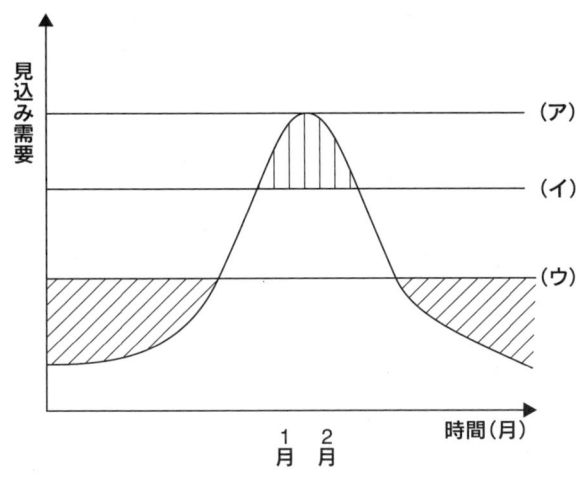

13.3 サービスは思うように需要できない

「もの」やサービスにたいする需要はいつも平準化してあるものではない。飲食店にたいする需要は食事時に集中し、余暇施設にたいする需要は休日に集中する。「もの」でも同様で、季節衣料はその季節のはじめによく売れるし、手帳やカレンダーは12月によく売れる。このような偏在化した需要に対する供給者の行動は、「もの」とサービスではまるっきりちがうのだ。

図13-1を使って、**需要の時間的偏在化**の場面を前提に供給者の行動を説明してみよう。ここでは、スキー場の旅館を例にとってある。需要は、1月、2月中心にふくらむが、他の季節の需要は激減してしまうように見込み需要を想定して書いてある。このような需要分布に直面した供給者が、需要のピークに合わせて供給能力（この場合は部屋の数）を設定したとしよう（ア）。このときはすべての需要が満たされる。しかし、非需要期には、供給能力の稼動率がたいへん低くなってしまう。供給能力を高めるためにかかるコストは、土地の賃借料、建物の償却費や利子費用、また板前の給料などの固定費

であり、供給能力の稼動率が低いと、収益が悪化してしまう。それよりも、図13-1の（イ）の水準まで供給力を下げ平均としての稼動率を上げたほうが収益は多くなる。このとき、縦縞にあたる需要者がことわられることになる。

　私たちがサービスを購入しようとするとき、思うように購入できない経験をする。ゴールデンウィークや夏休みに宿泊施設の予約がとれない。特急の指定券がとれない。食事時の飲食店に空席がない。日本シリーズの入場券が手に入らない。などである。これが、図の縦縞にあたった場合である。サービスの場合、需要があっても、それに見合った供給がなされないことがあり、これはサービスの性質からくることなのだ。

　それでは、工業製品の場合はどうだろうか。図13-1のスキー場の旅館とおなじような需要パターンをもつものとして、ストーブを取り上げよう。このときは、（ウ）の水準に供給能力を設定して、稼動率100％を維持しながら、平準化した形で生産をおこなうのが生産コストを下げるという意味で合理的である。もちろん、非需要期には生産過剰になるが（斜線の部分）、これを倉庫にしまっておいて、需要期に市場にだせばよいのである。どんなに需要が偏在化していても、需要予測さえまちがえないかぎり、思うように買えないという事態はおきないのである。事実、チョコレートにたいする需要は、バレンタイン・デーの直前に集中するのだが、買い損なったとのはなしはきかないのである。

　サービスでは、需要が偏在化しているほど、需要期に思うように買えない人が増える。需要が完全に平準化していれば、買えない事態はおきないことから推測できる。また、固定費が高いほど、需要期に思うように買えない人が増える。固定費がゼロならどんなに需要が偏在化していても、収益とは関係がないことから理解できよう。

　日本の場合、需要の時間的偏在化がきついし、固定費も高い。日本の有給休暇の消化率は50％程度で、国際的にいってたいへん低いことからもわかるように、余暇需要などが、公定の休日に集中してしまう。また、季節がはっきりしていることが、需要の偏在化をきつくさせる要因としてはたらいてい

よう。さらに、地価や人件費が高いことが、固定費を高くしてしまっている。これが、日本の余暇施設が土曜、日曜、ゴールデンウィーク、夏休み等にたいへん混雑する理由である。

　有給休暇がもっととりやすくなったらどうだろう。人々は空いていて料金の安い平日に余暇施設等を使うだろう。結果として、需要が時間的に平準化し、供給者にとっては施設の稼動率が高まるから、それだけ儲けが多くなる。すると、もっと施設を増やそうとの動機がでてくるし、儲かる産業だということで、新規参入が増える。そして、競争が激しくなり、料金が下がる。また、需要が平日に移るから、休日の混雑度が下がり、休日にしか休みがとりにくい人にとっても、施設等が使いやすくなるのである。

　日本社会で有給休暇がとりにくいのは、日本的な「社会システム」が関係している。サービスは、「社会システム」を変えることによって、質の高いサービスをより安い料金で利用できるようになる、との性質をもっているのだ。

13.4　サービス供給者の対応

　このように、サービスは、「もの」とは決定的ともいえるちがった性質をもつ。供給者は、需要の時間的偏在化に直面するのが普通であり、これにたいしてさまざまな工夫をせざるをえない立場にたつ。

　その一つは、価格戦略である。需要期には、超過需要が生じるのだから、高い値付けをすることができる。一方、非需要期には価格を下げて、需要期から需要を吸引しようとする。時間帯によって、ちがった価格をつけることで、需要を平準化しようとするのである。現に、スポーツ施設の料金、通信料金や電気料金、航空運賃、宿泊料金など、時間帯別の差別料金が設定されている例は多い。そして、これが可能なのは、「もの」とちがって、在庫が効かないという性質のためである点についてはすでに説明してある。この結果、需要者は需要期に混雑とともに、高い価格に直面することになる。

　2番目は固定費を引き下げる戦略である。固定費が低ければ、たとえ需要

が時間的に偏在化していても、低稼動率からの高コストが避けられるからである。その手段にはいくつかあって、一つは雇用戦略である。需要があるときだけ人を雇うことによって、固定費化をさけるのである。これがパート・アルバイトを雇うことである。現に、サービス産業のパート・アルバイト比率は製造業にくらべてかなり高いのである。

　もう一つの固定費を下げる方法は、設備を節約することである。たとえば、海水浴場の海の家はけっして立派なものではない。夏の2カ月しか稼動しないために、設備という固定費を節約した結果である。もし、日本の季節が年間を通して海水浴ができる気候ならば、立派な海の家が建ったはずである。

　また、**外注化**という方法もとられる。たとえば、医療機関では血液の採取だけをおこなって、検査は専門の機関に外注することが多い。血液検査を自らおこなうこともできるが、それには検査のための装置や人員が必要になり、それだけ固定費が増えてしまう。いつも稼動する状態ならそれでいいのだが、ときどきしか検査がおこなわれなければ、外注のほうがコストが安くなるわけだ。

　3番目の戦略は、施設の多目的化である。特定の目的用に施設をきめてしまうと、需要の偏在化がきつくなるが、別の需要パターンをもったサービス供給にも使えるようにすることで需要の時間的平準化をはかるのである。昼は喫茶店だが、夜は雰囲気を変えて飲み屋にするのはこの例である。多目的ホールというのがあるが、これはスポーツ会場、コンサートホール、展示会場など多様な用途につかえるように設計しておいて、稼動率を高めようとした施設である。

　4番目が、単独のサービス供給者にとってはむずかしいのだが、その地域をオールシーズン化することで、宿泊施設等の稼動率を高めようとの戦略である。たとえば、海水浴客しか期待できなかった地域にスポーツ施設を整えたり、釣り場として整備したりして、他の季節にも客をよぼうとの戦略である。

　以上は、需要の時間的偏在化に直面した供給者の戦略であるが、サービス供給者にとって、空間にかんする戦略も大切であって、これが「もの」の供

給とはちがったさまざまな現象を生み出す。

　サービス需要者が負担するコストは支払い料金だけではない点についてはすでにふれた。これを式で表すとつぎのようになる。

　　　　需要者の負担コスト＝サービス料金＋利用コスト

　　　　利用コスト　　　　　＝交通費＋利用にかかる時間×時間の価格

　ここで、「利用にかかる時間」とは、サービス供給者のところまでいって、帰ってくる時間のことである。また、時間の価格とは、その人がその時間働けばいくら稼げるかという機会費用である。そして、サービスの質に差がなければ、需要者は負担コストがもっとも安くなるサービス供給者を選ぶことになる。

　このとき、サービス供給者は、サービス料金だけで競争をするのではなく、もう一つ、**利用コスト**をわすれるわけにはいかない。たとえば、地価の安い場所に、機械化をすすめた効率的で大規模な飲食店をつくり、安い値付けをしたとする。地価の安い場所というのは、人が住んでいないところであるから、需要者からの距離がたいへん遠くなり、利用コストがかさみ、需要者にとっては負担コストがかえって高くなってしまう。したがって、この飲食店の稼動率は低くなって、成立はむずかしいことになる。

　それでは、その資金を使って、街中にあまり効率的ではないがいくつかの小型の飲食店を分散的に立地したらどうだろう。利用コストが大きく下がるから、需要者の負担コストが下がって、多くの需要者を惹きつけるにちがいない。そうなれば、稼動率が上がって、そんな高い値付けをしないでもすむであろう。

　多くのサービス供給分野を見ると、このような**多店舗展開**の形態をとっているサービス業種が多いことに気がつくであろう。ファミリー・レストランはまさにそうである。小売業にも目立つ。スーパーやコンビニエンス・ストアがそうである。銀行や証券会社も多店舗展開をおこなっている。大手予備校もそうである。もちろん、分割するとサービスの質がおちてしまうようなサービス分野ではこのような戦略はとれない。たとえば、テーマ・パークがこの例にあたる。

他の手段で「利用コスト」を下げようとする場合もある。送迎バスを走らせるのはまさに「利用コスト」を下げるためである。駐車場をもうけるのもそうである。もちろん、「利用コスト」を下げるために、余分な投資をしなければならないし、そのために、人を配置しなければならない。それだけコストがかさむのだが、それによって需要者の「利用コスト」を下げたほうが、需要者を吸引できるからそのような行動をとるのである。

このように、サービス供給者はサービス供給面の効率性だけを追求するわけにはいかないのである。効率的な店を分割することまでおこなう。それだけ、知恵が必要であるとともに、効率が上がりにくいことになる。

一方、製造業の場合は、生産物の輸送が安いコストでできるために、利用コストを気にすることなく、もっとも効率的な工場を指向することができる。その分、効率化がすすみやすく、事実工場は無人化されつつあるわけだ。

13.5 サービス経済化の背景

すでにふれたように、第三次産業で働く人の割合は上昇をつづけ、その割合は2005年に67.3%に達している。これは、「もの」をつくらなくなったことでは決してない。買い物にいけばすぐわかるように、「もの」が満ち溢れているし、以前よりも増えているとの印象をもつだろう。事実、商品をならべてある小売業の売り場面積は長期的に増えつづけてきたし、売り場を必要としない通信販売の増勢をくわえれば、「もの」の増え方はけっこう大きいと見るべきである。そして、その「もの」の増加に比例するように、ゴミ問題が深刻になっているのだ。

実は、**サービス経済化**とは「もの」を作らなくなることではなく、「もの」を作るのが簡単になることからおこった現象なのである。昔は「もの」を作るのがたいへんであった。そして、多くの人がその「もの」をほしがった。となると、「もの」作りに多くの人がたずさわり、「もの」作りから多くの付加価値が生まれることになる。これが、「もの」中心時代の原理である。

ところが、生産技術が進歩し、「もの」作りが簡単になっていく。これは、

一定の労働で多くの「もの」が手にはいることだから、実質的に所得水準が上昇することを意味する。このとき、人々は機能本位の商品を超えて、こだわりや好みを顕在化させ、個性化指向を高めていく。そして、市場が見えにくくなり、デザインなどの商品企画や売り方に工夫を求められるようになる。また、商品寿命短縮化がおこる。これらの仕事に多くの人が投入されるようになるが、たまたまヒットしてもすぐにすたれてしまうような商品が目立ってくる。商品企画、デザイン、広告などの仕事はサービス供給である。まさに、多くのサービスをインプットした商品が増えてくるのだ。間接的にサービス需要が増えてくるといってもよい

　また、豊かになった結果として、直接にサービス消費が増える筋道がある。労働時間が短縮し、余暇活動指向が高まって、人々は住居の外で行動する機会を増やしてきた。家にいれば、買っておいた食料品（ものの購入）を料理して食べることになるが、外にいるときは、外食産業を利用するのが普通である。スポーツをすれば、施設利用料がかかる。旅行にいけば、宿泊代を払う。これらはみんな**サービス消費**である。

　このように、直接間接にサービス消費を増やす力がはたらくのだが、サービス供給は「もの」作りほど効率化がすすまない。結果として、多くの人がサービス供給にたずさわり、サービス供給から多くの付加価値が生まれることになる。これが、サービス経済化の背景である。

　さて、図13-2は、第三次産業の変化を、1955年から2005年にわたって、3つの指標で見たものである。すなわち、就業者数構成比、名目生産額構成比、実質生産額構成比の推移である。これを見るとすぐわかるのだが、長期的に構成比が上昇をつづけているのは、就業者数構成比と名目生産額構成比であって、実質生産額構成比の場合、はっきりした長期の上昇トレンドは見られないのだ。95年から2000年にかけて、実質生産額構成比が上昇しているが、これは製造業生産の海外シフトが影響したものと考えられる。

　現実の世界で意味をもつのは、就業者数構成比と名目生産額構成比である。実質生産額は、分析上有用なために、人為的に作りだした概念である。実質生産額構成比が長期的に上昇していなくても、現実には、サービス経済化は

図13-2　第三次産業構成比、3つの系列

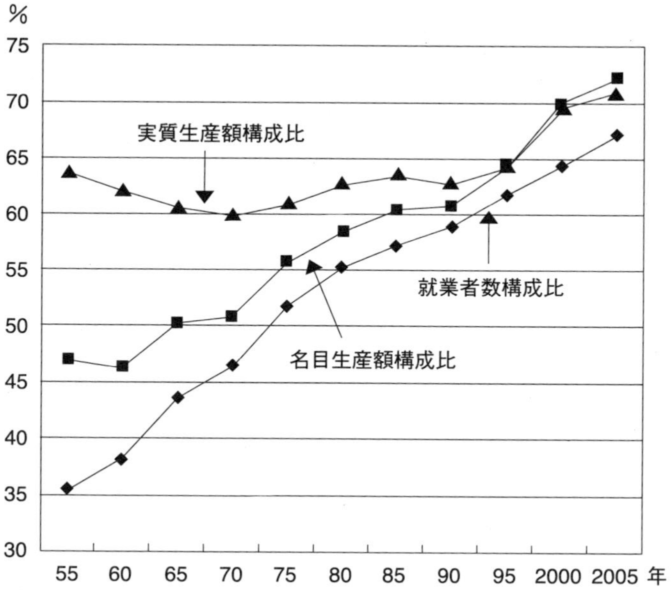

（グラフ：実質生産額構成比、就業者数構成比、名目生産額構成比、1955年〜2005年）

ずっと進んできたといえるのだ。

　名目生産額構成比と実質生産額構成比の違いは、物価上昇率の違いによる。サービスは効率化がすすみにくかったために、「もの」商品とくらべて相対価格の上がり方が高く、名目生産額構成比は上昇しているにもかかわらず、実質生産額構成比は上昇しないという結果になったのである。また、効率化が進みにくかったからこそ、それだけ多くの労働力が必要になり、就業者数構成比は上昇したのである。

　第三次産業の実質生産額構成比が上昇していないということは、「もの」産業の実質生産額構成比が低下していないことを意味する。これは、国全体の生産量が増えていく過程で、「もの」の生産量が増えていくことを意味している。長期的に見て、けっして「もの」の生産量が減っているわけではないのがこのデータがうらづけている。

　なお、サービスにたいする需要量が、直接間接に増えていく力がはたらく

といったが、実質生産額構成比はほぼ一定だった。これは、サービスの相対価格の上昇率は高いことにより、価格効果がはたらいて、潜在的な需要量の増加が抑えられたためである。それでも、国全体の生産量が増えていく過程で、確実に需要量は増えてきたことになる。

今後、技術進歩の結果、サービス供給の効率化が進むようなことになれば、実質生産額構成比も上昇していくことが十分考えられるのである。

以上の分析から明らかなように、サービス産業のウェイトの上昇としてとらえられる「サービス経済化」は今後もつづいていく。そして、サービスは「もの」とは違う性質から、サービス独特の現象を見せてくれる。このとき、サービスがわからないと、経済現象を理解できなくなってしまう。いま、サービスをあつかった経済学の重要性がたいへん高まっているのである。

練習問題

1. 時間帯によってサービス料金に格差を設けているサービスをいくつかとり上げてみよ。また、料金に格差を設けていないサービスがあり、これについてもいくつかとり上げ、なぜ料金格差を設けないのか、その理由について検討せよ。
2. サービスは空間によって分断されてしまうものが多いのだが、なかには離れたところに存在する需要者、供給者が取引をするサービスもある。それには、どのようなものがあり、なぜ遠隔地間取引がおこなわれるかについて考えてみよ。

第14章

消費者の自立

14.1 はじめに

　元来、日本社会は規制の強い国だといわれている。この章では、21世紀の日本経済を考えていく上で重要なキーワードの一つである消費者の自立ということを説明したい。消費者の自立に大きく関連するのは**消費者主権**という概念である。それは、消費者が自分の判断で自由に商品・サービスを選択することが尊重される、消費者の権利である。

14.2 いま、なぜ消費者主権なのか

　消費者の自立の必要性を述べるにあたり、戦後の日本経済の歩みを簡単に眺めておくことが理解の助けになるだろう。日本経済は、第二次世界大戦によって多くの資本設備が破壊され、経済基盤に大きなダメージを受けた。戦後の経済復興期から1970年代前半までの高度経済成長期は、政・財・官がリードしたといわれる。この時代、行政や供給側である政・財・官には市場、いいかえれば**消費者のニーズ**がよく見えた。

　所得水準が低いときに、商品に求められていたのは、その機能である。例えば、当時の主婦の憧れは、洗濯機や掃除機などの耐久消費財であった。そ

こで求められたのは、人の手をかけないで洗濯が一度に大量にできたり、ほうきやはたきを使わないで掃除ができるという機能であった。耐久消費財を利用し、それまでの我慢から解放されると、それだけで消費者の満足度が高まった。だから、当時の洗濯機や掃除機は、現在の基準からすれば、画一的で何の面白みもないデザインであっても、それで十分であった。しかも、だれもが同じような我慢をしていたのだから、ニーズも万人共通型であった。結果として、**大量生産・大量消費**の時代が実現したのである。

　企業には市場がよく見えたもう一つの理由として、日本の消費者が、映画や雑誌で知ったアメリカの消費生活を一つの理想としたことがある。それによって、家庭では従来の米中心の食生活から、野菜や肉料理を取り入れた洋風の食事に変わった。住居には、冷蔵庫、洗濯機、テレビなど耐久消費財とよばれる各種の電気製品が設置され、休日には自動車を使ってドライブするという生活様式が取り入れられた。アメリカの市場を見ていれば、次に売れる商品の判断を間違えることは、少なかったのである。

　1953年は電化元年とも呼ばれ、当時は冷蔵庫、洗濯機、テレビ（あるいは掃除機）が**三種の神器**とよばれ、これらの耐久消費財を購入することが、各家庭に共通する夢であった。また1959年は自家用車元年とも言われ、自動車が将来の夢の一つに加えられた。1966年は第二次家庭電化ブームが起こった。そして3Cといわれるカラー・テレビ、クーラー、自動車が新たに消費者の求める耐久消費財になったのである。

　電化元年において、冷蔵庫の普及率は1％前後であった。（白黒）テレビの価格は、当時の平均年収の0.14倍にあたり、各家庭への普及率は低く、また価格の面から簡単に購入できる商品ではなかった。しかし、1966年の第二次電化ブームの時には、冷蔵庫の普及率は60％、またテレビの年収比率は0.06倍となった。この間に、国内の人口規模による潜在的に大きな需要に支えられ、家計の所得水準の上昇があったと同時に、技術革新によって、耐久消費財の製品価格も急激に低下したのである。例えば、テレビは1953年には1台175,000円であったが、1965年には5万円を切っている。

　また、テレビに関してみると、1960年以降、従来の白黒テレビの売上は激

減し、白黒テレビに対する優等財として、カラー・テレビが急激な普及をした。発売当時は価格が42万円であったが、10年後には10万円を切るまでになった。また、自動車も、爆発的な傾向ではないが、着実に保有率を上げていった。このように、三種の神器から3Cまでは、ほとんど自動的に、消費者が将来購入する消費メニューは決まっていたのである。

これを需要曲線と供給曲線のシフトから説明すれば、消費者の電化製品など耐久消費財に関する需要曲線は所得の上昇によって右にシフトする。もしその際に供給曲線がそのままの位置で動かないとすれば、市場価格が上昇してしまう。しかし、当時の企業にとって消費者の需要を予測しやすかったから、消費者が所得上昇によって需要を顕在化させる前に設備投資を行った。しかも、投資のたびに新しい生産技術を導入し、市場拡大によって規模の経済性の利用が可能であった。また、政策担当者は特別償却制度などの税制によって設備投資を促進させた。結果として、供給曲線が右方へ大幅にシフトし、消費者は、より安い価格で耐久消費財を需要することができた。

その後、**新3C**といわれる、コテージ（別荘）、セントラル・ヒーティング、クッカー（電子レンジ）が次のブームになると宣伝された。これら三種の神器、3C、新3Cと並べると、消費者の生活水準の飛躍的な向上が実感できる。

1970年代になり、経済的に豊かになって、我慢することを減らした消費者は「生活を楽しむ」というところに重点を移していった。こうなると、人々の生活が多様化し、商品に対しては**個性化志向**が顕在化する。

自動車を例に取れば、本来の機能を示す性能以外に、色やデザイン、アクセサリーなどについて要求が強くなり、消費者は従来の画一的な商品では満足できなくなる。その結果、企業は、従来の大量生産によるメリットを享受できなくなり、消費者の潜在的なニーズを的確に把握することも困難になる。そして、企業の需要予測も当たる確率が小さくなってしまう。政府も、高度経済成長期には、各種の経済計画を確実に具体化してきたが、市場が見えなくなっていくとともに、その有効性が低下していった。

1970年以前には、行政が企業の生産活動を厳しく規制することにより、財・サービスの品質が保たれ、結果として消費者の利益につながっていた。

政府は、消費者のニーズが見えるとともに、企業の供給の仕方についてもよくわかっていたから、規制によるデメリットは生じなかったのである。ところが、消費者ニーズが多様化し、それに応じて供給の仕方も変わってきた。このような状況では、供給の仕方、供給時間、価格等を規制すると満たされないニーズが出てきてしまい、消費者の利益が損なわれてしまう。そこで、規制するより市場にまかせたほうが、消費者ニーズを満たせるという考えがより一般的になる。これが、市場が重視されるようになった背景である。

市場化が必然的になると、商品やサービスをめぐって、市場を媒介にした消費者と企業間の多様な情報のやり取りが行われる。このとき、消費者自らが価値基準をしっかり持ちその情報を発信すれば、消費者の意向が供給に反映され、その消費が実現し消費者の満足度が高まることになる。企業はその消費に見合った供給をせざるを得ないのだから、まさに、消費者の自立が、消費者にとっての利益を高める時代を迎えたのである。

14.3 市場のミスマッチを解決するには

消費者が商品選択に必要なのは、価格と同時に質に関する情報である。いま、パソコンを購入する場合を考えてみれば、容易に、このことが想像できるだろう。パソコンでは、OS、CPUの速度、ハードディスクの容量などに関して多様な組み合わせがあり、消費者は価格だけで商品選択はしていない。まさに供給される製品の質が、価格とともにパソコン購入の重要な要素になっている。もし、パソコンメーカーがインターネットや各種のパンフレット、情報誌によって消費者に情報を提供しなければ、消費者にとって質に関する情報量は大きく減ることになる。このとき唯一の質に関する選択基準は、メーカーの名前(ブランド)しかなくなるだろう。従来のブランド信仰は、まさに消費者の製品の質に関する情報が欠如していた結果でもある。

しかし、消費者が質に関する判断材料を持てば、直接的に質を比較することによって、自分の基準に合う商品を選択ができる。このように豊富な情報が、市場を機能させるうえで重要なのだ。

現在の日本経済では、幾つかの面で需要と供給のミスマッチが見られる。それに対する一つの対応は、消費者の多様化に対応して消費者のニーズをすくい上げる供給主体の能力を高めることである。

所得上昇によって、好みの多様化と移ろいやすさが進み、100のアイディアを製品化しても、それが5つ成功すれば、大成功だという時代になっている。また、成功した製品でもその理由がつかないものもあるという。失敗するのが当たり前の市場で、企業がリスクを回避しようとすれば、満たされないニーズが残ってしまう。これでは、消費者の満足度が高まらないし、企業の活性化は望めない。このリスクを恐れずに市場のニーズを満たそうという体制を企業内に構築して行くことが重要になってきたのである。

高齢化の進展とともに、介護に関する潜在的な需要規模は大きいといわれて久しい。豊かな時代の消費者は、単に量だけが確保されていた同じ基準の介護施設やサービスでは満足できず、個性的で、自分の好みに合った施設や介護サービスを求めるようになっている。従来の行政サービスでは、画一的なサービスしか提供されず、また高齢者に便利な介護用品などにも需要と供給にミスマッチが見られた。高齢化社会の到来とともに、民間でも介護サービスに関する供給を模索していたが、行政の規制によって、民間の特徴である創意工夫の余地が少なかったともいわれる。このような規制を変更することによって、情報がふえるとともに多様な介護サービスが供給できるようになり、それによって消費者の満足があがることが期待できる。

14.4 消費者を巡る新しいルール作りとサポート体制

需要と供給のミスマッチを少なくするには、いくつかの方策が必要になる。その手掛かりとなる消費者へのメッセージが、1960年代にアメリカのケネディー政権のときに発表された。この教書は消費者意識の改革とよばれており、(1) 安全を求める権利、(2) 知らされる権利、(3) 選ぶ権利、(4) 意見を反映される権利、である。今日の日本の置かれている状況では、まさに、この教書に関連する権利を実現することが必要になっている。

消費者が十分な**情報**を持ってこそ市場はうまく機能する。現実には消費者の情報量はそう多くはない。たとえば、中古自動車を購入する場合、消費者が得られるのは、自動車の登録書にかかれている事柄と外観の状態についての情報に限られる。エンジンの状態やメカニックの部分はほとんどわからない。一方、ディーラーはこれらの情報は熟知している。消費者がスーパーマーケットに行って牛肉を買う場合には、生産地や色艶くらいしか判断材料はない。風邪をひいて、薬局にいっても消費者がどの薬が効くのかの適切な判断はまず無理である。

　消費者の情報が欠如しており、消費者がブランドで商品を選択する状況では、企業は商品の質を高めるよりも、CM等でブランド・イメージの向上にお金をかけてしまう。そして、市場はうまく機能しなくなる。

　このとき、消費者行政として消費者に適切な情報を提供するという役割がクローズアップされてくる。それは、一般的な消費者教育、商品テストの公表、また食品や医薬品に見られる成分表示の義務付けなどがある。結果として、消費者の情報量が増えれば、劣悪な商品は淘汰されるから、情報に敏感でない人にとっても利益が高まることになる。また、消費者の利益に反する商品やサービスに対する**規制**を行う方法もとられる。

　行政による規制は法律に基づいて行われる。市場経済において消費者の利益を損なう取引として、消費者金融の問題があげられることがある。お金に困っている消費者がいて、お金を貸したい企業があれば、両者の合意する条件で借入金の額と利子を決めればよい。これが**契約自由の原則**である。しかし、このような契約自由の原則を尊重しながら、法定金利の上限を法律で定めている理由はどこにあるのだろうか。

　明日に10万円支払わなければ、自分の家屋敷を失う状況にある消費者がいて、消費者金融に行って10万円を融資してほしいと頼んだとする。資金の供給者である消費者金融会社は、この消費者の財産状況、ローンの必要な理由等を聞き消費者が切羽つまっている状態を知る。消費者は、利子がいくら高くても借りたいと思う。このように切羽つまった消費者と消費者金融業者の取引の場合には、**交渉上の地歩**が同一ではないのである。このとき、いくら

契約自由が原則ではあっても、ゆがんだものになる可能性が高い。つまり、利子率が100％、200％になる可能性がある。このようなケースを想定した場合には、法律によって金利の上限を決めることにより、間接的に消費者の利益を守る必要がある。このとき法律は、ひとつの**セイフティー・ネット**になるのである。

このように、消費者主権の基礎には個人の自立があるといったが、個人が自立するためにはそれをサポートする制度が必要である。それがなければ、理念倒れに終ってしまうのである。

従来の**消費者保護政策**には、行政が財やサービスの供給主体である企業を監督すればよいという発想があった。企業は企業特有の業界を作り、さらに業界ごとの連合体を作っている。したがって、行政が企業の連合団体を指導し、監視をしていれば、業界の秩序が守られ、さらに企業が供給する財・サービスの質も維持することができた。しかし、このような指導、監督体制がうまく機能するには、財・サービスの多様化が進んでいない経済である必要がある。

今日のように消費者のニーズが多様化した時代には、従来型の業務を規制する法律（例えば銀行業法、食品業法）に基づいて業界を指導・監督するには限界があるとともに、すでに説明したように、多くのデメリットが顕在化してしまう。このとき、クローズアップしてくるのが、供給者の結果責任にウェイトをかけることで、消費者の利益を確保する方法である。その例が**製造物責任（PL）法**である。

PL法や**消費者契約法**ができる以前では、これらに関する訴訟は民法に基づいて、特に公序良俗の規定から出発することが普通であった。一般法から出発し、最終的な訴訟に至るには条文同士の整合性の検討が必要であり、時間の浪費による裁判の長期化が必然的であった。この欠点を克服する方法が特別法の制定であり、これによって、消費者の利益確保が容易になったのである。

一般的に経済はダイナミックであるといわれるが、法律の世界ではスタティックな整合性を求める傾向がある。それがこのような消費者をとりまく特

別法の制定に遅れをきたした理由ともいわれている。

14.5 おわりに

　需要と供給のミスマッチを小さくすることが、消費者の利益確保につながり、それを実現する有力な方法が市場の機能を高めることである。そして、市場の効率的な働きの一翼を担うのが、消費者の自立である。

　経済活動は直接的に私達の生活にフィードバックする。そして、読者の一人一人が経済上の意志決定をうまくやるには、自分自身の価値基準と豊富な情報を持って行動する自立した消費者である必要がある。それが、社会的にも大きな利益をもたらすことになるのだ。

第15章

成長と環境

15.1 公害から地球環境問題へ

　経済成長による所得の増加によって、飽食といわれるまでの豊かな食生活、便利な家電製品や性能のよい自動車、住み心地のよい家など生活水準は大幅に向上した。人々は市場を通じてさまざまな便益を手にするわけであるが、例外的には市場を経ずに便益を得ることもあり得る。またさまざまな経済活動の結果、第三者が思いがけない害悪をこうむる場合も少なくなく、市場メカニズムを経ずに発生する便益を**外部経済**、害悪を**外部不経済**とよぶことがある。たとえば道路が建設されたことにより移動時間とガソリン代が節約されたり、公園が整備されることにより住環境が改善されるといった便益を受けることを外部経済がはたらくという。しかしながら道路建設の例ひとつをとってみても、かならずしもいいことづくめではない。場合によっては自動車の交通量が増えすぎて、歩行者が歩道橋まで遠回りをしなければならないといった不便をしいられることも、たびたび経験することである。このような不利益が生ずることを外部不経済が生ずるという。
　外部不経済も、たんに多少の遠回りをしいられるという程度のことであれば、楽あれば苦ありと割り切ることもできよう。しかしながら経済成長の過程では、豊かさの影で意図しなかった危害が人々の生命を脅かす場合さえ発

生する。高度成長の背後で、1960年代の我が国では、河川にはカドミウム、海にはメチル水銀の化合物などを含んだ汚水が流入していた。これらの汚染物質は淡水魚や海水魚に蓄積し、これらを食用としていた人々が次々に身体に激痛をうったえ、手足の不自由や言語障害などを発症するまでに至った。これらの病気を公害病とよび、その原因が産業活動にあることから、この種の問題を**産業公害**と総称する。また乗用車などのガソリン車の排気ガス対策が進んだ一方で、対策の遅れたディーゼル車の排煙による大気汚染も深刻である。これに加えて航空機の離発着による騒音、不要となった家電製品などの廃棄物投棄、増大する生活ゴミや産業廃棄物の氾濫などの問題もあり、加害者が特定できないことから産業公害とは区別して**都市型公害**などともよばれている。しかも地球のオゾン層を破壊するフロンガスや、石油や石炭などの化石燃料の燃焼により発生する温室効果ガスなどの問題などになると、もはや一国だけでは解決するすべもない。地球環境問題という言葉がテレビのニュースや新聞の見出しをにぎわすのも、このように考えれば当然のことかもしれない。

　地球環境問題の本質を語るとき、しばしば引用されるのが**入会地の悲劇**とよばれるガーレット・ハーディンのたとえ話である。いま100頭の牛を飼える牧草地を考えよう。ここでは10人が10頭ずつの牛を飼ってのどかな生活を送っている。ところがその中の1人が欲を出して、もう1頭の牛を追加したらなにが起きるだろうか。この人は新たに追加した1頭分の収益を独占できるが、牧草地は増えすぎた牛に対応しきれず、その分だけの損失が生じる。しかしながらこの損失は10人で等分されることになるから、結局は1頭の牛を追加した強欲者が1人で得をする結果となる。もちろん、そうなれば他の人々も競って牛を増やすから、牧草地はたちまち荒地と化してしまうことになる。そこで本章では、私たちの身の回りの環境問題にどう対処し、ひいては地球環境問題を解決するには何をしなければならないのかを考えてみよう。

15.2 日本産業公害と石油危機

　1950年代から70年代までにかけての日本経済の高度成長は、まさに世界史にその名を刻むにふさわしいものであった。しかしながらその影で、四大公害病に象徴される産業公害の問題が急速に深刻化していた。メチル水銀化合物がその原因とされる水俣病と新潟水俣病は、手足が不自由になる、言語障害や難聴、さらには神経系障害をひき起こす深刻なものであった。またカドミウムが原因とされるイタイイタイ病では、骨軟化症や全身の激痛などの症状があるほか、コンビナートの排ガスに含まれる窒素酸化物（NO_x）や硫黄酸化物（SO_x）が原因とされた四日市喘息では呼吸器系疾患が問題となった。これらの産業公害では加害者の認定が比較的容易なこともあり、その解決は法廷にゆだねられることになった。

　しかしながら、産業公害が経済成長に不可避的に発生する外部不経済であるとすれば、市場原理に任せていては解決ができない。同様な問題の再発の防止をはかる意味からも何らかの法規制が必要との世論に後押しされて、1967年にはこの種の法律のさきがけとして公害対策基本法が制定された。この後も1968年には大気汚染防止法と騒音規制法が、1970年には水質汚濁防止法が制定されるなどの法整備が進み、1971年には環境問題を専門に扱う政府機関として環境庁（現在の環境省）が設立されるなど、国家をあげての取組みが功を奏し、産業公害の発生は徐々にではあるが解消へと向かった。公害防除はたんに倫理観に訴えるだけで達成できるものではなく、集塵機などの公害防除投資など資金面での裏づけなしには実現できない。その意味で法整備の進展は、各企業に公平に費用負担を分担してもらうことで、自由競争の枠内で産業公害を削減するために、どうしても必要な制度であったといえよう。1972年にはOECDが公害や汚染の防除に必要な費用は汚染者が負担するという**汚染者負担の原則**（PPP）を発表し、現在では世界各国でこの考え方が定着している。

　もちろん、この場合には公害防除費用は最終的には消費者に転嫁するこ

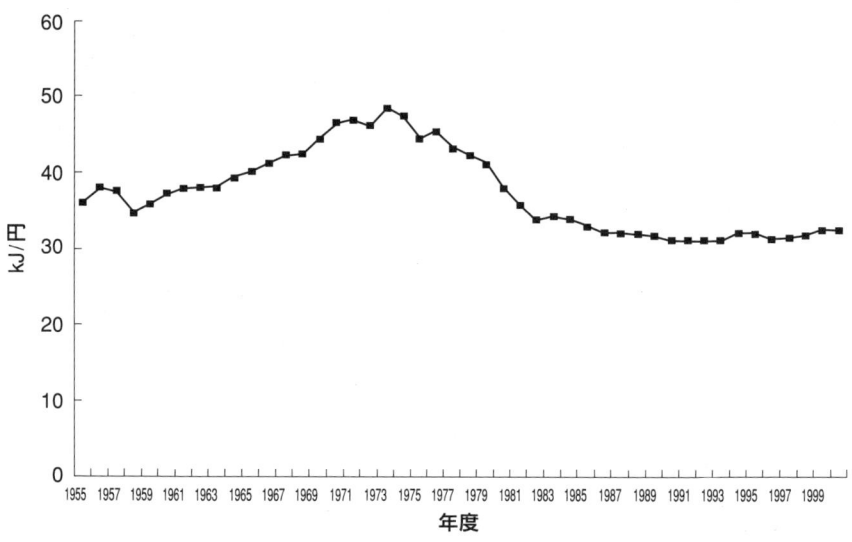

図15−1　日本のGDP当たりの最終エネルギー消費量

出所)「総合エネルギー統計」、「国民経済計算」より筆者作成。

とになるが、公害防除費用も含めた相対価格が呈示されることで、ここに価格メカニズムが関与する余地が生じ、最適な財の選択が可能となるわけである。しかも結果としてわかったことは、産業公害の削減と価格の引き下げはかならずしも相反する命題とはいえないことである。もちろん生産技術を所与とすれば、公害防除は追加的な費用を発生させることになるが、公害防除という法制度の枠組みの中では、これを所与のものとして新しい技術革新が生ずる可能性があるからである。たとえばある財を生産するために使用する化石燃料の量を減少させることで、大気汚染の削減と燃料費の削減が同時に達成されることになる。

　このように我が国の産業公害に対する積極的な取組みは、たんにその被害を減少させるに止まらず、技術革新を促進するという思わぬ展開をみせた。おりしも1973年には第4次中東戦争の余波で、アラブ諸国が結束して石油の生産量削減を打ち出し、原油価格が急騰するという第1次石油危機が到来する。我が国の企業はこれに対して省エネルギーの生産技術で対抗し、また公

害防除投資が設備投資の下支えをすることで、第1次石油危機後の景気の停滞を最小限に抑えることに成功した。実際、図15-1に示すようにGDP当たりのエネルギー消費量は1973年を境に減少傾向にある。1979年にはイラン革命に端を発する第2次石油危機が勃発するが、日本はその影響を最小限に食い止めることに成功し、製造業部門では世界の覇者として君臨するまでに至ったのである。しかも産業公害の問題は経済成長の進捗とともに次第に東アジア各国にも飛び火し、公害防除と省エネルギー技術が我が国の技術供与の重要な武器となったことも忘れてはなるまい。

15.3 都市型公害の多発とリサイクルの取組み

産業公害の問題は加害者の特定が比較的容易なのに対して、都市型公害は多少ともその性質を異にしている。たとえば自動車は誰でもが日常利用する、きわめて便利な交通手段である。1950年代、あるいは60年代の日本の陸上交通の主役は鉄道であった。東海道線のような幹線では、何十両もの車両を連ねた貨物列車が頻繁に運行されていた。しかし経済成長につれて道路整備が進むと貨物列車は徐々に減少し、トラック輸送がこれに代わる手段として増大した。鉄道は大量輸送に適する反面、駅から駅までしか荷物を運ぶことができない。結局はトラックに積み替えて目的地まで再度運ぶ手間がかかる。それを考えると戸口から戸口へと積み替えなしの輸送ができるトラックはたしかに便利である。高速道路網の整備により積み替え時間を考慮すれば、トラックの利便性に軍配が上がったのも無理からぬことかもしれない。しかしながらディーゼル・エンジンで走るトラックは、煤煙と騒音という問題をひき起こす。1台1台が発生するNO_xやSO_xは僅かであるし、騒音も我慢できないわけではない。しかしながら、これが何千台、何万台となれば話は別である。

この自動車がひき起こす公害の特徴は、どの自動車が公害の発生源かを特定することが極めて困難なことにある。しかも事業用のトラックならともかく、これが乗用車であれば、一般の市民が被害者であるだけでなく、加害者

になる可能性もあるから、話はもっとややこしい。道路沿いに住んで排気ガスや騒音・振動に悩まされている人が、乗用車で病院に治療を受けに行こうとすると、こんどは加害者になりかねないジレンマがあるのである。しかも特定の財と違って、輸送サービスはほとんどの財に関係しているという問題もある。24時間年中無休のコンビニは現代生活の必需品ともいえるが、在庫をもてない小規模店舗でいつでも必要なものが手に入るのは、道路上のトラックを移動倉庫代わりに使う多頻度少量配送のおかげである。もちろんスーパーの店頭の生鮮食料品もトラックで運ばれてくるわけであるから、都市生活と輸送は切っても切れない間柄である。

　都市生活でもうひとつの必要悪は生活ゴミや産業廃棄物である。商店街の魚屋さんでは冷蔵庫に魚が並べられている。アジを3匹とか、マグロの切り身を5枚とか注文すると、必要な量だけ紙に包んで渡してくれる。もちろん刺身にと注文すれば加工にも応じてくれる。しかしながらこの種の対面販売は人件費がかかるし、仕入れる量も少量だから中卸を通したりで割高になることは否めない。これに対して大手のスーパーでは、加工済みの魚が発泡スチロールのトレイにのり、ラッピング・フィルムで包装されている。トレイやラッピング・フィルムの値段を考えると割高にも感じるが、大量仕入れ、大量販売のおかげでスーパーのほうが割安な場合も少なくない。消費者が近くの魚屋さんより大手のスーパーで買い物をするのを止めることは難しい。しかしながらスーパーで販売される生鮮食料品が増加すれば、確実に生活ゴミを増やす結果となる。

　このような問題は産業公害とは異なり、たんに法制度を整備するだけではなかなか解決できない。もちろん自動車の例では、一定以上の煤塵を排出するディーゼル車の使用を制限するとか、一定地域に侵入する自動車に課金するといった方法も考案されているが、これといった決め手となる政策が見出しにくいのも事実である。しかしながら、たとえば生活ゴミを減らす試みとしては、スーパーの店頭で発泡スチロールのトレイを回収するといった方法も考えられる。たとえば使い捨てのカメラともいうべきレンズ付フィルムでは、現像のために回収された本体から、使用済みの部品を回収して再利用す

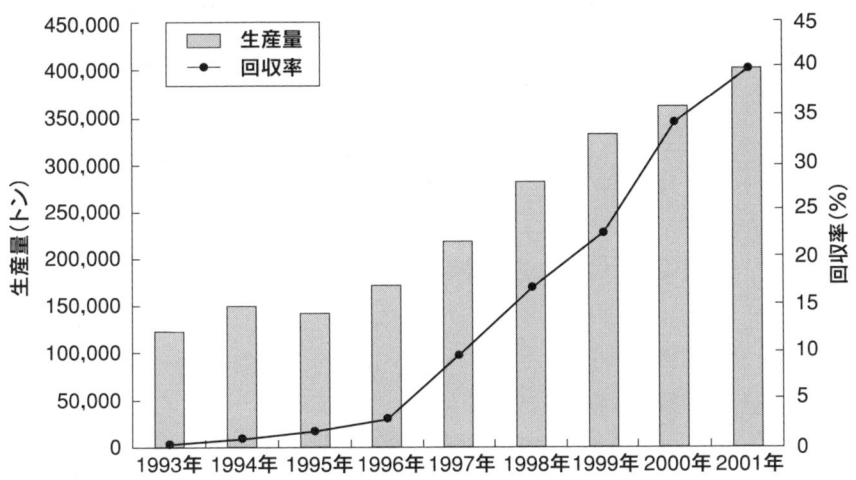

図15-2 ペットボトルの生産量と回収率

出所：ペットボトルリサイクル推進協議会

るという取組みもおこなわれている。このような考え方をより推し進めたのが、生産者に廃棄物処理を義務付けるようOECDが提唱した**拡大生産者責任（EPR）**の考え方であり、使用済みのテレビや冷蔵庫などの回収を義務付けた我が国の家電リサイクル法（特定家庭用機器再商品化法）はその一例である。

現在では一度製品として利用した資源が廃棄物となった場合に、再利用可能な資源は可能な限り再利用し、最終的に資源として再利用できないものだけを廃棄物として処分するという**循環型社会**の構築がひとつの目標となっている。この種の取組みで早くから一定の成果をあげたのが古紙の回収である。デパートの手提げ袋に「この袋は再生紙を使用しています」といった表記があるのに気づくことも多いだろう。また企業イメージの向上のために、わざわざ再生紙で名刺を作るといった例も少なくない。一方では市民の協力で家庭ゴミの分別収集も拡大し、古新聞や古雑誌に加えて、空き缶、空き瓶、ペットボトルなど、資源の再利用と最終的なゴミの減量化に少なからぬ効果をあげている（図15-2参照）。実際には古紙やペットボトルの回収費用は決し

て安くないし、回収や再生にはエネルギー消費が付きもので、かならずしもこの種の取組みが環境問題のすべてを解決してくれるわけではない。最終的な廃棄物を燃料に混ぜて発電に利用したり、火力発電と同時に排熱を有効利用するコジェネレーションといった工夫も必要であろう。しかしながら市民1人1人の参加でリサイクル社会を築いていくことが、経済成長と都市型公害解決を両立させる糸口であることだけは間違いない。

15.4 地球環境問題と京都議定書

　企業の公害防除への取組みや、市民のリサイクルへの協力により、我が国の環境問題は最悪期を脱したかにみえる。しかしながらすでに第12章で学んだように、我が国は貿易を通じて世界の多くの国々と密接に結びついている。日本の木材消費が他国で大規模な森林伐採をひき起こし、砂漠化により環境悪化の原因となることは十分に考えられる。建築用資材から製紙原料に至るまで、日本は世界でも有数の木材輸入国であり、1960年代以降の東南アジアの森林伐採に大きな責任をおっている。もちろん焼畑農業など、森林破壊の原因はさまざまであり、商業伐採がすべての原因ではないにしても、アジアの熱帯雨林からロシアやカナダの北方針葉樹林へと進む、世界的な森林の減少が他人事で済まされないことだけは間違いない。一方で大気や環境には国境に相当するカーテンがあるわけではない。他国による化石燃料の燃焼により発生したSO_xやNO_xが大気中の水分に溶けて硫酸や硝酸に変化し、これが何千キロも気流に乗って移動して酸性雨として降り注ぐことも決して珍しいことではない。また座礁した外国籍のタンカーから漏れ出した原油が海岸に漂着し、漁業資源に深刻な影響を与えるといった事態も各国で多発している。環境問題の最大の困難は、これが国境を越えて地球規模に広がりをもつことであり、これらを総称して**地球環境問題**とよんでいる。

　こうした地球環境問題の中でも特に注目を集めているのが**地球温暖化**の問題である。太陽の日射により地表に届くエネルギーは、大気をほぼ素通りする可視光線によってもたらされ、地表を暖めることになる。地表が暖められ

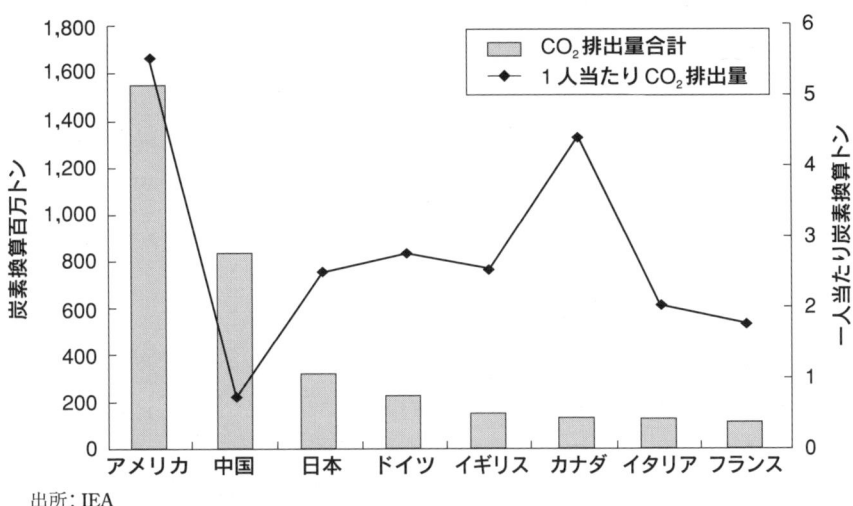

図15-3　主要国のCO_2排出量
出所：IEA

ると、可視光線よりもさらに波長の長い赤外線が宇宙に放出される。もしこの赤外線がすべて宇宙に向けて放出されてしまうと、地球は極寒の世界になるのである。しかしながら地球には赤外線を程よく吸収する気体があるために、太陽から照射されたエネルギーの一部が大気中に保存される。このように赤外線を吸収する性質をもつ気体を温室効果ガスとよび、二酸化炭素（CO_2）が代表的であるが、このほかにもメタン（CH_4）や亜酸化窒素（N_2O）などが知られている。これらの気体はもともと地球の大気中に存在し、地球を程よい環境に保つ役割を果たしてきた。

　もちろん我々が呼吸をするだけで二酸化炭素が排出されることもあり、その大気中の濃度は日々刻々変化している。ここで重要なのは人間が営む種々の活動、とりわけ経済活動が温室効果ガスを発生し、この濃度を高めるはたらきをしていることである。図15-3に国別のCO_2排出量を掲載したので参照されたい。化石燃料の燃焼は結果としてCO_2を排出することになるが、その大気中の濃度は年率0.5パーセントずつ上昇し、産業革命以前には280ppmv（容積比百万分の一の単位）であったものが、1994年には358ppmvに

なったとする分析結果も報告されている。この背後には、森林伐採が進行したことで地球全体の植物による二酸化炭素の吸収能力の低下も指摘されている。またメタンは天然ガスや石炭採掘などにともない発生することが知られており、同期間に700ppbv（容積比十億分の一）から1720ppbvに増加、窒素肥料などから発生する亜酸化窒素も275ppbvから312ppbvに増加したとされている。それだけではなく、経済活動は自然界にはもともと存在しないフロンガスをも生み出した。フロンはもともとエアコンや冷蔵庫の冷媒として開発されたもので、その代表例とされるクロロフルオロカーボン（CFC）は残存期間が100年と長期であることもあり、1994年には268pptv（容積比一兆分の一）にも達している。フロンは温室効果ガスの一種であるばかりでなく、太陽からの紫外線を吸収する働きのある地球を被うオゾン層を破壊し、皮膚癌の発症要因とも指摘されている。

　フロンの生産は1987年のモントリオール会議で20世紀中の全面禁止が決定されたが、二酸化炭素をはじめとする他の温室効果ガスの発生は増加の一途をたどり、地球温暖化の原因となり、ひいては氷山や氷河の溶解で海面上昇の原因となりかねないとする指摘もなされるようになった。このため1997年12月には、世界の約160カ国の政府代表などが出席して気候変動枠組条約第3回締約国会議（地球温暖化防止京都会議）が開催され、具体的な行動目標を定めた議定書が採択された。これが京都議定書であり、第1約束期間の2008年から2012年の間に主要各国の温室効果ガスの発生を1990年基準で5.2パーセント削減することを目標に、日本が6パーセント、米国が7パーセント、EUが8パーセントなど各国別に具体的な削減目標が合意された。しかしながら、たんに目標値を設定しただけでは、せっかくの合意も絵に描いた餅に終わりかねない。京都議定書の真骨頂はこの合意を国際的に協調して実現するための種々の仕組み（京都メカニズム）を構築したことにある。

　京都メカニズムは共同実施、クリーン開発メカニズム、排出権取引の総称である。共同実施（JI）は、温室効果ガス排出量の削減数値目標が設定されている国が互いに協力して、排出削減または森林吸収増大等の温暖化対策プロジェクトを実施し、その結果生じた削減量を当該国間で移転することを認

めるものである。クリーン開発メカニズム（CDM）は、数値目標が設定された国が数値目標の設定がない国（おもに開発途上国）において実施した温室効果ガスの排出削減プロジェクトから生じた削減分を、自国の目標達成のために加算できるとするものである。排出権取引は、数値目標が設定されている先進国間で排出枠の売買を認める制度であり、削減目標を上回った国が、余剰分を未達成国に有償譲渡することが可能である。また京都メカニズムとは別に、バブルと呼ばれる制度があり、数値目標を設定された国が共同でその合計値の削減達成をめざすことが認められた。EUがこれを導入しており、個別国の数値目標達成の有無にかかわらず、合計目標が達成されればよいとするものである。

　京都議定書の発効には、１．55カ国以上の批准、２．批准した附属書Ⅰ国の1990年の二酸化炭素排出量が全附属書Ⅰ国の合計の排出量の55％以上であることが条件としてもとめられた。最大排出国のアメリカが2001年に離脱を決定し、55％以上の確保が危ぶまれたが、2004年11月にロシアが批准したことによって条件を満たすことが可能となり、2005年2月16日、京都議定書が発効した。その後、2001年に開催された第7回気候変動枠組条約締約国会議において詳細な議定書の運用ルールが定められ、2005年の気候変動枠組条約第11回締約国会合/京都議定書第1回締約国会合におけるマラケシュ合意において運用ルールが確定した。

　京都議定書の第1約束期間は2008年から2012年の間であり、削減目標を持つ各国は目標達成にむけて対策をはかる時期にきている。地球温暖化対策について合意に至り、議定書が採択されたという点で温暖化防止に向けた国際協力の第1歩として大きく評価されるが、負担の公平性について大きな議論が生じるなど課題は多い。京都議定書は法的拘束力を持つ世界をとりこむ国際条約であるが、途上国は削減目標が設定されていない。最大排出国であるアメリカは、途上国が不参加であることをおもな理由（理由のひとつとして）に、京都議定書から離脱している。環境面での制約を受けることなく先に発展した先進国は『共通だが差異のある責任』のうち、「共通の責任」に重点を置き、途上国に対しても削減目標を負わせたい意向である。一方、今

後の成長可能性が高い途上国は「差異のある責任」に重点を置き、過去の経済発展の歴史を考えたうえで先進国の責任をまず追及し、環境問題よりも自国の経済成長を優先すべきである点を主張している。しかし、議定書上の途上国のグループの中には、インドや中国が含まれている。採択当時は途上国とみなされたインドや中国であるが、その後、めざましい経済発展により排出量が大幅に増加し、世界でも主要な排出国になった。今後、排出量が急速に伸びる可能性が高いのは途上国であり、途上国に削減目標をもたせるかという点で、先進国と途上国の間での議論は平行線をたどっている。そのような中、温暖化防止にむけてさらなる国際協力を継続するために、第1約束期間が終了する2013年以降の枠組み見直し（ポスト京都議定書）についての議論が現在、開始され、離脱したアメリカ（・オーストラリア）の復帰やおもな途上国の参加などが大きな課題となっている。

15.5 限りある資源と持続的発展

　人工衛星からみた地球の写真を思い浮かべてみよう。球体の青い星に褐色と緑色が混在する陸地が点在し、その一部は雲に覆われている。そう、地球は数ある天体のちっぽけなひとつであり、その資源は限りあるものなのだ。産業革命以来の急速な経済発展と科学の進歩の成果のひとつが人工衛星であり、はからずもそこから地球を観察することで、人類はこの一見あたりまえの事実を再確認することになった。1960年に30億人といわれた世界の人口は、2000年には60億人を突破したと推定されている。ちっぽけな星に過ぎない地球にこれだけの人間がひしめき合っているのだ。経済成長は人々の暮らしを豊かにし、衛生状態の改善は平均寿命を飛躍的に伸張させた。いまでも世界には飢餓に苦しみ、満足な医療の提供を受けられない人々がまだまだ多いことを考えれば、経済成長の歩みそのものを止めることは許されないであろう。一方で、経済成長にともなう地球温暖化は、砂漠化の促進や洪水の増加につながり、食糧確保にも影響を与えるとする指摘も無視し得ない。限りある地球という資源を皆が大切にし、食糧など地球が与えてくれる恵を皆で分かち

合いながら、一歩一歩着実に経済成長を推し進めていくこと、これが21世紀を迎えた我々が今日描く**持続的発展**のモデルである。この持続的発展という言葉には、地球環境問題が今日地球上に生活する人類みなの問題であるとともに、次の世代にこの美しい星をたしかに継承していくための取組みであるという決意が込められていることも、また忘れてはならないだろう。

第16章

世界の現状と日本の課題

16.1 移り行く世界

　日本でも少子高齢化が話題にのぼるようになって久しい。実際に電車やバスに乗ってみれば、読者もこれを実感するに違いない。しかし、この問題は決して日本だけの問題ではない。ヨーロッパの街角に目を転じれば、カフェでくつろぐ数多くのお年寄りを目にすることになる。図16-1に北米、欧州、日本、オーストラリア、そしてニュージーランドといった先進諸国の人口構成比を示したので参照してほしい。この地域の人口は1990年から2005年の15年間に、11億4900万人から12億1600万人あまりに、約5.8％増加した。この間に60歳以上の人口は2割以上も増加し、その総人口に占める構成比は17.6％から20.1％へと大幅に上昇した。それだけでなく、いわば高齢者の予備軍と目される40〜59歳の人口構成比も23.8％から27.9％へと急上昇している。一方で20歳未満の若年者は1990年には3億1900万人だったのが、2005年には2億8900万人と、総人口の増加にもかかわらず大幅に減少し、構成比は27.8％から23.8％に下落した。

　このような人口構成の変化がどのような問題を引き起こしているのか、8章で学んだ金融資産負債差額で観察してみよう。図16-2には各国別に制度部門ごとの金融資産負債差額の状況を示してある。少し復習をしておくと、

図16-1 先進諸国の人口構成

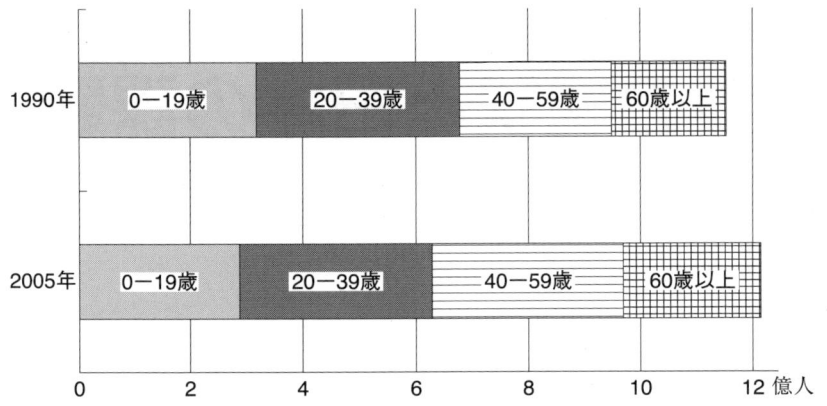

出所）UN. 先進諸国は北米、欧州、日本、オーストラリア、ニュージーランドの合計。

この数字がプラスなら金融資産超過であり、マイナスなら負債超過である。海外部門を含めれば、金融資産負債差額は定義的にバランスしている。もし海外部門がプラスならば、その国は対外負債超過であり、貯蓄より投資が大きいことを意味する。逆に海外部門がマイナスの国は対外資産超過であり、投資が貯蓄を下回っている状況を示す。家計は一般に貯蓄超過主体であり、その金融資産負債差額はどこの国でもプラスなので、図中ではこれを1として基準化してある。

たとえば日本を見ると、非金融法人企業の投資が家計の貯蓄を大きく下回っているのがわかるだろう。これも8章で学んだように、人生にはいろいろなライフステージがある。20代や30代で結婚し、子供をもつと食費もかさむし教育に関する出費もばかにならない。したがって、この時期には好むと好まざるとにかかわらず消費が増大する。したがって若い人が多く、子供もたくさんいる国では企業にも生産能力を拡大するインセンティブがはたらく。消費が多いということは、裏をかえせば貯蓄が少ないので、こういう国では非金融法人企業の投資が家計の貯蓄を上回ることが多い。しかしながら年とともに人口構成が高齢化し子供も少なくなると、やがて消費の意欲も薄れ、老後への不安から貯蓄に励むようになる。こうなると企業の設備投資意欲も

図16-2 制度部門別金融資産負債差額（家計の金融資産超過を1とする）

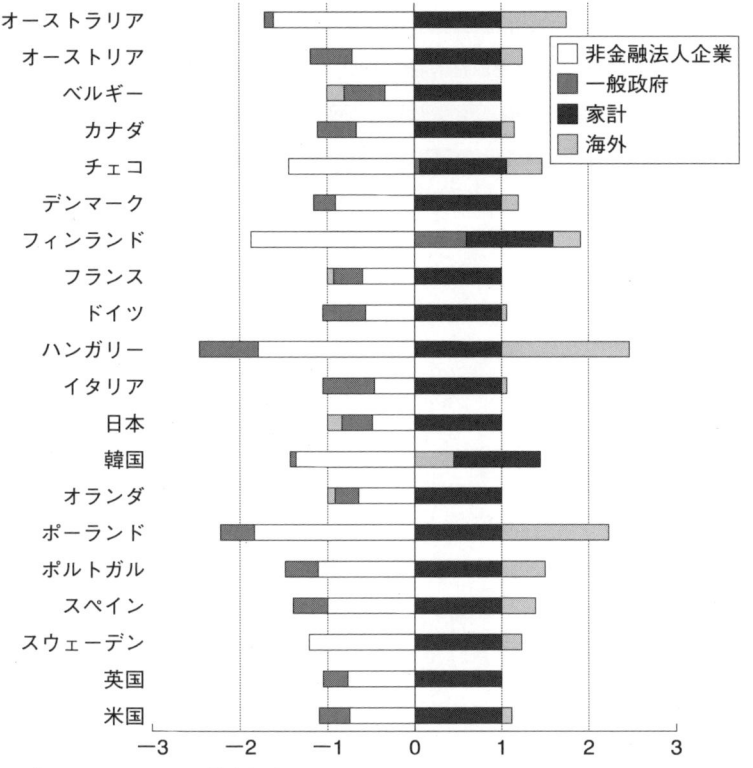

出所）OECDデータより筆者作成。

萎えてくるのは当然であろう。まさに日本の状況は、これが現実のものとなっているに過ぎない。よく政府債務の増大を問題視する意見を耳にするが、図16-2の日本の状況をみれば、家計の貯蓄の余剰分を海外に投資し、それでもなお余った部分を政府債務で吸収しているに過ぎないことが理解できるであろう。

この図をよく見ると、日本と同じような状況に陥っている国は決して少なくない。ドイツもフランスも、そしてイタリアや英国も、みんな状況は同じである。しかしながら、一方で非金融法人企業の投資が家計の貯蓄を上回っ

図16-3　先進国と BRIC の1人当たり GDP の比較

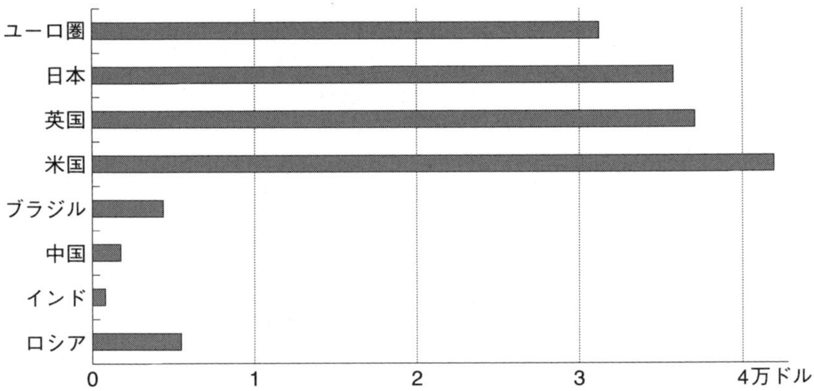

国	1人当たりGDP（万ドル）
ユーロ圏	約3.1
日本	約3.5
英国	約3.7
米国	約4.2
ブラジル	—
中国	—
インド	—
ロシア	—

出所）IMF．PPPで調整済み。

ている国もたくさんある。チェコやハンガリー、ポーランドといった東欧諸国やオーストラリアがこれに該当する。日本では海外部門がマイナス、つまり対外資産超過になっているが、これらの諸国では海外部門がプラス、すなわち対外負債超過になっている。言い換えれば、日本やドイツで余った資金が東欧などでの投資に活用されているわけである。したがって、その限りではとくに問題は生じない。しかしながら、東欧の国々だけでは日本や西欧の余剰資金の受け皿としては小さすぎる。そこで、もっともっと視野を広げると、世界には多くの国々、それも膨大な人口をかかえている国がたくさん見えてくる。そんな中で近年よく話題になるのがいわゆる BRIC である。

　最近、BRIC という造語をよく耳にする。Bはブラジル、Rはロシア、Iはインド、Cは中国の頭文字である。まず、これらの国々がどんな国なのか、おさらいしておこう。図16-3では先進国と BRIC の1人当たり GDP を比較している。ちなみにこの数字は12章で学んだ購買力平価の概念を使って、国と国の相互で比較可能にしてある。この図を見ると先進国の1人当たり GDP が2005年価格でおよそ3万ドルから4万ドルであるのに対し、ロシアで5,300ドル、ブラジルで4,300ドルあまりである。中国やインドの1人あたり GDP はさらに低く、それぞれ1,700ドルと700ドルと報告されている。こ

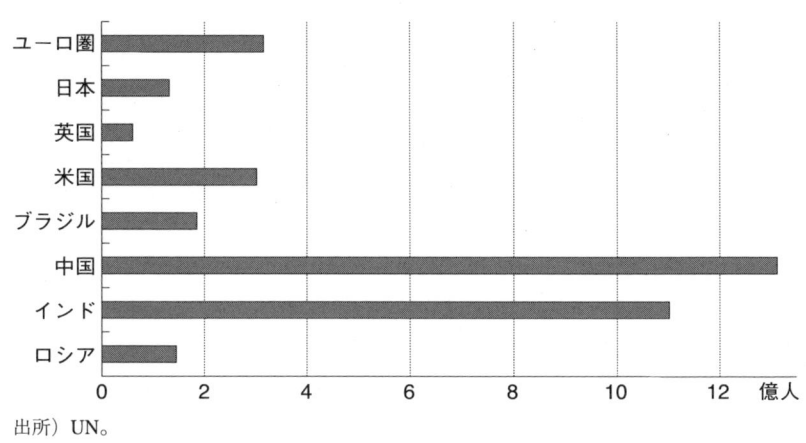

図16-4 先進国とBRICの人口比較（2005年）

出所）UN。

うなると先進国の10分の1にも遠く及ばない。しかし裏を返せば、これらの国々は大きな経済発展の可能性を秘めているのだ。もちろん、1人当たりGDPの低い国なら世界にいくらでもある。その中で、これら4国がとくに注目を集めるのは他の発展途上国と比較して人口が多いという理由による。

図16-4を見ると、ユーロを共通通貨とするドイツやフランスなど12国をひとまとめにしたユーロ圏と米国は、ほぼ人口規模で等しく3億人ほどである。ブラジルやロシアはそれには及ばないものの、日本や英国よりは人口が多い。先ほどの比較で1人当たりGDPが比較的小さかった中国とインドの人口はともに10億人を大きく超えており、両国を合わせれば、なんと地球上の人口の3分の1にも達する。もしBRIC諸国が十分に大きな投資をしてくれるならば、高齢化による先進国の貯蓄超過を吸収してくれるはずである。ところがよく調べてみると、これがなかなか当てにできないことがわかる。たとえば日本も多くの財を輸入する中国の場合、近年では好調な輸出が輸入を大きく上回り、投資超過どころか世界でも有数の対外資産保有国となってしまっている。他の3国は、さすがに対外負債をかかえているが、合計しても日本の対外資産の3分の1あまりで、必ずしも大きくない。

しかしながら、これはよく考えてみると不思議である。誰かがおカネを貸

図16-5　先進国と BRIC の名目 GDP の比較（2006年）

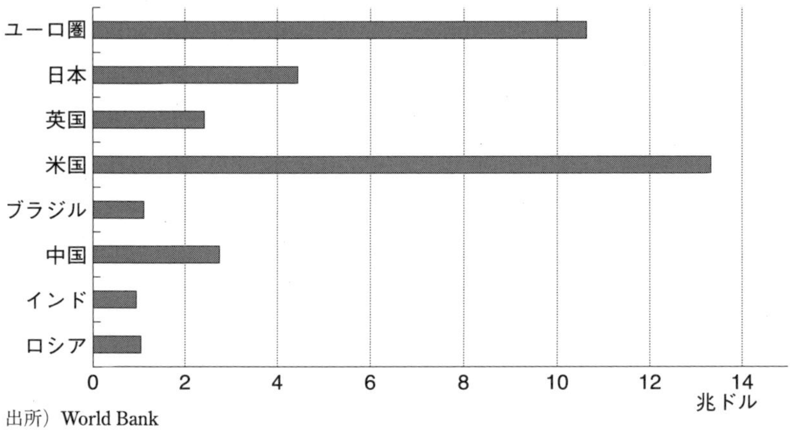

出所）World Bank

していれば、かならず同額の借金をしている国があってこそバランスがとれるはずだからである。多くの高齢者をかかえる先進国が貯め込んだおカネはどこへゆくのだろうか。ここで図16-5を見てほしい。これは世界各国の経済規模を名目 GDP で比較したものである。比較可能なように米ドルに換算してあるが、だんぜんトップは米国である。ユーロ圏12国を全部たし合わせても、今のところ米国を追い抜くことはできない。もちろん BRIC 諸国など足元にも及ばないのである。これで BRIC 諸国の対外負債が小さい理由も明らかだろう。実は、その米国が対外負債をかかえているのだ。2兆5000億ドルほどの対外負債は、11兆ドルを超える名目 GDP と比較すれば、さほど大きく見えないが、世界最大の日本の対外資産1兆5000億ドルを一飲みにするほどの大きさがある。

　それではなぜ米国はこれ程までに多額の借金をするのだろうか。ここでもう一度、図16-2に話を戻そう。なんと米国も日本と同じで、非金融法人企業部門の負債超過が、家計の金融資産超過より小さい投資不足の状態にある。それでも借金をするのは、政府債務が大きいためなのだ。日本の場合、家計部門の貯蓄超過が非金融法人企業部門の投資超過を上回る部分の一部が政府債務として吸収されるものの、残余は海外に投資されている。したがって対

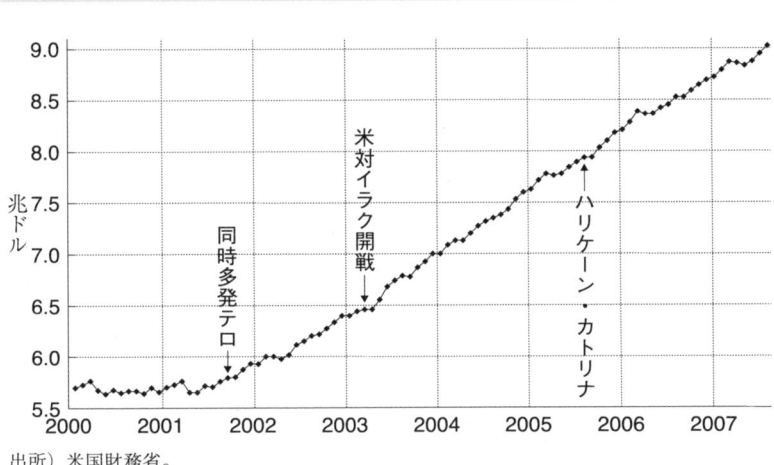

図16-6 米国財政赤字

出所）米国財務省。

外資産がある。米国の場合には、非金融法人企業の投資超過は小さいものの、これに政府の財政赤字を加えると家計の貯蓄だけでは賄いきれないため、対外負債が発生している。このような状態では、政府債務が増加すれば同額だけ対外負債が増加することになるから、これを双子の赤字と呼ぶことがある。

　図16-6を見れば、米国の政府債務が2001年9月に起きた、大規模テロ事件以降、急速に拡大していることがわかる。ニューヨークのシンボルだったワールドトレードセンターのビルが、短時間に破壊されるというかつてない経験が、国防費等の大幅な増大につながったことは想像に難くない。さらに戦線がイラクに及ぶに至り、戦費の増大が財政赤字を完全に定着させてしまった。しかし問題は戦争ばかりではない。2005年8月には巨大なハリケーン・カトリーナが米国南部を襲い、ジャズの故郷として名高いニューオーリンズの町を水没させてしまったのだ。多数の犠牲者を出す原因となったと指摘されたのが、ミシシッピ川の堤防の大規模な決壊だった。以前から危険が指摘されながら、財政難を理由に補修工事が先延ばしにされていたのである。政府は直接の改修費用として、とりあえず1050億ドルを支出したが、もちろんこれで問題が解決したわけではない。

1980年代以降、資本主義と社会主義の思想的な対峙の中で、財政支出の削減、とりわけ公共投資の縮減は錦の御旗であった。政府や地方自治体がおこなう公共事業は、中央集権的な社会主義を連想させるからであろうか。もちろん日本でも1970年代以前には無駄な公共工事が横行していて、「クマ一匹通らない」と揶揄されるスーパー農道や、米の減反政策で一度も利用されない干拓地など、例をあげればきりがない。しかしながら広大な国土をもち自然環境もきびしい米国では、四半世紀にわたる公共事業の縮減は、国家のバックボーンであるべき社会資本に大きな爪あとを残す結果となった。今日、米国の高速道路の状況は日本からは想像もできないほど貧弱である。プロのドライバーでさえ夜間走行を避けているのが現状である。あの大河ミシシッピにかかる橋でも、崩壊の危険から大型車両の通行を制限しているものが少なくない。

　2007年8月には、ミネアポリスで8車線もある高速道路の橋梁が崩壊する事故も発生しており、大きく報道されたのを記憶している読者も多いかもしれない。政府がおこなう公共事業ではないが、2003年8月にはニューヨークを含む米国東部で、カナダの一部までをも巻き込む大規模な停電事故が発生しており、電力事業への自由競争の導入による過少投資が原因として指摘されている。また2007年7月に起きた、グランド・セントラル・ステーションに程近いニューヨーク中心部の大爆発は、19世紀に敷設された地域暖房用の蒸気管の経年変化による破断が原因とわかり、はからずも大都市の脆弱さを露呈する結果となった。実は、米国政府もこうした惨状を見過ごしていたわけではない。奇しくもハリケーン・カトリナが南部を襲う直前の2005年8月上旬、ブッシュ大統領は2865億ドルという巨額にのぼる道路予算を内容とする法案に署名したのである。もともとブッシュ大統領が属する共和党は、とくに大型公共事業を忌み嫌っていたから、新聞でも珍事として報道されたほどである。この事実が、共和党でさえ看過できなかった社会資本の惨状をつぶさに物語っていると言えるだろう。

　しかしながら、米国政府がこうした政策転換を図ったのは、どうも社会資本の不足だけが原因とは思われないふしがある。なぜなら上述の法案への署

名をブッシュ大統領が最初に公言したのは、イリノイ州モンゴメリでの演説だったからである。この町には建設用車両の製造で名高いキャタピラ社の工場があり、大統領はこの法案は雇用促進にも寄与することを強調したのだ。なにやら10章で紹介したケインズの『一般理論』を想起させる内容である。この法案の是非はともかく、共和党の大統領がこのような発言したことは、資本主義と社会主義という思想的対立の呪縛から解き放たれて、再び経済政策について自由に論議できる土壌が整いつつあることを意味するもので、経済学を志すものには大いに心強い。

　もちろん、このような政策転換はいいことずくめではない。1970年代から1980年代にかけて、経済学が政策無用論に転換したのは、なにも思想的対立の結果ばかりではないからである。1973年に勃発した第4次中東戦争で、イスラエル軍はエジプト領のシナイ半島を占領した。これに対して、アラブ諸国は原油の供給削減という対抗手段に打って出た。この石油武器戦略は成功し、世界は大混乱に陥った。いわゆる第1次石油危機である。この原油の供給制限が成功した理由は2つある。ひとつは、たまたま1973年にエルニーニョ現象が発生していて、石油製品ばかりか農作物の需給も逼迫していたこと。このため、日本でも灯油からトイレットペーパー、そして豆腐に至るまで大規模な品不足が発生し、これらを買い求める消費者の長い行列ができたほどである。

　しかしながら石油武器戦略が図にあたった最大の理由は、当時ケインズ政策が世界各国で流行していたことである。第2次世界大戦後の欧州経済復興援助計画、いわゆるマーシャルプランが、ヨーロッパのみならず先進各国に繁栄をもたらしたことで、ケインズ政策が礼賛されていたのである。ちょうど当時はテレビの黎明期にあたり、世界中の人々が焼け野原から見事な復活をとげたヨーロッパの姿を目の当たりにした。各国政府がこぞって公共事業を推進し、日本でも1964年の東京オリンピック後の民需の停滞を補うべく、大規模な公共事業が目白押しであった。

　まさにこの時期が、自動車の普及期にあたっていたこともあり、原油需要は拡大の一途をたどっていた。図16-7に示すように、1965年には日量3000

図16-7　世界の原油生産量の推移

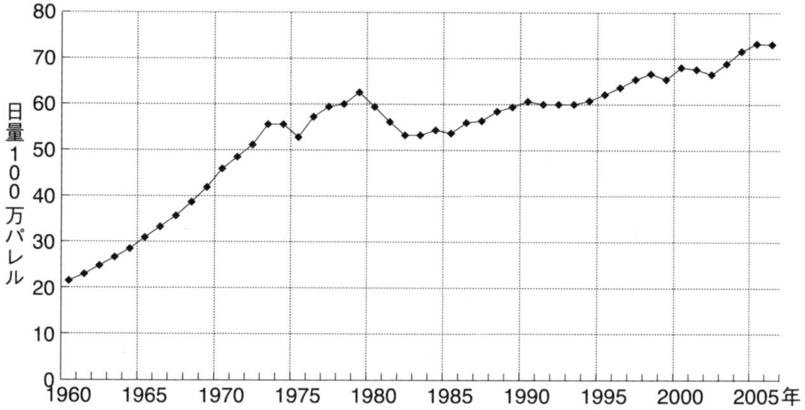

（日量100万バレル）

出所）USEIA。

万バレル（1バレルは約159リットル）たらずだった原油生産量は、1973年頃には5500万バレルを超えるまでに急拡大しており、石油武器戦略の発動を待つまでもなく需給は逼迫していた。アラブ石油輸出国機構の公示価格は1973年の1年間で、なんと4倍にも達している。これが世界的なインフレーションを引き起こし、とくにエネルギー資源をもたない日本は大打撃を受けるに至ったのである。ケインズ政策がもたらした繁栄は一夜にして費え、世界中が不況とインフレーションに苦しむことになる。これでは経済政策無用論が台頭しても、なんの不思議もない。

　1980年代に登場した共和党のレーガン大統領は、小さな政府を標榜し人気を集めた。同じ頃、英国では保守党のサッチャー首相が同様な政策を掲げ、経済復興に成功したこともあり、小さな政府は世界中の合言葉になったのである。日本でも、それまで国有だった鉄道が民営化されてJRが誕生するなど、2007年の郵政民営化に至る一連の変革が開始されたのがこの時期である。しかしながら急激な変革には問題もつきまとう。先の米国の例に見るように、四半世紀に及ぶ公共事業の抑制は必要な社会資本までをも疲弊させてしまった。これが米国だけの問題なら話は簡単である。しかし、同じ時期に大多数

の国が同じ政策を取り続けたとなると問題は深刻である。たとえば欧州でも、正確無比なものの代名詞になっていたスイス国鉄が、2005年6月に2日間にわたって大多数の列車が運休となる、大規模な停電に見舞われた。同国鉄は、供給余力の不足からピーク電力に対応できなかったことに加え、専門技術者の不足が対応を遅らせたことを認めている。この2ヶ月後にはヨーロッパ全土で水害が発生、スイス国鉄でも長期にわたる不通区間が続出したこともあり、世論の批判に応えるべく大規模な投資を余儀なくされている。

　米国、欧州ともに過去の投資不足と急増する自然災害で、今後は公共事業を中心とする社会資本整備のための投資が急拡大することが見込まれる。問題は、間違いなくこれが原油需要の大幅な拡大をもたらすということである。未開発の油田が数多く残されていた1970年代ならいざ知らず、今後は原油の大幅な増産が見込めないことが、状況を深刻にしている。1980年代まではサウジアラビアに比肩する産油大国であった米国も、資源枯渇で生産量がピーク時の半分近くにまで落ち込んでいるし、石油危機後に急ピッチで開発された英国やノルウェーの北海油田も、今世紀に入って生産量が激減している。一方で、北京オリンピックを開催する中国などBRIC諸国は建設ラッシュを迎えており、国民所得の増大に伴う自動車の普及と相まって、原油の消費量が急増しているのだ。

　図16-8に世界の石油の4割を消費する、米国、中国、日本のネットの原油消費量の推移を示したので参照してほしい。ネットのとあえて断ったのは、日本を別として米国と中国はともに世界屈指の原油生産国だからである。たとえば2006年の中国の原油消費量（精製品を等量で換算）は、日量670万バレルで日本を抜いて世界第2位であるが、このうち370万バレルほどは、黒龍江省の大慶油田など国内の生産で賄えるのである。同様に、米国でも世界第1位の2000万バレルの消費量のうち600万バレルほどは、テキサスやアラスカの国内生産で対応している。しかしながら両国とも近年のエネルギー需要には根強いものがあり、ネットの需要量が急拡大しているのがわかるだろう。この結果、図16-9に見るとおり原油価格はこの数年うなぎのぼりに上昇していて、石油危機の再来を予感させる。

図16-8　三大消費国のネットの原油消費量（消費量−生産量）

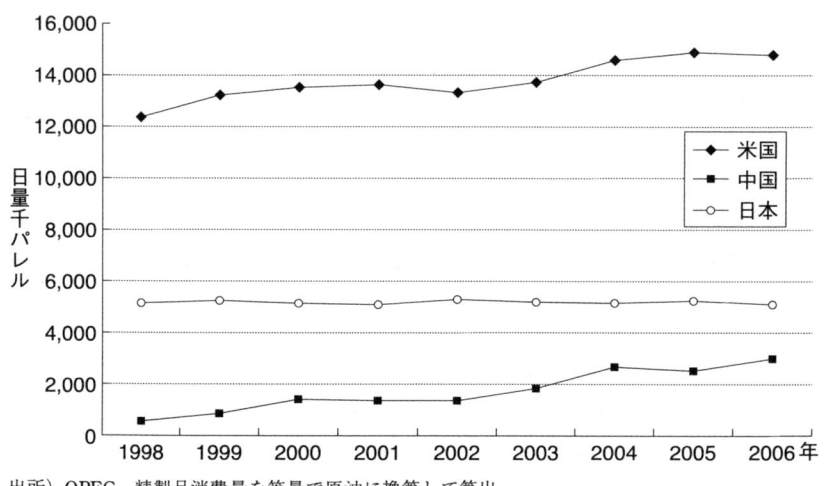

出所）OPEC。精製品消費量を等量で原油に換算して算出。

図16-9　原油価格の推移

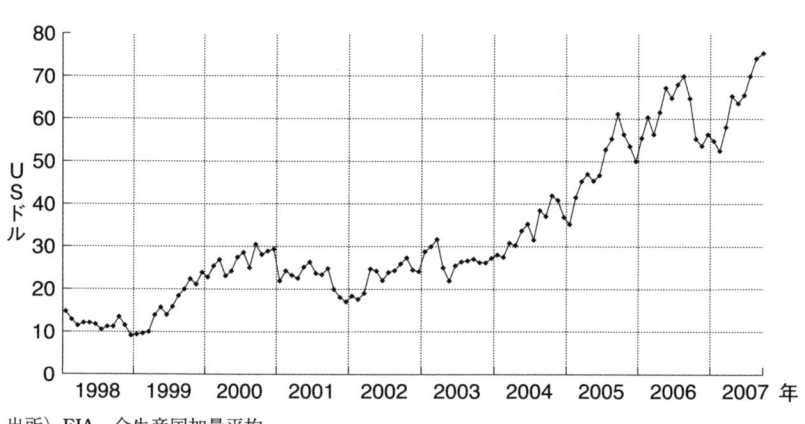

出所）EIA。全生産国加量平均。

　たんに原油価格が上昇するだけなら、たいした問題ではないと考える読者もいるだろう。たしかに日本では、都市への人口移動も手伝って、自動車を使わない家庭も多いし、石油ストーブも以前ほど広範に使われてはいない。しかし原子力発電に頼ってきた日本の電力政策も、2007年6月の新潟県中越

沖地震による柏崎刈羽原子力発電所の破損などで転機を迎えており、原油価格高騰を対岸の火事と言っていられない状況である。1980年代頃までの日本は、エネルギー政策を最重要課題として掲げ、サウジアラビアとクウェートの国境地域にある中立地帯（現在の分割地帯）で原油採掘権を確保するなど、積極的な施策を進めてきた。しかしながら2000年には条件交渉の末に、長年原油の安定供給先であったサウジ側の採掘権を失うなど、今日の日本には資源小国としての危機感が乏しいのも不安材料である。

　また米国や欧州では原油価格の高騰を発端にインフレーションへの懸念が強まっており、これが金融政策を混乱させるといった事態も発生している。実際に米国では、本章の冒頭に述べた高齢化による先進諸国の貯蓄超過にもかかわらず、2004年初頭には1％前後で推移していた短期金利が、金融引き締め政策の結果、2007年春には5％を超えるまでに上昇した。これは未曾有の低金利で夢のマイホームを手に入れたばかりの中低所得者層には大きな痛手だった。ガソリン代の高騰と住宅ローン金利の上昇に窮した家計のローン返済が滞り、住宅融資専門会社の経営破たんが相次ぐようになったのである。さらには、住宅ローン債権が証券化されて世界各国に転売されていたことから、英国を始めとするヨーロッパなどでも金融不安が広がりをみせている。

　先に述べた石油危機と同様、当初は世界のごく一部で発生した些細な出来事が、世界中を巻き込んだ大事件に発展するのが近年の特徴である。1970年代にも世界はモノの輸出入を通じて密接に結びついていた。しかしながら1980年代以降の金融自由化の波の中で、さらには金融市場までもが、蜘蛛の巣のような複雑な相互依存関係を構築してきた。しかもテレビやインターネットの普及で、情報は即座に世界中を駆け巡る。無意識のうちに各国の国民が同じような政策を支持し、気づいてみれば皆が同じ危機に直面する。ときにはテレビを消し、インターネットの画面を閉じて瞑想することも必要かもしれない。しかしこの世に生を受けた以上、私たちもみずからの叡智でこの荒海を乗り越えていかねばならない。次節では、いま日本が生き残るために何が必要かを再確認することとしよう。

16.2 世界の中の日本

　前節では、世界が直面する問題のひとつとしてエネルギー問題をとりあげた。その解決法のひとつとして注目されるのが、いわゆる代替エネルギーである。ヨーロッパを旅行したことのある読者なら、そこかしこで回る巨大な風力発電機の数に圧倒されたことがあるかもしれない。もちろん日本でも福島県の布引高原などで大規模発電所の整備が進められているが、2006年末の総発電量はわずか1394メガワットにとどまっており、日本の発電所の最大出力が20万メガワット以上であることを考えれば、僅少と言わざるを得ない。風力は枯渇することのない魅力的なエネルギー源であるが、日本の狭隘な国土では立地も限られるからであろう。米国やブラジルなど世界各国で農作物を原料とするバイオエネルギーも盛んに研究されているが、日本は多くの農産物を輸入に頼っていることを想起すれば、所詮なんらかの形でこれらを輸入せざるを得ず、むしろ穀物価格の上昇が食料品の価格上昇に繋がることが懸念される。

　つまり日本は節約に節約を重ねたとしても、なにがしかのエネルギーを海外からの輸入によって賄うことが求められており、その代金を確保するために、これに見合った輸出をすることが不可欠になる。図16-10を見れば原油等の高騰の影響もあり、日本の名目GDPに対する輸出入の割合は過去10年ほどで大きく上昇しており、2005年には輸出が14.3％、輸入が13.0％に達している。たとえば自動車の場合、2007年第1四半期の世界の販売台数は日本のトヨタが235万台、米国のジェネラル・モーターズが226万台となり、日本企業が史上初めて第1位となった。これはハイブリッド車など燃費に優れた日本車が、原油価格高騰によるガソリン価格の上昇で、高い人気を博した結果であり喜ばしい。

　しかしながら、もろ手を挙げて喜ぶにはまだ早い。それはトヨタ車といっても、それが日本製とは限らないという事実があるからである。たとえば1997年に同社の生産台数は489万台であり、そのうちの139万台が海外生産だ

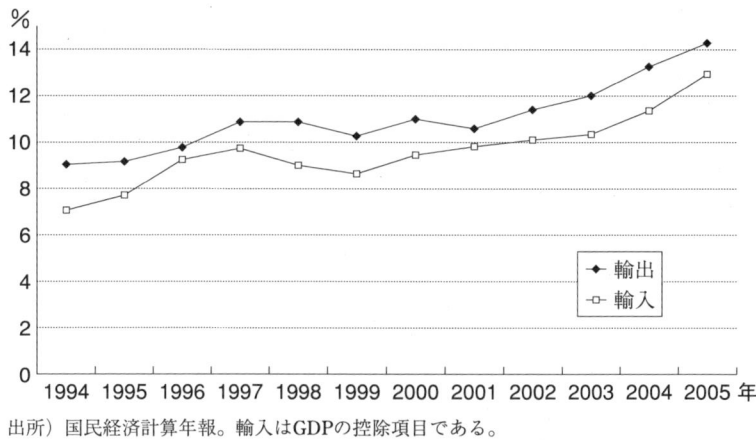

図16-10 日本の名目GDPに対する輸出入の構成比

出所）国民経済計算年報。輸入はGDPの控除項目である。

ったから、海外生産比率は28.4％であった。それが2006年には、生産台数809万台のうちの390万台、率にして48.2％が海外生産となっていて、トヨタ車の2台に1台は外国製という計算である。もちろん、この背景には国内販売台数が1997年の201万台から2006年には169万台に落ち込んでいるという状況があり、これが大きな要因であるということは否めないが、華やかなニュースの影で日本経済にとっては懸念材料である。

しかしながら懸念材料は、決してそれだけではない。自動車のような成熟商品では高い世界シェアを誇る日本企業であるが、最先端の情報通信分野では苦戦も目立っているのだ。たとえば年率16.5％と高い成長を続ける世界の携帯電話市場の場合、2007年第1四半期の市場占有率は図16-11のようになっている。1位のノキアはフィンランド、2位のサムソンと5位のLG電子はともに韓国、3位のモトローラは米国の企業であり、日本企業ではスウェーデンのエリクソンと組んだソニーが、かろうじて4位に顔を見せるに過ぎない。同じような現象は、携帯電話ほど市場が寡占化していないもののパソコンでも見られる。同じIDCの調査で2007年第1四半期を見ると、1位と2位はともに米国のヒューレット・パッカードとデルで、世界シェアは19.3

図16-11 携帯電話の世界市場占有率　（2007年第1四半期）

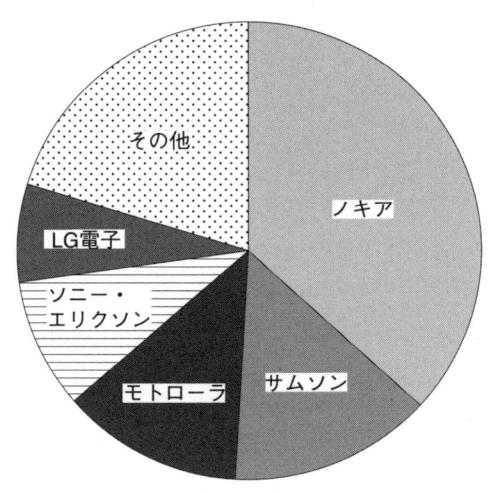

出所）IDC。

％と16.1％、3位は米国IBMのパソコン部門を合併した中国のレノボで8.3％、4位は台湾のエイサーで7.2％となっている。日本企業ではようやく東芝が世界シェア4.1％で5位に入るに過ぎない。

　それでは日本が1980年代には世界を席巻していたテレビ受像機はどうであろうか。図16-12に示すとおり、その輸出金額は2001年の593億円をボトムに一時は反転したかに見えた。これは、それまでのブラウン管に代わって液晶やプラズマなどのパネルを利用したテレビが登場し、技術力にまさる日本製品が再び注目を集めたからである。しかしそれも束の間、2004年の1760億円をピークに再び日本の輸出は減少に向かう。ディスプレイ・サーチの調査によれば、2007年第1四半期の世界市場での液晶テレビの市場占有率は、1位こそ韓国のサムソンに譲っているが、2位と3位は日本のソニーとシャープで、そのシェアは合計で30.9％と、サムソンと5位のLG電子を合わせた韓国の25.0％よりも若干ながら大きい。しかしながら2位のソニーのパネルはサムソンとの合弁会社が生産する韓国製である。

　日本が技術の優位性を長く維持できない理由のひとつとして資本財輸出の

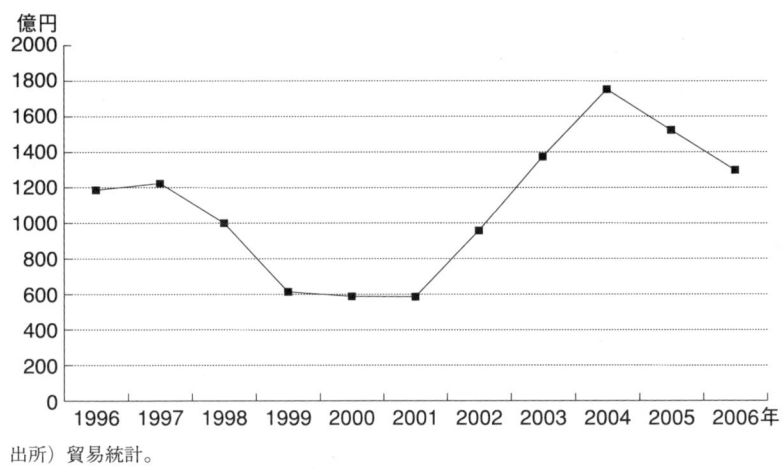

図16－12　カラーテレビ受像機の輸出金額

出所）貿易統計。

問題が指摘される。たとえば液晶、プラズマ、有機 EL などのフラットパネル・ディスプレイ製造装置では、日本は米国と並ぶ主要供給国である。図16－13を見れば、日本製の製造装置は国内向けの出荷が54.5%で最大となっているものの、韓国向けが25.4%、台湾向けが12.4%、中国向けが4.3%など、約半分が輸出されている。いまのところ最終製品としてのフラットパネルと、その製造装置の双方を大規模に生産しているのは日本だけであり、その意味での優位性はなお確保されているものの、競合する各国も日本とほぼ同じ条件で製造技術を手に入れることができる状況になっており、日本メーカーはきびしい競争にさらされている。

　フラットパネル・ディスプレイ製造装置は特定の目的に特化した資本設備であるが、より汎用的なものでも同様の現象がみられる。たとえば日本の自動車の組立て精度の向上と生産性の高さに寄与したものとして、産業用ロボットがあげられる。日本は1980年代に世界に先駆けて産業用ロボットを開発し、自動車や電気機械など、それまで人手に頼っていた組立型産業の輸出競争力向上に多大な貢献をした。しかし、いまそのロボットが次々と輸出されているのだ。図16-14を参照してほしい。1990年には日本で生産された産業

図16-13 フラットパネル・ディスプレイ製造用の機器の出荷先

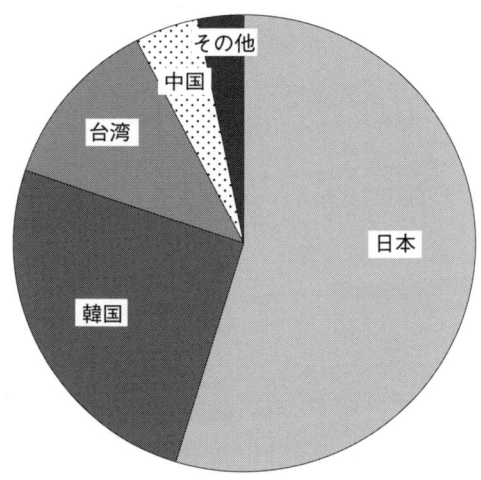

出所）経済産業省『生産動態統計』、財務省『貿易統計』2007年1月～7月累計。

図16-14 ロボットの出荷金額

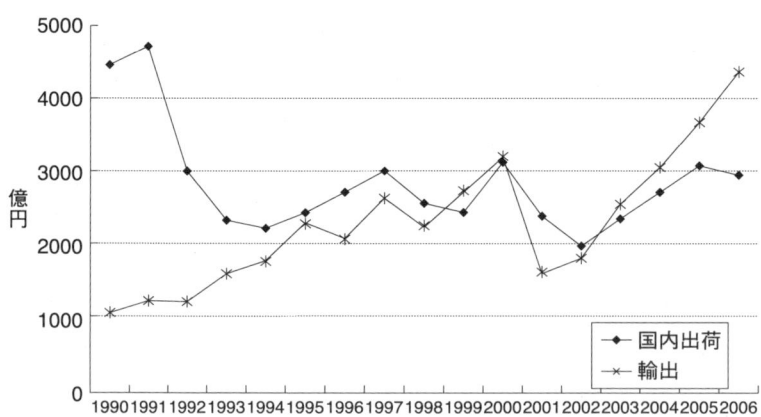

出所）日本ロボット工業会。

用ロボットの80.5％が日本国内に出荷されており、輸出は2割以下に過ぎなかった。しかしながら1990年代に日本が不況に見舞われたこともあり、国内出荷は瞬く間に半減し、1999年には初めて輸出が国内出荷を上回ることにな

る。今世紀に入ってからの輸出の伸びは著しく、国内出荷も徐々に回復を見せているものの、2006年の輸出比率は59.5％にも達している。IFRの調査によれば2005年現在の稼働台数では、日本はまだ世界の4割を占めているとされるが、最新鋭の産業用ロボットが海外で増加していることだけは間違いない。

　1980年代までのモノの生産は、主として優秀な技能をもった熟練労働者に頼っていた。したがって新しく開発された技術は、海外直接投資などを通して他国に技術移転されていた。このため技術が伝播するのに時間を要し、結果として新規技術の開発者は創業者利得を得やすい状況にあった。製造装置が自動化されてもアナログ制御であれば、完全に使いこなすには一定のノウハウが必要になる。しかし多くの作業が機械化され、しかもデジタル制御されている今日では、高価な設備を導入しさえすれば、高い技術に裏打ちされた最終製品を比較的たやすく作ることができる。したがって高度な技術が、製造設備とともに瞬時にして海外に移転されてゆく。このため新規技術を開発しても、なかなか創業者利得を得るには至らない。

　一方で日本の人口構成は高齢化しており、消費者がなかなか新製品に飛びついてくれないのだ。そのような事情もあり、昨今の日本企業は設備投資に過度に慎重になっている。図16-15を見れば、日本の平均設備年齢は1995年に10.7年に過ぎなかったものが、10年後の2005年には13.1年に達しているのがわかる。せっかく新しい技術を開発しても、設備投資のサイクルが長く設備年齢が高齢化している現在、日本では高度な技術に裏打ちされた最新設備の導入が諸外国に比べて遅れがちになるのだ。液晶テレビでもそうだが、その揺籃期により積極的な設備投資をしていれば、日本メーカーもより圧倒的な世界シェアを確保できたに違いない。

　この原因のひとつは、政府の円安誘導政策である。不況打開の糸口を輸出の増大に求めた政府と日本銀行は、図16-16に示すように2000年から2004年にかけて、断続的に外国為替平衡操作を実施した。これは外国為替市場で円を売ることで為替相場を円安に誘導するもので、この5年間の累計はなんと42兆円以上に達している。この結果、対ドル相場はほぼ安定的に推移したも

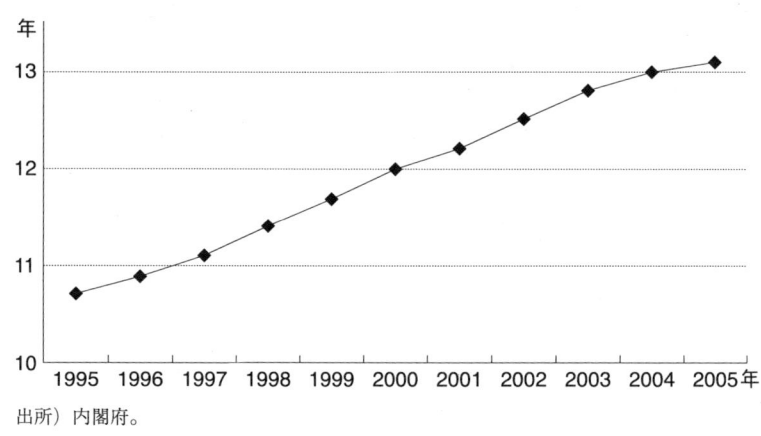

図16-15 日本の平均設備年齢

出所）内閣府。

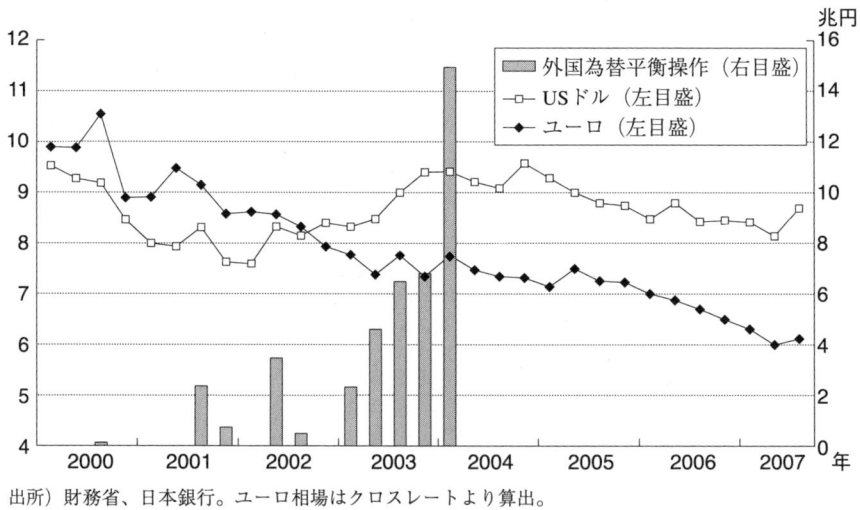

図16-16 外国為替平衡操作と外国為替相場（1000円の価値）

出所）財務省、日本銀行。ユーロ相場はクロスレートより算出。

のの、対ユーロ相場は大きく下落した。1,000円の価値は2000年第1四半期の9.53ドルから2007年第3四半期には8.66ドルに下落している。たとえばこれをユーロについて見ると、日本で1,000円の商品の価格が、この期間に

9.92ユーロから6.08ユーロに値下がりしたことを意味している。これなら少々旧式のものを生産しても買い手はいくらもいるから、リスクを冒してまで最新の設備に更新する必要もない。

　先に図16-10で名目GDPに対する輸出の構成比が拡大していることを示した。裏を返せば、一見したところ回復基調にあるかに見える日本の景気も、輸出が頼りというのが実情である。このような状況の下では円安が放置される傾向にあり、努力せずに輸出ができる状態になれてしまうと、新製品の開発意欲も萎えてしまいがちである。これでは過去には高い技術で輸出を拡大してきた日本の将来もおぼつかない。せっかく開発した新製品は短期的な利益を度外視してでも低価格で販売し、早めに生産規模を拡大して海外でシェアを伸ばせるような工夫も必要である。為替相場にしても一時的な痛みを覚悟で円高を容認し、輸出企業に緊張感をもってもらうことも必要であろう。それが生産性向上のインセンティブとなって、設備投資が増大するという効果も期待できる。また京都議定書に掲げられた地球温暖化をもたらす温室効果ガスの削減目標達成のために、環境基準を一段と強化するというのも一法である。ハイブリッドカーなどの省エネルギー商品の販売促進に効果が期待できるからである。世界に先駆けてこれらの技術を開発しておけば、将来の国際競争力の回復にも威力を発揮するであろう。いずれにしても、問題が複雑だからといって手をこまねいていては、日本経済の復興はおぼつかない。将来を見据えた思い切った政策転換が、未来を拓く扉の鍵であることを思い起こしてほしい。

（補遺）サブプライム問題と世界同時不況

　1990年代の後半、ITバブルで4％を超える実質経済成長を遂げた米国経済も、2001年になるとテロ事件の影響もあり、成長率が1％を割り込み、不況に直面するようになる。この事態に対応すべく、米国の中央銀行である連邦準備銀行は政策金利を、2000年の6.5％から、わずか1年余りで1％台まで低下させた。このような低金利は米国史上でも例がなく、それまで持家の夢から閉ざされてきた低所得者にも、住宅取得のチャンスが到来した。その

際に問題になるのは、これらの低所得者の場合、過去の金融資産の蓄積がなく、頭金に充当する資金さえ準備できないことであった。このような住宅ローンの借入者はサブプライム・ボロワーとよばれ、資金の貸手はこれを証券化して販売することで、リスクを回避することになる。ところが2004年になると、世界的な需要超過から原油価格が急騰し、物価上昇の懸念から政策金利は5％台にまで引き上げられた。この利上げは低所得のサブプライム・ボロワーを直撃、住宅ローンの返済不能が続出するようになる。

　このようにサブプライム問題は、低所得者の住宅ローンにまつわる、一見したところ局所的な問題である。しかし2008年9月ころまでには、これが世界を震撼とさせる一大金融危機にまで発展した。米国ばかりか、世界各地で金融機関の経営破綻が頻発し、株価も軒並み下落するようになる。一方で原油価格は値下がりに転じ、2008年6月以降の半年間の下落率は7割以上にも達している。一見したところ、補完財であるガソリン価格が低下するから、原油価格の下落は自動車産業にとって追い風ともみられる。ところが現実には自動車販売台数は下降を続け、米国政府が自動車産業を直接財政支援する事態にまで発展した。米国のみならず、世界各地で失業が増加し、日本でも非正規雇用者の解雇の増加が社会問題化するまでに至っている。

　住宅ローンの貸し手は、これを証券化して市場で販売することでリスクを回避する。企業が時価会計を採用することで、これらの証券を資産として保有する金融機関の株価が下落する。さらには、これらの金融機関の株式を保有する一般企業や家計にまで、損失が波及する。家計は消費を控え、これが企業の投資意欲を減退させる。このように負の連鎖は止まることがない。しかしながら問題は、それぞれの施策がマクロ経済への影響をまったく考慮していないことである。金融政策にしても、物価の安定にだけ目配りしていると、とんでもない事態を引き起こすことは、すでに見たとおりである。家計や企業といった経済主体は、財貨サービスの市場はもちろん、金融市場や労働市場を通じて相互に複雑に結びついており、局所的に望ましい政策がマクロでは思わぬ結果をもたらすことを、今あらためて思い起こす必要があろう。

練習問題・略解

7章

1．(13) 式に $f_1=2$, $f_2=0$ を代入して x_1, x_2 を求めればよい。産業1が2.92、産業2が1.66増える。
2．(17) 式に $v_1=0.4$, $v_2=0.4$ を代入して p_1, p_2 を求めればよい。$p_1=0.916$, $p_2=0.836$

8章

1．
単利の場合　1000万 × $(1+0.03 \times 10) = 1300$万円
複利の場合　1000万 × $(1+0.03)^{10} = 1343$万9164円

2．

利回り	売買価格		利回り	売買価格	
	残存期間1年	残存期間10年		残存期間1年	残存期間10年
10	930.0000	120.0000	94	9.5745	3.8298
15	586.6667	76.6667	95	8.4211	3.6842
20	415.0000	55.0000	96	7.2917	3.5417
25	312.0000	42.0000	97	6.1856	3.4021
30	243.3333	33.3333	98	5.1020	3.2653
35	194.2857	27.1429	99	4.0404	3.1313
40	157.5000	22.5000	100	3.0000	3.0000
45	128.8889	18.8889	101	1.9802	2.8713
50	106.0000	16.0000	102	0.9804	2.7451
55	87.2727	13.6364	103	0.0000	2.6214
60	71.6667	11.6667	104	−0.9615	2.5000
65	58.4615	10.0000	105	−1.9048	2.3810
70	47.1429	8.5714	106	−2.8302	2.2642
75	37.3333	7.3333	107	−3.7383	2.1495

80	28.7500	6.2500	108	−4.6296	2.0370
85	21.1765	5.2941	109	−5.5046	1.9266
90	14.4444	4.4444	110	−6.3636	1.8182
91	13.1868	4.2857	111	−7.2072	1.7117
92	11.9565	4.1304	112	−8.0357	1.6071
93	10.7527	3.9785	113	−8.8496	1.5044

この結果をもとに次のような図が描ける。

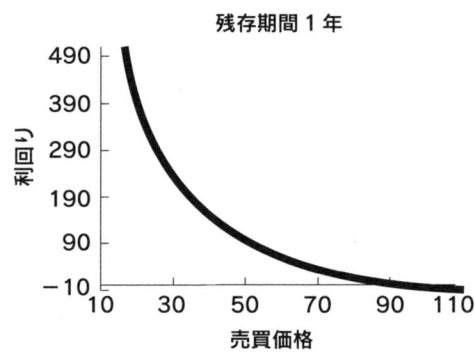

残存期間 1 年

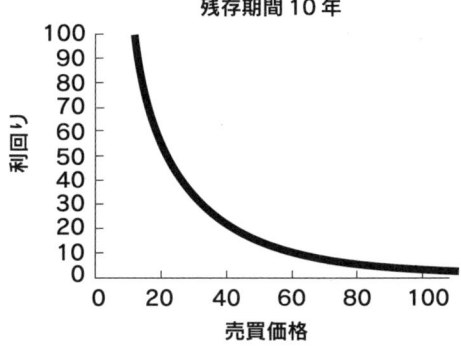

残存期間 10 年

9 章

1.

	t 年の価格	t 年の生産量	$t+1$ 年の価格	$t+1$ 年の生産量
ふじ	110	2,000	130	1,800
つがる	100	1,500	100	1,500

おうりん	90	1,200		100		1,000
ほくと	120	800		115		900

ラスパイレス算式　108.3624

式　$((130×2000+100×1500+100×1200+115×800)÷(110×2000+100×1500+90×1200+120×800))×100$

パーシェ算式　107.6007

式　$((130×1800+100×1500+100×1000+115×900)÷(110×1800+100×1500+90×1000+120×900))×100$

2．

① 9500億円×0.0005＝4億7500万円
② 1兆1500億円×0.0005＋8000億円×0.009＝77億7500万円
③ 1兆1500億円×0.0005＋1兆3000億円×0.009＋5000億円×0.012＝182億7500万円

10章

1．

たばこによる税収	2兆4000億円	式	150円×160億箱
需要量が5％減少	2兆6600億円	式	175円×（160億箱×（1−0.05））
需要量が10％減少	2兆5200億円	式	175円×（160億箱×（1−0.1））
需要量が15％減少	2兆3800億円	式	175円×（160億箱×（1−0.15））

2.

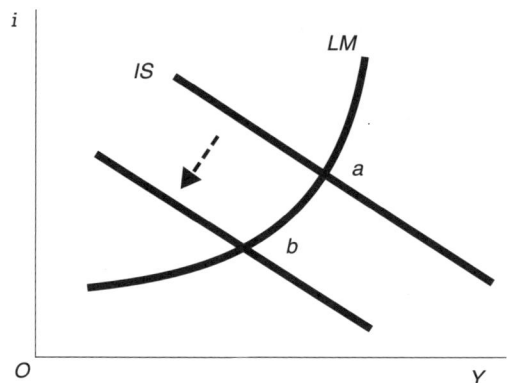

IS曲線が下方にシフトし、均衡点がaからbに移る。つまり、金利が低下し所得が減少する。

11章

累積百分率は、Ⅰ階級からⅤ階級まで、それぞれ、8.0%、21.0%、38.6%、61.9%、100%となる。そこで、Ⅰ階級は三角形の面積、Ⅱ階級以降は台形の面積を求め、その面積からたわんだ部分の面積（S）を計算する。そして、その数値を使いながら、ジニー係数を計算すると0.282となる。

なめらかなローレンツ曲線を使って、ジニー係数を計算したい人は、シンプソンの公式を使う方法もある。これについては各自で数学関係の本を調べなさい。

12章

1.
● 1皿がいずれも400円のとき
A君がラーメンをつくるのに要する時間　餃子の5/4
B君がラーメンをつくるのに要する時間　餃子の6/5
(5/4)＞(6/5)より相対的に短時間でつくれるB君のほうがラーメンに比較優位をもつ。

2.
国内で運用　101万円　　　　　　　　　　式100万×(1＋0.01)
海外で運用　為替レートが110円になったとき　96万2500円
　　　　　　　　　　　　　　　　　式((100万/120)×(1＋0.05))×110
海外で運用　為替レートが130円になったとき　113万7500円
　　　　　　　　　　　　　　　　　式((100万/120)×(1＋0.05))×130

索　引

あ　行

IS-LM モデル　**178**, **216**
IS 曲線　**181**, **217**
赤字国債　**176**
アジア NIEs　27
ASEAN 諸国　27

一物一価の法則　**216**
一般会計　**167**
一般会計歳出　173
一般歳出　173
『一般理論』　**178**
移動コスト　**91**, 104, **228**
入会地の悲劇　**248**
医療保険　106
　　——制度　106
インフレーション　**156**

営業余剰・混合所得　118
エネルギー消費効率　30
FOB　**211**
MMF　145
LM 曲線　**182**, **218**
エンゲル係数　**33**
エンゲル法則　**33**-34
円高　**215**
円安　**215**

大きい政府　**199**-200
オールシーズン化　232
汚染者負担の原則　**249**
温室効果ガス　30

か　行

外貨　**214**
海外からの所得　118
海外に対する所得　118
外貨準備　**213**
外貨建　**215**
会計年度　166
　　——独立の原則　**167**
外国為替業務　**208**
外国為替市場　10, **210**, **214**
外国為替相場　**214**
外注化　232
外部経済　**247**
外部効果　**194**
外部サービス　226
外部性
　　正と負の——　**195**
外部不経済　**247**
価格上昇率　17, 20
価格 - 消費線　**44**
価格線　38
価格戦略　231
価格弾力性　**48**, 50
　　供給の——　**66**
拡大生産者責任　**253**
確定利付債　143
家計調査　**33**, 42
貸出　143
課税の公平性　171
寡占　**81**
家族従業者　24
稼働率　19
株価　144

株式　139-140
株式会社　139
株式市場　10
株式分割　140
貨幣　157
可変費用　57
神の見えざる手　177
借換債　176
ガリバー型寡占　86
為替業務　142
為替手形　142, 209
為替平衡操作　213
為替レート　7
簡易生命表　136
環境問題　28, 29-30
関税　206
間接金融　145
間接税　171
完全競争　80
完全競争市場　60, 62, 79, 81-82, 84
完全情報　80

機会費用　185, 225
企業内福祉　95
企業物価指数　152
技術移転　30
規制　244
規制緩和　7, 126
　──政策　200
規模の経済性　24, 67-68, 195
共益権　140
供給　73
供給曲線　10, 78, 102, 227
　右下がりの──　95
供給者　10
供給主体　73
供給超過　74
供給能力の稼動率　230
共済年金　137
競争条件　126
共同実施　256
京都会議　30, 256

京都議定書　30, 257
京都メカニズム　256
行列乗数　124-125
居住者　115
均衡財政　193
銀行　141
銀行借入　141
銀行券　157, 161
銀行券要因　161
銀行の銀行　157
金融緩和　162
金融資産負債差額　145-146
金融市場調節　160
金融政策　159, 183
金融政策決定会合　159
金融制度　15
金融引締め　162
金利　7
金利裁定　217

クーポン　143
クモの巣理論　76
クラウディングアウト　184
クリーン開発メカニズム　256
グレゴリー・キングの法則　50

景気循環　121
景気対策　121
経済環境　7
経済指標　3
経済政策　6, 111
経済成長の成果　126
経済成長率　120
経済発展　24, 28
経済変数　4
経済理論　5
経常収支　212
契約自由の原則　244
ケインズ，ジョン・メイナード　178
ケインズ型消費関数　178
決算　166
限界価値生産力　100

索 引　289

――曲線　100
限界収入　82
限界消費性向　179
限界生産力均等　71
限界生産力逓減　56
　――法則　53
限界代替率　40
　――が相対価格に等しくなる　41
限界費用　58-59, 61, 82
　――曲線　64
現在財　131
建設国債　176

公益事業　85
公開市場操作　160
工業化　27
公共財　194
公共事業　174
合計特殊出生率　105
公債金収入　168
交渉上の地歩　244
工場の地方分散　26
　――政策　26
公正取引委員会　85
厚生年金保険　137
公定歩合操作　159
公的年金　137
高度成長期　120
購買力平価説　215
公平・中立・簡素　171
合理性　9
効率化　18, 236
合理的経済人　9
コールレート　160
高齢化　106
小切手　142
国債　143, 175
　――費　175
国際収支表　210
国税　171
国内総固定資本形成　119
国内総支出（GDE）　114

国内総所得（GDI）　115
国内総生産（GDP）　13, 112, 114
『国富論』　177
国民経済計算　117, 122
国民純生産（NNP）　116
国民所得　116
　市場価格表示の――（NI）　116
　要素費用表示の――（NI）　116
国民総支出（GNE）　116
国民総所得（GNI）　116
国民総生産（GNP）　116
国民年金　137
個性化志向　241
国庫金　157, 166
国庫制度　166
固定為替相場制　213
固定資本減耗　115
固定費　95, 226
固定費用　57
古典派　177
好み（嗜好）　36
コマーシャル・ペーパー（CP）　141
雇用機会　95
雇用市場　10
雇用者　14, 23-24
雇用者報酬　118
雇用条件　91
雇用主　90
コルレス銀行　208
コルレス契約　208
混合経済　187

さ　行

サービス　224
　――経済化　90, 223, 234
　――財　12
　――産業　223
　――市場　226
　――収支　211
　――消費　235
　――貿易　228

財貨・サービス
　　――の輸出　119
　　――の輸入　119
債券　143
　　――価格　143
在庫　226
在庫品増加　119
最終財　114
最終需要　114
歳出　165
財政　165, 177
　　――の規律　193
財政政策　183, 218
財政投融資計画　176
財政等要因　161
最低賃金法　97
財投債　176
歳入　165
　　――欠陥　167
差額地代説　56
指値注文　144
産業革命　27
産業空洞化　212
産業公害　248
産業構造　92
産業連関表　113, 122
3C　240-241
産出高　114
三種の神器　240-241
参入障壁　81
三面等価の原則　115-116

CIF　211
自営業主　24
自益権　140
時間当たり賃金　97
時間選好　133
自給　224
資金過不足　146
資金市場　10
資金循環統計　135
資金不足　146, 161

資金余剰　146, 161
資産課税　171
市場　10, 73
　　――の失敗　177, 187, 194, 198
　　――の調整　11
市場化　242
市場価格　61
市場機能　92
市場供給曲線　65, 75
市場競争　18
市場需要曲線　47, 75
市場賃金　101
市場取引　12
施設の多目的化　232
自然増収　175
持続的発展　259
質　242
失業者　5, 92, 102
失業率　5
実質国内総生産（GDP）　120
　　人口1人当たり――　13
実質生産額　235
実質生産額構成比　21
指定労働時間　94, 98
私的年金　137
自動安定化装置　193
ジニー係数　188, 191
資本　14
資本財　224
資本収支　213
資本ストック　29
資本取引　212
社会資本　174
社会保障費　173
社債　140, 144
収穫逓減　56
収穫逓増　56
就業機会　90, 98
就業構造　20, 24
就業者　20
就業者数構成比　20
収支均等線　38, 94

自由貿易　**206**
主体　**8**
出生率　**28**
需要　**73**
　　──の時間的偏在化　**229**
　　──の弾力性　**48**
需要曲線　**10**, 78, 102, 227
　　右下がりの──　**44**
需要構成比　**21**
需要者　**10**
　　──の負担コスト　**233**
需要主体　**73**
需要超過　**75**
需要不足失業　**103**
循環型社会　**253**
準備預金　**142**
　　──制度　**157**
償還期間　**143**
償還差益　**144**
商業手形　**143**
証券会社　**144**
証券投資　**212**
証券投資収支　**213**
証券取引所　**144**
少子化　**28**
少子高齢化問題　**107**
消費者均衡図式　**93**
証書貸付　**143**
乗数効果　**180**, **218**
譲渡性預金（CD）　**142**
消費課税　**171**
消費可能領域　**39**
消費関数　**178**
消費者契約法　**245**
消費者主権　**239**
消費者のニーズ　**239**, 242-243
消費者物価指数　**152**
消費者保護政策　**245**
消費者余剰　**51**
消費生活の変化　**16**
商品市場　**10**
商品特性　**19**

情報　**244**
　　──の非対称性　**81**
　　──の提供　**104**
将来財　**131**
所得格差　**28**
所得課税　**171**
所得再分配機能　**187**, **192**
所得再分配政策　**191**
所得-消費線　**42**
所得弾力性　**48**, **50**
所得分布　**188**
所有と経営の分離　**140**
進学率　**15**
新株の発行　**140**
新株予約権付社債　**141**
人口増加　**29**
　　世界の──　**28**
人口の都市集中　**26**
新古典派経済学　**177**
新3C　**241**
信用状　**209**
　　──の受益者　**209**
信用乗数　**163**
信用創造　**163**
信用取引　**144**

垂直的公平　**171**
水平的公平　**171**
スミス，アダム　**177**
スルツキーの代替効果と所得効果　**46**

税　**170**
生活者　**91**
政策手段　**6**
生産　**111-112**
生産活動　**29**, **90**, **113**
生産関数　**54-56**
生産効率　**14**
生産方式　**19**
生産要素　**54**, **57**
製造物責任（PL）法　**245**
製品差別化　**80**

政府関係機関　**167**
政府最終消費支出　119
セイフティー・ネット　245
政府の銀行　**157**
政府の失敗　**196**
政府預金　**158**
絶対優位　**206**

総供給　**178**
創業者利得　140
総需要　**178**-179
相対価格　237
総費用曲線　61
租税及び印紙収入　**168**
その他資本収支　213

た　行

第一次産業　18, 223
第一線支払準備　**161**
体化　226
対外資産　**213**
対外資産負債残高　214
対外証券投資　212
対外直接投資　212
第三次産業　18, 223
貸借対照表　157
大都市圏　26
対内証券投資　212
対内直接投資　212
第二次産業　18, 223
第二の予算　**176**
大量生産・大量消費　**240**
ダグラス＝有沢の第1法則　99-100
多店舗展開　**233**
WTO　**206**
短期　**66**
短期金融市場　**160**
単元株制度　145
担保　143
単名手形　143
弾力性　48

地域間料金格差　227
地域振興政策　104
地域独占　**195**
小さい政府　**199**-200
地球温暖化　30, 254
　──防止　30
地球温暖化防止京都会議　256
地球環境　30
　──問題　**254**
地方交付税交付金　**174**
地方債　144
地方税　**171**
中央銀行　**157**
中間財　**114**, 224
中間需要　**114**
中間投入　**114**
中立性　171
超過利潤　84
長期　**66**
長期費用関数　**66**
直接金融　145
直接税　**171**
直接投資　**212**
直接投資収支　212
貯蓄　131
貯蓄超過　146
　──主体　**145**, 147
貯蓄投資差額　**146**
貯蓄預金　141
賃金　**92**
賃金コスト　90
賃金線　94, 98

通知銀行　**209**
積立方式　**138**

定期性預金　**142**
定期預金　142
手形　142
　──の割引　143
手形貸付　143
手形交換所　142

索 引　293

デフレーション　156
デポ・コルレス銀行　208

投機的動機　182
統計データ　3
統計的不突合　119
当座預金　142
投資関数　181
投資収支　213
投資乗数　180
投資信託　145
投資超過　146
投資超過主体　145-146
投資的経費　175-176
投入係数　123, 125
独占禁止法　12, 85, 197
独占市場　82
独占利潤　84
特別会計　167
都市化　24
都市型公害　248
取引的動機　182

な　行

内国為替機構　142
内部留保　139-140
成行注文　144
南北問題　28

日銀当座預金　158
荷付為替手形　209
日本銀行　142, 156, 166
日本銀行政策委員会　159
日本経済
　——の長期停滞期　121

ネットワーク外部性　196

ノンデポ・コルレス銀行　208

は　行

パーシェ算式　155
パートタイム労働　90
　——者　90
ハーフィンダール指数　85
排出権取引　256
ハイリスク・ハイリターン　135
発券銀行　157
発行銀行　209
発展途上国　28

比較生産費説　206
比較優位　206
非関税障壁　206
非競合性　194
非自発的失業　103
非就業所得　98
ピッグ・サイクル　78
非排除性　194
費用　54
費用関数　57
費用最小　69, 71
費用－便益分析　196
非労働所得　98
フィッシャー算式　156

付加価値　14, 56, 100, 112, 114, 235
付加価値率　112, 125
賦課方式　106, 138
不完全競争市場　62
複名手形　143
富国強兵　14
負債超過主体　139
普通社債　141
普通預金　141
物価　151
物価指数　5, 152
船荷証券　209
プライス・テーカー　80
フリー・ライダー　194

振込　142
分業の利益　206
分散投資　145

平均株価　145
平均寿命　106
平均余命　136
平均消費性向　179
平均費用　58-59
ヘッジファンド　144
ペティ・クラークの法則　21
変動為替相場制　213
変動利付債　143

貿易　206
貿易収支　210
邦貨建　215
法定準備預金　161
補償銀行　209
補助金　118

ま　行

マーケット・バスケット　154
マクロ需要政策　103
摩擦的失業　104
マネーサプライ　182
マンデル・フレミング・モデル　216

民営化　198
民間最終消費支出　119

無差別　35
無差別曲線　35-37, 39-40, 93, 97-98, 131

名目生産額　235
名目成長率　120

「もの」産業　223

や　行

約束手形　142
夜警国家論　177, 187

U字型曲線　59
ユーロ　215
輸出　206
輸入　206

余暇時間　93
預金　141
預金準備率　162
　　──操作　163
横線引小切手　142
予算　166
予算制約条件　37
予算制約線　38, 46
予備費　167

ら　行

ライフサイクル仮説　133
ラスパイレス算式　154

リカード，デヴィッド　206
利潤　54
立地　25
利回り　143

流動性のわな　185
流動性預金　141
利用コスト　225, 233

累進課税制度　192
累積債務問題　28

老人保険制度　106
労働　14
　「いつ」、「どの程度」、「どこで」、「どうゆう労働を」　89

就業するかしないか　98
労働基準法　**97**
労働供給曲線　**97**
労働供給行動　97
労働供給時間　**94**
労働時間　90, 92-**93**
労働市場　10, 89, **92**
労働集約的　**19**
労働需給の調整　91
労働条件　95
労働政策　92

労働生産性　**126**
労働力人口　5, **106**
労働力率　**106**
ローリスク・ローリターン　135
ローレンツ曲線　**189**-191

わ　行

割引債　**144**
ワルラス法則　**182**

●著者紹介

井原哲夫（いはら・てつお）　第1, 2, 6, 7, 13章執筆
　1939年茨城県生まれ。慶應義塾大学経済学部卒業。現在、慶應義塾大学名誉教授。専攻：サービス経済学。著書：『見栄の商品学』（日経BP、2006年）、『入門経済学』（東洋経済新報社、2005年）、『日本はなぜ停滞してしまったのか』（中央経済社、2005年）、『サービス・エコノミー』（第2版）（東洋経済新報社、1999年）ほか。

牧　厚志（まき・あつし）　第3, 4, 5, 11, 14章執筆
　1948年神奈川県生まれ。慶應義塾大学商学部卒業。現在、東京国際大学経済学部教授、慶應義塾大学名誉教授。専攻：応用計量経済学。著書：『消費者行動の実証分析』（日本評論社、2007年）、『応用計量経済学入門』（日本評論社、2001年）、『日本人の消費行動：官僚主導から消費者主権へ』（ちくま新書、1998年）、『消費選好と需要測定』（有斐閣、1983年）ほか。

桜本　光（さくらもと・ひかる）　第15章執筆
　1947年山梨県生まれ。慶應義塾大学商学部卒業。現在、慶應義塾大学商学部教授。専攻：生産者行動理論と実証、国際産業連関分析。論文：「労働時間短縮と生産性」（『現代労働市場分析』中村隆英・西川俊作編著、総合労働研究所、1980年所収）、「性別労働需要の理論と実証分析」（『三田商学研究』Vol.23, No.3, 1980）ほか。

辻村和佑（つじむら・かずすけ）　第8, 9, 10, 12, 16章執筆
　1953年神奈川県生まれ。慶應義塾大学商学部卒業。現在、慶應義塾大学経済学部教授。専攻：計量経済学、資金循環分析。著書：『国際資金循環分析：基礎技法と応用事例』（共著、慶應義塾大学出版会、2008年）、『バランスシートで読み解く日本経済』（編著、東洋経済新報社、2002年）『資産価格と経済政策：北欧学派とケインズの視点』（東洋経済新報社、1998年）ほか。

<small>けいざいがくにゅうもん</small>
経済学入門（第2版）
現実の経済を理解するために

2003年4月20日　第1版第1刷発行
2008年2月15日　第2版第1刷発行
2011年4月20日　第2版第3刷発行

著　者──井原哲夫・牧厚志・桜本光・辻村和佑
発行者──黒田敏正
発行所──株式会社日本評論社
　　　　　〒170-8474　東京都豊島区南大塚3-12-4　電話 03-3987-8621（販売）、8595（編集）
　　　　　振替 00100-3-16
印　刷──精文堂印刷株式会社
製　本──株式会社難波製本
装　幀──林　健造

検印省略　© T. Ihara, A. Maki, H. Sakuramoto, K. Tsujimura　2008
Printed in Japan
ISBN 978-4-535-55553-2

経済学の学習に最適な充実のラインナップ

入門｜経済学 [第3版]
伊藤元重／著　　　　　　　　（3色刷）3150円

まんがDE入門経済学 [第2版]
西村和雄／著　おやまだ祥子／絵　　　1365円

例題で学ぶ 初歩からの経済学
白砂堤津耶・森脇祥太／著　　　　　　2940円

ニュースと円相場から学ぶ使える経済学入門
吉本佳生／著　　　　　　　　　　　　1785円

マクロ経済学
伊藤元重／著　　　　　　　（4色刷）2940円

マクロ経済学パーフェクトマスター
伊藤元重・下井直毅／著　　（2色刷）1995円

入門マクロ経済学 [第5版]
中谷 巌／著　　　　　　　（4色刷）2940円

スタディガイド 入門マクロ経済学
大竹文雄／著 [第5版]　　　（2色刷）1995円

明快マクロ経済学
荏開津典生／著　　　　　　（2色刷）2100円

上級マクロ経済学 [原著第3版] 6930円
D・ローマー／著　堀 雅博・岩成博夫・南條 隆／訳

ミクロ経済学 [第2版]
伊藤元重／著　　　　　　　（4色刷）3150円

ミクロ経済学パーフェクトマスター
伊藤元重・下井直毅／著　　（2色刷）1995円

明快ミクロ経済学
荏開津典生／著　　　　　　（2色刷）2100円

はじめてのミクロ経済学
三土修平／著　　　　　　　　　　　　2835円

ミクロ経済学 戦略的アプローチ
梶井厚志・松井彰彦／著　　　　　　　2415円

入門｜価格理論 [第2版]
倉澤資成／著　　　　　　　（2色刷）3150円

入門｜ゲーム理論
佐々木宏夫／著　　　　　　　　　　　2940円

入門 ゲーム理論と情報の経済学
神戸伸輔／著　　　　　　　　　　　　2625円

例題で学ぶ初歩からの計量経済学 [第2版]
白砂堤津耶／著　　　　　　　　　　　2940円

応用計量経済学入門
牧 厚志／著　　　　　　　　　　　　3045円

まんがDE入門経済数学
西村和雄／著　おやまだ祥子／絵　　　1785円

経済学に最低限必要な数学 [増補改訂版]
吉田和男・島 義博／著　　　　　　　4200円

初歩からの経済数学 [第2版]
三土修平／著　　　　　　　　　　　　3360円

最新 日本経済入門 [第3版]
小峰隆夫／著　　　　　　　　　　　　2625円

経済論文の作法 [第3版]
小浜裕久・木村福成／著　　　　　　　1890円

ミクロ経済学入門　　　　　　（2色刷）
清野一治／著 [新エコノミクス・シリーズ] 2310円

マクロ経済学入門 [第2版]（2色刷）
二神孝一／著 [新エコノミクス・シリーズ] 2310円

金融論 [新エコノミクス・シリーズ]
村瀬英彰／著　　　　　　　　　　　　2100円

日本評論社　http://www.nippyo.co.jp/　　　　（価格は税込）